Rüdiger Schmitt

Bildhafte Herrschaftsrepräsentation
im eisenzeitlichen Israel

Alter Orient und Altes Testament

Veröffentlichungen zur Kultur und Geschichte des Alten Orients
und des Alten Testaments

Band 283

Herausgeber

Manfried Dietrich • Oswald Loretz

2001

Ugarit-Verlag

Münster

Bildhafte Herrschaftsrepräsentation

im eisenzeitlichen Israel

Rüdiger Schmitt

2001

Ugarit-Verlag

Münster

Die Deutsche Bibliothek - CIP-Einheitsaufnahme
Schmitt, Rüdiger:
Bildhafte Herrschaftsrepräsentation im eisenzeitlichen Israel / Rüdiger
Schmitt. - Münster : Ugarit-Verl., 2001
    (Alter Orient und Altes Testament ; Bd. 283)
    ISBN 3-934628-05-2

Herstellung: Weihert-Druck GmbH, Darmstadt

Printed in Germany
ISBN 3-934628-05-2

Printed on acid-free paper

Inhalt

Kapitel 1
Zur Diskussion um das Königtum im alten Vorderasien des
1. Jahrtausends v. Chr. und seine Legitimation und Repräsentation

Kapitel 4
Bildhafte Herrschaftsrepräsentation in der Glyptik und
Kleinkunst der Eisenzeit II B (925-720/700)

Kapitel 5
Bildhafte Herrschaftsrepräsentation in der Glyptik
und Kleinkunst der Eisenzeit II C (720/700-587)

Kapitel 6
Zusammenfassung: Das Symbolsystem der Herrschaftsrepräsentation
im eisenzeitlichen Palästina

Inhalt

Vorwort

I met a traveller from an antique land
Who said: Two vast and trunkless legs of stone
Stand in the desert ... Near them, on the sand,
Half sun, a shattered visage lies, whose frown,
And winkled lip, and sneer of cold command,
Tell that its sculptor well those passions read
Which yet survive, stamped on these lifeless things,
The hand that mocked them, and the heart that fed:
And on the pedestal these words appear:
„My name is Ozymandias, king of kings:
Look on my works, ye Mighty, and despair!"
Nothing beside remains. Round the decay
Of that colossal wreck, boundless and bare
The lone and level sands stretch far away.

Percy Bysshe Shelley

Diese Arbeit ist im Sonderforschungsbereich 493 „Funktionen von Religion in antiken Gesellschaften des Vorderen Orients" an der Westfälischen Wilhelms-Universität Münster im Rahmen der Projektgruppe C „Religion und Herrschaft", Teilprojekt C 2 „Thronwechsel und Usurpationen in Kleinasien, Mesopotamien, Persien, Israel und Ägypten" entstanden und wurde auf seine Veranlassung unter Verwendung der ihm von der Deutschen Forschungsgemeinschaft zur Verfügung gestellten Mittel gedruckt.

Zu danken ist hier an erster Stelle dem Sprecher des SFB 493 und Teilprojektleiter Herrn Prof. Dr. Rainer Albertz, der Thematik, Methodik und Befunde wieder und wieder mit mir diskutiert hat und dessen kritische Rückfragen immer wieder außerordentlich befruchtend waren. Für Anregungen und Kritik zu fachlichen Einzelaspekten dieser Arbeit danke ich allen Mitgliedern der Projektgruppe C 2, insbesondere Herrn Dr. Ingo Kottsieper vom Alttestamentlichen Seminar, Herrn HD Dr. Jochem Kahl und Herrn Simon Schweizer, M.A. vom Institut für Ägyptologie und Koptologie und allen hier nicht genannten Mitarbeitern der Projektgruppe C „Religion und Herrschaft".

viii

Mein Dank gilt ferner allen, die an der Entstehung des Buches mitgewirkt haben, Herrn Mag. theol. Martin Leistner für die Korrekturen, stud. theol. Kirsten Fricke und stud. theol. Stefan Wagner für die Beschaffung der Literatur. Frau Fricke half auch bei der Erstellung der Indices. Last but not least dem Herausgeber, Herrn Prof. Dr. Manfried Dietrich, für die Aufnahme meiner Arbeit in die Reihe „Alter Orient und Altes Testament."

Bremen, im Februar 2001   Rüdiger Schmitt

Kapitel 1
Zur Diskussion um das Königtum im alten Vorderasien des 1. Jahrtausends v. Chr. und seine Legitimation und Repräsentation

1.1 Einleitung

Nach Max Weber versucht jede Herrschaft den Glauben an ihre Legitimität zu erwecken oder zu pflegen.[1] Herrschaft benötigt daher Formen der Repräsentation, die ihren Herrschaftsanspruch und ihre Legitimität kommunizieren. Eine wesentliche Legitimationsstrategie ist hierbei die bildhafte Repräsentation von Herrschaft und Herrschern. Die bisherige Forschung zum Königtum im antiken Vorderen Orient hat sich jedoch primär mit den Schriftquellen zu Herrschaftskonzeptionen und in erster Linie mit den Charakteristika des Königtums selbst beschäftigt. Formen bildhafter Herrschaftsrepräsentation traten demgegenüber eher in den Hintergrund, zumal in der Diskussion über das Königtum im Alten Israel. Herrschaft als integraler und konstitutiver Bestandteil eines umfassenderen kulturellen Systems[2] kam somit oftmals nur in einem Ausschnitt, der schriftlichen Überlieferung, zur Sprache. Erst in den letzten beiden Dekaden ist, insbesondere durch die Arbeiten Othmar Keels und seiner Mitarbeiterinnen und Mitarbeiter, neues Interesse an der ikonographischen Repräsentation von Herrschaft erwacht.

Eine Arbeit zur bildhaften Herrschaftsrepräsentation in Israel macht, um Entwicklungslinien und Interdependenzen aufzeigen zu können, eine Sichtung der Befunde zur Herrschaftsideologie und Herrschaftsrepräsentation in der Umwelt Israels notwendig. Der ikonographischen Analyse des archäologischen Materials sei daher - ohne Anspruch auf Vollständigkeit - ein kurzer Überblick über die für die Fragestellung relevanten Befunde und Positionen innerhalb der neueren Forschung zur Königsideologie in Israel und seiner Umwelt und - soweit dieser Aspekt in der Forschung überhaupt berücksichtigt wurde - zur bildhaften Herrschaftsrepräsentation vorausgeschickt. Eine ausführliche Diskussion der vorgestellten Positionen und Ergebnisse kann hier nicht geleistet werden, ebensowenig eine Darstellung der Forschung zur Genese des Königtums in Israel; hierzu sei auf die einschlägigen Zusammenfassungen und

---

[1] Vgl. Weber, Wirtschaft und Gesellschaft, 122.

[2] Ich orientiere mich hierbei im wesentlichen am Begriff des kulturellen Systems bei Geertz, Dichte Beschreibung, insbes. 44ff.

Forschungsüberblicke verwiesen.[3] Um zu einem umfassenden Verständnis der Symbolwelt der altisraelitischen Herrschaftsrepräsentation zu gelangen, ist es notwendig, den ikonographischen Befund mit dem literarischen zu korrelieren. Erst in der Zusammenschau dieser beiden Bereiche und durch den Vergleich mit den Befunden aus der Umwelt Israels kann eine Annäherung an dieses fremde, dem modernen Menschen nicht unmittelbar intelligible, Symbolsystem geschehen.

1.2 Aspekte der Herrschaftsideologie und bildhaften Herrschaftsrepräsentation in Mesopotamien
1.2.1 Aspekte der Herrschaftsideologie in Mesopotamien

Die wissenschaftliche Diskussion um den Charakter des Königtums und seine Legitimationsstrategien geht auf die evolutionistische Theoriebildung des 19. Jh. zurück.[4] Sir James George Frazer hat mit der Frage nach der Funktion des sakralen Königtums, der Leitfrage in seinem „Golden Bough", den Gang der Diskussion für die erste Hälfte des 20. Jh. bestimmt. Frazer hat hierbei das Legitimationsproblem auf den Faktor der Sicherung der Fruchtbarkeit reduziert: *„So erwartet man von Königen oft, daß sie zur rechten Zeit Regen oder Sonne geben, damit das Korn wachse usw. "*[5] Verliert er jedoch die ihm innewohnende magische Kraft, so verliert er seine Legitimität, mit der Folge, daß er getötet und durch einen anderen ersetzt wird, dessen übernatürliche Kraft zur Sicherung der Fruchtbarkeit noch nicht verbraucht ist.[6] Frazers Theorie des Königsopfers ist bereits von seinen Zeitgenossen scharf widersprochen worden, so verweist Andrew Lang zum einen auf die inadäquate Identifizierung von König und Gott am Beispiel Babyloniens[7] und zieht hieraus den Schluß: *„I venture to suggest that the agricultural motive in religion and ritual is at present rather overworked. "*[8] Nichtsdestotrotz wurde Frazers Konzeption der agrar-magischen Funktion des Gott-Königs insbesondere in der Religionswissenschaft, aber auch in den Altertumswissenschaften stark rezipiert: Van der Leeuw geht ebenso von der evolutionistisch geprägten Konzeption des Gott-Königtums aus, auch wenn dieser einschränkt, daß der König eine Gestalt gewordene Macht ist, die legitimationsbedürftig ist: *„Der König ist dem Menschen gegenüber*

---

[3] Vgl. Frick, Social Science Methods; Lanczkowski, Königtum I; Schmidt, Königtum II; Whitelam, King; Albertz, Religionsgeschichte I, 160ff., 172ff.

[4] Zur Diskussion vgl. Auffarth, Königtum.

[5] Frazer, Der Goldene Zweig, 14.

[6] Frazer, Der Goldene Zweig, 12.

[7] Vgl. Lang, Magic, insbes. 132ff.

[8] Lang, Magic, 186.

Machtträger, der Macht gegenüber machtbedürftig. "[9] Dennoch ist der König selbst Gott. Seine Macht ist jedoch zeitlich beschränkt. Ist seine Heilsmacht verbraucht, muß er sterben bzw. sich zum Wohle des Volkes opfern. Das Leiden des Königs ist verbunden mit dem periodischen Wechsel des Lebens.[10] Auch in der britischen „myth and ritual-school" und der „Uppsala-Schule" fand Frazers Ansatz fruchtbaren Boden: Beide Richtungen glaubten, gemeinsame Strukturen des göttlichen Königtum im ganzen antiken Vorderen Orient feststellen zu können: Diese sind zum einen der göttliche Charakter des Königs und zum anderen seine vitale Funktion im Zyklus der Vegetation. Für Hooke sind König, Vegetationsgott und heiliger Baum identisch. Nach Engnell ist der König per se göttlicher Natur, ja identisch mit dem sterbenden und auferstehenden Vegetationsgott.[11] Der Gott-König garantiert, dramatisiert im babylonischen Neujahrsfest, das Leben schlechthin: *„He has power over the crops and is responsible for the vegatation..."*[12] Sein Machtbereich entspricht dem der Gottheit: *„Being identical with the high god he is wise, mighty, and exalted, the radiant bearer of tiara and sceptre, creator, founder, and sustainer, in social respects the ideal patron, the gracious and just judge, who sees and knows everything."*[13] Widengren sieht den König primär als kultischen Repräsentanten der Gottheit, der gleichzeitig Wächter, Gärtner und Libationspriester im heiligen Garten analog zur Gottheit ist.[14] Der König selbst wird mit dem heiligen Baum und mit dem sterbenden und wiederauferstehenden Gott identifiziert, dessen segenspendende Rückkunft rituell gesichert werden muß. Der König macht hierbei analog zu Tammuz einen Abstieg in die Unterwelt durch, wo seine Lebenskraft durch ein rituelles Mal und schließlich durch den *hieros gamos* erneuert wird. Dieses Geschehen findet seinen bildhaften Ausdruck und seine bildhafte Realisierung in den zahlreichen Darstellungen des thronenden Königs mit Becher und Blüte in der Hand.[15]

Die Problematik dieser Universaltheorien liegt auf der Hand, da diese weder zeitlich noch räumlich differenzieren[16] und von der Absicht getragen sind, eine *ritual (*bzw. *seasonal) pattern* als verbindende Struktur ausfindig zu machen. Die Engführungen in der Debatte über die „agrarmagische" Legitimation bzw.

---

[9] Van der Leeuw, Religionsphänomenologie, 120.

[10] Vgl. Van der Leeuw, Religionsphänomenologie, 129.

[11] Vgl. Engnell, Divine Kingship, 23ff.

[12] Engnell, Divine Kingship, 36.

[13] Engnell, Divine Kingship, 37.

[14] Vgl. Widengren, Tree of Life, 18f.

[15] Vgl. Widengren, Tree of Life, 34ff.; 59ff.

[16] Vgl. hierzu Röllig, Königtum, 115.

die *ritual pattern* ist erst durch Henri Frankforts Untersuchungen zum Königtum in Ägypten und Mesopotamien in eine andere Richtung gelenkt worden: In Mesopotamien gibt es kein Gottkönigtum: „... *the office, and not the office-holder, was of superhuman origin.* "[17] Die Legitimation des Königs geschah durch eine göttliche Willensbezeugung, die entscheidender war als die Abstammung. [18] Durch die persönliche Erwählung durch die Gottheit konnte sich der Herrscher als Sohn der Gottheit begreifen, blieb aber ein Sterblicher. Macht über die Kräfte der Natur kam dem mesopotamischen König nicht zu, die Sicherung der Fruchtbarkeit ist vielmehr das Ergebnis der Observanz des Königs gegenüber den Göttern.[19] Die Integration von Gesellschaft und Natur wird somit vom König nur mittelbar bewerkstelligt. In der bildhaften Herrschaftsrepräsentation wird daher zwar die außerordentliche Stärke des Herrschers und sein Mut kommuniziert, nicht aber seine Göttlichkeit, wie in Ägypten. Der Herrscher führt seine Truppen an und wird unterstützt von seiner Gottheit, wird aber - wiederum anders als in Ägypten - nicht als göttliches Wesen dargestellt, sondern als Mensch unter Menschen.[20] Auch Röllig setzt sich mit Frazers agrarmagischer Theorie auseinander und kommt für die Akkade- und Ur-III-Zeit zu dem Ergebnis, daß der *hieros gamos* weniger ein Fruchtbarkeitsritus ist, als ein Ritus der Schicksalbestimmung und der Präparation des Königs zum Herrscheramt.[21] Von soziologischer Seite knüpfte Parsons an Frankfort an, indem er insbesondere den starken Druck zur religiösen Legitimation und Repräsentation des Herrschers in Mesopotamien geltend machte, da dieser nicht auf eine religiös legitimierte göttliche Dynastielinie zurückgreifen konnte. Weitere Legitimierungsprobleme ergaben sich aufgrund der vielfältigen Kristallisationspunkte, insbesondere der traditionell starken Rolle der urbanen religiösen Zentren und der damit verbundenen Schwierigkeit, dynastische Herrschaft über ein Imperium zu etablieren und zu legitimieren.[22] Liverani hat in diesem Zusammenhang auf die materiellen, im weitesten Sinne bildhaften, Aspekte der imperialen Legitimationsstrategien der Assyrer hingewiesen: Diese rechtfertigten ihre massive Politik der Ausbeutung durch die Selbstvergewisserung der Eliten, ein Werk der Schöpfung und Organisation der Welt zu vollbringen. Auf der symbolischen Ebene ist es der königliche Palast, der einen geordneten

---

[17] Frankfort, Kingship, 237. Zur Kritik des universalen Anspruchs dieser Theoriebildung siehe Noth, Gott, insbes. 194f.

[18] Vgl. Frankfort, Kingship, 239.

[19] Vgl. Frankfort, Kingship, 307ff.; 313ff. Vgl. hierzu auch Auffarth, Art. Königtum, 389.

[20] Vgl. Frankfort, Kingship, 6ff.; 224f.

[21] Vgl. Röllig, Königtum, 121.

[22] Vgl. Parsons, Gesellschaften, 105f.; vgl. hierzu auch Mann, Macht, 266ff.

Mikrokosmos der Welt symbolisiert.[23] Ausführlich hat Novák die Funktionen der Architektur innerhalb der mesopotamischen Herrschaftsrepräsentation des 1. Jt. untersucht: Die Anlage assyrischer Städte in einem regelmäßigen Rechteck symbolisiert die Weltordnung und gleichzeitig die zivilisatorische, schöpferische und gottgeführte Kraft des Königs. Die Randstellung der Palastanlagen, die in der Regel das Rechteck durchbrechen, symbolisiert - neben den Apekten wirtschaftlicher Prosperität und der Dominanz des Herrschers über das System - die Orientierung der Weltordnung auf den König hin und unterstreicht seine hervorgehobene Stellung gegenüber den Göttern.[24] In der neubabylonischen Zeit adaptieren die chaldäischen Herrscher, unter Beibehaltung der traditionellen Zentralposition des Tempels, die periphere Anlage der Königszitadelle in Anknüpfung an den assyrischen Anspruch auf Weltherrschaft.[25]

Zusammenfassend kann festgestellt werden, daß die ältere Forschung im wesentlichen den saisonal-zyklischen Aspekt herrschaftlicher Legitimation und Repräsentation innerhalb einer agrarmagischen Universaltheorie betont hat, wohingegen die neuere Forschung zu einer erheblich differenzierteren Sichtweise unterschiedlicher Legitimationsstrategien gelangt ist. Nach den neueren Arbeiten zur neuassyrischen Herrschaftsideologie lassen sich folgende weitere Charakteristika und Funktionsebenen des Königtums ausmachen: Das assyrische Königtum ist ein vom Königtum des Gottes Aššur abgeleitetes, er erwählt den König und stellt ihm, gesichert durch positive Omina, eine rechte Regierung in Aussicht.[26] Der König wird als erwählter Sohn der Gottheit verstanden, bleibt aber Mensch, wenn auch als perfektes Abbild der göttlichen Qualitäten.[27] Hierzu gehört das Konzept des Königs als weiser Gelehrter, der Teilhabe hat am göttlichen Wissen.[28] Die göttlichen Qualitäten des Königs, insbesondere seine Reinheit, sind jedoch nicht unangefochten und müssen ständig rituell gesichert werden.[29] Als Repräsentant des Volkes gegenüber den Göttern ist er Garant der Prosperität und Fruchtbarkeit.[30] Die Funktion des Königs als Garant der Fruchtbarkeit findet seinen bildhaften Ausdruck im stilisierten Baum, der als Repräsentation des Königs selbst oder als Achse

---

[23] Vgl. Liverani, Ideology, 314; vgl. auch Maul, Hüter, 213.

[24] Vgl. Novák, Herrschaftsform, 388f.

[25] Vgl. Novàk, Herrschaftsform, 390.

[26] Vgl. Röllig, Königtum, 122; Maul, Hüter, 212.

[27] Vgl. Parpola, Sons, 19f.

[28] Vgl. Pongratz-Leisten, Herrschaftswissen, 309ff.; vgl. auch Parpola, Sons, 24.

[29] Vgl. Parpola, Sons, 21.

[30] Vgl. Röllig, Königtum 123f.

zwischen Himmel und Erde verstanden werden kann.[31] Zentrale Aufgabe des
Königs ist die Aufrechterhaltung der kosmischen Harmonie, die in der
irdischen gespiegelt wird, durch gerechte Herrschaft und Observanz der
Riten.[32] Dies umfaßt insbesondere die Beachtung der Vorzeichen und die
adäquate Reaktion auf die hierdurch angezeigten Störungen der Weltordnung.[33]
Obliegt der König nicht seinen Pflichten, verliert er jedoch seine Legitimität:
*"Frevelhaftes Verhalten des Königs, Versündigung gegen Recht und gegen
religiöse Pflichten, bedeutet Unheil, Mißernte, Einfall von Feinden - und
rechtfertigte die Beseitigung des ‚ungetreuen Hirten‘. So kann das derart
begründete sakrale Königtum die Herrschaft stützen oder zu ihrem Sturz
führen; es schließt in sich Auftrag, Verantwortung - und die Chance des
Scheiterns. "*[34]

1.2.2 Aspekte bildhafter Herrschaftsrepräsentation in Mesopotamien

Die bildhafte Herrschaftsrepräsentation in Mesopotamien ist, bedingt durch die
enorme Fülle des Materials in Groß- und Kleinkunst, in der Altorientalistik
seit je her ein zentraleres Thema gewesen als in der Alttestamentlichen
Wissenschaft und der Archäologie Palästinas. Die bessere Quellenlage,
insbesondere für die neuassyrische Zeit, ermöglicht auch eine bessere
Korrelation von Bild und Text. Exemplarisch seien hier aus der Fülle der
Literatur zur neuassyrischen Herrschaftsikonographie einige grundlegende
Aspekte herausgegriffen: Magen stellt grundsätzlich fest, daß die
Darstellungen der assyrischen Könige Sichtbarmachung von Herrschaft und
Sichtbarmachung der Anerkennung von Herrschaft in bildlicher Realisation
sind. Explizit kommt hierbei die Herrschaftsideologie zum Ausdruck und
implizit wird das Ganze der Herrschaftsverhältnisse sichtbar gemacht.[35] Die
Herrschaftsrepräsentation hat hierbei eine realisierende Funktion: *„Diese
Sichtbarmachung der Königsherrschaft in den Darstellungen bedeutete stets
auch ein Festschreiben der jeweiligen Herrschaftssituation, den Versuch, den
Erhalt des Dauernsollenden im Medium des Bildes zu sichern. In der
bildhaften Fixierung lag die ständige Erneuerung des Herrschaftsanspruches. "*[36] Magen unterscheidet hierbei vier Typen der Königsdarstellungen mit unterschiedlicher symbolischer Funktion: [37]

---

[31] Vgl. Parpola, Sons, 18f. Vgl. auch Reade, Ideology, 336.

[32] Vgl. Parpola, Sons, 21f.; Maul, Hüter, 213.

[33] Vgl. Maul, Hüter, 214.

[34] Röllig, Königtum, 124. So auch Parpola, Sons, 18.

[35] Vgl. Magen, Königsdarstellungen, 1f.

[36] Magen, Königsdarstellungen, 2.

[37] Vgl. Magen, Königsdarstellungen, 3.

Typ I Herrscher als Jäger symbolisiert den Sieg über die wilden Tiere und die damit identifizierten äußeren Feinde als grundlegendes Konstituens des Herrschaftsanspruches (Abb. 1).[38]

Typ II zeigt den König als den Erbauer von Tempeln und Palästen, der die Grundlage für den inneren Zusammenhalt der Gemeinschaft schafft (Abb.2).[39]

Typ III zeigt den Herrscher vor der Gottheit und seine Legitimation in der Außenrepräsentation (Abb. 3).[40]

Typ IV zeigt den König als Garanten der Weltordnung durch sein kultisches Handeln gegenüber den Göttern (Abb. 4).[41]

Westenholz macht geltend, daß die altorientalische Herrschaftsikonographie komplexe und vielschichte Interpretationsebenen, eine literarische, eine metaphorisch-figurative und eine symbolisch-mythische aufweist.[42] Fünf zentrale Aspekte werden hierbei in der assyrischen Herrschaftsikonographie herausgegriffen:

a.) Die Körpersprache, die den König idealisiert und als perfektes Abbild der Gottheit erscheinen läßt. Die literarische Selbstdarstellung wird hierbei auf das artistische Medium übertragen.[43]

b.) Die Darstellung der Gegner in feierlicher Unterwerfung repräsentiert auf den Reliefs Assurnasirpal II. die Botschaft der friedvollen Koexistenz unter assyrischer Herrschaft. Die Gegenseite symbolisieren die niedergeworfenen Gegner unter den Hufen der assyrischen Kavallerie, sowie die Löwen- und Stierjagden, die den Herrscher als Retter seines Volkes, Errichter der Ordnung und Sieger über das Chaos zeigen.[44]

c.) Der mit der Sehne nach außen gewandte Bogen ist die von Assur gegebene Waffe und symbolisiert zum einen die göttliche Legitimation des Herrschers und zum anderen einen Gestus der Dominanz und des Triumphes.[45]

---

[38] Magen, Königsdarstellungen, T. 3, 7 (mglw. Asarhaddon).

[39] Magen, Königsdarstellungen, T. 5, 5 (Sanherib).

[40] Magen, Königsdarstellungen, T. 8, 4 (Salmanasser III.).

[41] Magen, Königsdarstellungen, T. 13,1 (Assurnasirpal II.).

[42] Vgl. Westenholz, King, 100.

[43] Vgl. Westenholz, King, 113f.

[44] Vgl. Westenholz, King, 114; Zum Aspekt der universalen Dominanz des Herrschers vgl. Reade, Monuments, 146f.; ders., Ideology, 332.

[45] Vgl. Westenholz, King, 115ff.

d.) Die Astralsymbole symbolisieren die göttliche Legitimation des Königs und seine idealen Qualitäten, die den Göttern zu verdanken sind.[46]

e.) Die Unterwerfung der Rebellen symbolisiert den König als Sieger über die gegen die göttliche Weltordnung rebellierenden Sünder und die Etablierung der gerechten Ordnung an der Peripherie des Reiches.[47]

f.) Der Kampf gegen die wilden Tiere symbolisiert ebenso wie e.) die Etablierung der kosmischen Ordnung im chaotischen Weltbereich.[48]

g.) Die Darstellung außergewöhnlicher Feste und Expeditionen ins Unbekannte symbolisieren zum einen das Einbringen von Gütern vom Chaos in die Ordnung sowie die Definition des Bereichs der Ordnung gegenüber der chaotischen Peripherie.[49]

Die Funktion der assyrischen Herrschaftsikonographie liegt somit auf drei wesentlichen symbolische Ebenen:

a.) Legitimation des Herrschers durch die Götter
b.) Dominanz des Herrschers über die Feinde und chaotischen Mächte und damit verbunden die Etablierung bzw. Inkrafthaltung der göttlichen Ordnung
c.) Sicherung der Prosperität

Insgesamt zeigt sich für die neuassyrische Zeit eine große Kongruenz zwischen der literarisch bezeugten Herrschaftsideologie und deren bildhafter Repräsentation, auch wenn unterschiedliche Herrscher je andere Akzente in ihren Darstellungen betont haben.[50]

---

[46] Vgl. Westenholz, King, 117f.

[47] Vgl. Westenholz, King, 118.

[48] Vgl. Westenholz, King, 119.

[49] Vgl. Westenholz, King, 120.

[50] Vgl. hierzu Magen, Königsdarstellungen, 110; Reade, Ideology, 339.

Abb. 1

Abb. 2

Abb. 3

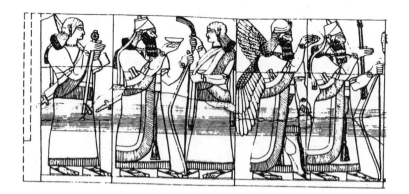

Abb. 4

1.3 Aspekte der Herrschaftsideologie und bildhaften Herrschafts-repräsentation in Ägypten

1.3.1 Aspekte der Herrschaftsideologie in Ägypten

In der Diskussion um die Charakteristika des ägyptischen Königtums spielte die Diskussion um die *ritual pattern* eine weniger prominente Rolle als in der Altorientalistik, wohl nicht zuletzt deshalb, weil die Göttlichkeit des Pharaos deutlicher hervortritt. Dennoch mangelte es nicht an Interpretationen des ägyptischen Königtums im Sinne der „myth-and ritual"-Schule. An dieser Stelle sei hier nur auf die Arbeit von Engnell und die diesbezügliche Kritik dieser Positionen bei Frankfort und Noth verwiesen.[51] Die neueren Arbeiten zum ägyptischen Königtum kommen zu einer relativ einheitlichen Bewertung der ägyptischen Herrschaftsideologie, auch wenn diese durch die vielen Jahrhunderte vom Alten Reich bis zur Spätzeit Modifikationen und Akzentuierungen erfahren hat.[52] Das Königtum selbst wurde als kosmisches Ordnungsprinzip verstanden und als sichtbarer Ausdruck der göttlichen Herrschaft. Das Amt des Königtums selbst ist göttlich, wobei zwar der Pharao Mensch blieb, aber als Amtsträger und Mittler zwischen Menschen und Göttern, als wesensähnlich verstanden wurde. Der Qualitätsunterschied zwischen Gott und Pharao zeigt sich zum einen in der Gottessohnschaft und der priesterlichen Funktion.[53] Zu den zentralen Funktionen des Königtums gehört die Aufrechterhaltung der kosmischen Ordnung (*maʿat*). Die Verwirklichung der *maʿat* geschieht in Recht und Kult, indem er *„den Menschen Recht spricht und die Götter zufriedenstellt"*.[54] Hierzu gehört ebenso der ständige Kampf gegen die Feinde Ägyptens sowohl im reellen Krieg als auch in der kultischen Fiktion und die rituelle Jagd als symbolische Überwindung des Chaos sowie die Sicherung der Fruchtbarkeit zum Wohlergehen des Landes.[55] Insofern ist die ägyptische Königsideologie in ihren wesentlichen Elementen der mesopotamischen (assyrischen) des 1. Jt. durchaus vergleichbar, auch wenn Amt und Rolle des Königs im Verhältnis zu den Göttern stärker und in anderer Weise akzentuiert wurden.

1.3.2 Aspekte der bildhaften Herrschaftsrepräsentation in Ägypten

Ähnlich wie die Königsideologie selbst weist auch die ägyptische Herrschaftsikonographie erstaunliche Kontinuitäten von der Zeit der ersten

---

[51] Vgl. Engnell, Kingship, 4ff. Vgl. hierzu Frankfort, Kingship, passim und grundsätzlicher Noth, Gott.

[52] Vgl. hierzu Barta, Königsdogma, 486; Blumenthal, Königsideologie, 527.

[53] Vgl. Barta, Königsdogma, 488; Blumenthal, Königsideologie, 528.

[54] So Assmann, Maʿat, insbes. 201ff.; ders.,Herrschaft, 40.

[55] Vgl. Barta, Königsdogma, 491f.; Blumenthal, Königsideologie, 528.

Dynastien bis zur Spätzeit (und selbst bis in die römische Zeit hinein) auf. Bereits auf Bildwerken des beginnenden 4. Jt.[56] und auf der berühmten Schminkpalette des Königs Narmer erscheint das Motiv des Niederschlagens der Feinde. Dieses traditionelle Motiv vergegenwärtigt das Ordnungswerk des Königs als Garant des intakten Kosmos und der Vernichtung der Feinde von Menschen und Göttern und ist auch in der SZ - wenn auch erheblich seltener als im NR - belegt.[57] Abb. 5 zeigt Taharqa auf einem Relief aus Medinet Habu in dieser traditionellen Szene.[58] Überhaupt kennzeichnet die Königsikonographie der SZ ein Konservatismus, der insbesondere auf Vorlagen aus den Zeiten großer Machtentfaltung Ägyptens in der 12. und 18. Dynastie zurückgreift,[59] auch wenn viele traditionelle Motive der Feindüberwindung, wie das Schießen vom Wagen aus, mit dem Ende des NR abbrechen.[60] Kennzeichen für die 3. Zwischenzeit ist, daß in Darstellungen der Feindvernichtung die Götter die Rolle des Pharao übernommen haben, da die Fremdherrscher diese ikonographische Rolle nicht auszufüllen vermochten.[61] Darstellungen, die die Sicherung des Wohlwollens der Götter durch die rechte Durchführung der Riten zeigen, sind in der Großkunst hingegen für Pseusennes und Siamun belegt.[62]

Auch die Darstellungen des Königs auf Siegelamuletten zeigen nach Wiese den König *"in ... ganz verschiedenen Rollen, die im Königsdogma verankert sind, das auf dem sakralen Königtum und dem kultisch-zeremoniellen Charakter ägyptischer Geschichtsauffassung beruht."*[63] Die Darstellungen des Königs dienen der politischen und religiösen Staatspropaganda, wobei die Herrschaftsausübung des Königs durch Erbe, Wirksamkeit und Mythos legitimiert wird.[64] Die rituell-mythische Legitimation ist insbesondere in Szenen aus dem Krönungsritual, dem Motiv der "Vereinigung der beiden Länder" und (insbesondere bei Ramses II.) in Gott-König-Gott-Triaden und

---

[56] Vgl. Köhler, Formen, Abb. 13; Case/Crowfoot Payne, Tomb 100, Fig. 4. Diesen Hinweis verdanke ich Herrn HD Dr. Jochem Kahl vom Institut für Ägyptologie und Koptologie der Westfälischen Wilhelms-Universität Münster.

[57] Vgl. Wildung, Erschlagen der Feinde, 16; Belege 17, En 43. Auf Monumentalen Tempelreliefs ist diese Szene in der ersten Hälfte des 1. Jt. für Scheschonq I., Taharqa und Nektanebos I. belegt: Vgl. Schoske, Erschlagen, 57f.

[58] Schoske, Erschlagen, a 358.

[59] Vgl. Goff, Symbols, 132; Myśliwiec, Royal Portraiture, 104f.

[60] Vgl. Schoske, Erschlagen, 200f.

[61] Vgl. Schoske, Erschlagen, 476f.

[62] Vgl. Goff, Symbols, 132.

[63] Wiese, Bild, 137.

[64] Vgl. Wiese, Bild, 140f.

der Darbringung der *Ma'at* präsent.[65]   Im NR besonders häufig sind die Darstellungen des Königs als Triumphator, i.d.R. im Motiv des "Niederschlagens der Feinde" und des siegreichen Königs im Streitwagen.[66] Darstellungen des Königs, die keine spezifische Rolle des Königsdogmas reflektieren, sondern in Hinsicht auf eine allgemeine Wirkmächtigkeit zu deuten sind, sind besonders seit Rames II. bis in die Spätzeit zu finden.[67] Aus den für die vorliegende Studie relevanten Zeitabschnitten der ägyptischen Geschichte ist die figürliche Darstellung des Königs auf Siegelamuletten eher selten belegt; die vorhandenen Belege zeigen zum einen Rückgriffe auf ältere Motive, wie den König in der Barke und den thronenden König (Abb. 6)[68] und zum anderen die Einführung neuer Motive, wie den Sedfestlauf.[69] In Palästina sind in der EZ II A-C zeitgenössische ägyptische Importe mit entsprechenden Königsdarstellungen kaum belegt. Damit dürfte, wie noch zu zeigen sein wird, der Einfluß ägyptischer Herrschaftsikonographie im Palästina des 1. Jt. eher als gering zu veranschlagen sein.

---

[65] Vgl. Wiese, Bild, 22ff., 47ff.; 141.

[66] Vgl. Wiese, Bild, 137f.

[67] Vgl. Wiese, Bild, 139.

[68] Wiese, Bild, Kat. Nr. 1030: Scheschonq V. (=Matouk, I, 805)

[69] Vgl. Wiese, Bild, 136. Für die Großplastik vgl. Myśliwiec, Royal Portraiture, Pl. XXIX c (Schabaka).

Abb. 5

Abb. 6

1.4 Aspekte der Herrschaftsideologie und bildhaften Herrschafts-repräsentation in Syrien, Phönizien und den späthethitischen Staaten
1.4.1 Aspekte der Herrschaftsideologie in Syrien, Phönizien und den späthethitischen Staaten

Im Gegensatz zur Materiallage in der Spätbronzezeit, insbesondere der Bezeugung in Ugarit, ist die Quellenlage zur Königsideologie in Syrien und seinen nördlichen und westlichen Anrainern im 1. Jt. qualitativ schmaler, aber dennoch distinktiv.[70] Nach der „dunklen Zeit" des 12.-10. Jh. zeugen zahlreiche Inschriften von den Herrschaftskonzeptionen in der 1. Hälfte des 1. Jt.: Generell ist eine enge Bindung zwischen Gott und König festzustellen:[71] Dieser legitimiert sich durch Erwählung durch die Gottheit: König Azitawadda wird von Baal zum Vater und zur Mutter seines Volkes gemacht.[72] Jehawmilk wurde von der Herrin von Byblos zum Königtum berufen und errichtet in ihrem Auftrag einen Tempel.[73] Auf die priesterliche Funktion des Königs rekurriert explizit eine Inschrift des sidonischen Königs Tabnit, der sich als Priester der Astarte bezeichnet.[74] Der Usurpator Zakkur von Hamath legitimiert seine Herrschaft in KAI 202 durch Einsetzung durch die Gottheit: *„Ich bin ein Mann, der erhört wird; und Baal Schamain [rettete] mich und stand mir bei. Und Baal Schamain machte mich zum König ... "*[75] In der Tel-Dan-Inschrift betont Hazael von Damaskus seine Berufung durch Hadad: *„Aber Hadad machte [mich] zum König, ja mich!"*[76] Die Inschriften Barrakibs von Šam'al lassen die besondere Bedeutung der Dynastiegottheit Rakib-El hervortreten.[77] Eine Besonderheit ist die Legitimierung des Königs durch den assyrischen Lehnsherrn wie in der Barrakib-Inschrift I bzw. durch den assyrischen König (an erster Stelle!) in der Barrakib-Inschrift II mit der besonderen Betonung der Loyalität gegenüber Tiglatpileser III., dessen Gunst durch Rakib-El gestiftet wird.[78] Barrakibs Landsmann Kilamuwa hingegen legitimiert seine Herrschaft in erster Linie durch seine persönliche Leistung

---

[70] Vgl. hierzu Ringgren, Religionen, 240. Zur Geschichte Syriens im 1. Jt. vgl. Klengel, Syria, 181ff.

[71] Vgl. hierzu auch Haider/Hutter/Kreuzer, Religionsgeschichte, 105ff.

[72] Vgl. TUAT I/3, 641, Z .3.

[73] Vgl. KAI 10, Z. 2ff.; TUAT II/4, Z. 2ff.

[74] Vgl. KAI 13, Z. 1-2; TUAT II/4, 589, Z. 1-2.

[75] Übersetzung nach Kottsieper, „... und mein Vater", 57f. Vgl. TUAT I/3, 626.

[76] Kottsieper, Tel Dan, Z.3ff.

[77] Vgl. KAI 216, 1-7; TUAT I/3, 631f.; Tropper, Zincirli, 163. Zur Bedeutung der Dynastiegottheit vgl. Haider/Hutter/Kreuzer, Religionsgeschichte, 106ff.; zur Geschichte Šama'ls vgl. Klengel, Syria, 214ff.

[78] Vgl. KAI 216, Z. 6-10; KAI 217, 2-9. Vgl. auch TUAT I/3, 631f.; Tropper, Zincirli, 163f. Zur assurfreundlichen Politik der Dynastie Barrakibs ebd., 15ff.

und durch   die Betonung der Unfähigkeit seiner Vorgänger, ohne auf
göttlichen Beistand zu rekurrieren.[79] Die Inschrift betont in Z. 9ff.
insbesondere die Prosperität des Landes in der Regierungszeit Kilamuwas.
Belege für eine Gottessohnschaft der Herrscher Syriens und Phöniziens liegen
nicht vor. Die Bauinschrift des Kapara auf einer Statue des Palastes vom Tell
Halaf erwähnt jedoch die Vergöttlichung der verstorbenen Könige.[80] Eines der
weiteren zentralen Motive ist die Gerechtigkeit des Königs gegenüber Göttern
und seinen Untertanen.[81] Jehawmilk von Byblos (ca. 950) sagt in KAI 4 über
sich selbst aus, daß er ein gerechter (sdq) und rechtschaffener König vor den
Heiligen Göttern ist.[82] Eine Inschrift Barrakibs von Šamʿal für seinen Vater
sagt aus, daß dieser wegen seiner Gerechtigkeit von den Göttern errettet
wurde.[83] Das gerechte Handeln des Königs wirkt sich sowohl auf das
Wohlergehen des Staates als auch auf den König selbst aus, dem langes Leben
geschenkt wird.[84] In der gleichen Inschrift wird berichtet, daß während der
Regentschaft Panammus Getreide im Überfluß vorhanden und die Preise
niedrig waren.[85] Azitawadda preist seine Regentschaft als Zeit der Sättigung,
des Wohlseins, des ungestörten Wohnens und der Ruhe des Herzens.[86] Die
aramäische Inschrift der Statue des Hadad-Yisʿi vom Tell Fekherije preist
Hadad als Geber von Ruhe und Reichtum für das ganze Land und für die
Wohltaten, die er dem Stifter selbst erwiesen hat.[87]

Das epigraphische Material zeigt, daß die wesentlichen Komponenten der
Herrschaftsideologie in Syrien der mesopotamischen entsprechen. Dies sind a.)
Berufung und Legitimation des Herrschers durch die Götter, insbesondere
durch den National,- Stadt- oder Dynastiegott b.) Sicherung der göttlichen
Ordnung, c.) Sicherung der Prosperität. Unterschiede zeigen sich jedoch darin,
daß das vorhandene Material nicht auf die Gottessohnschaft des Königs
rekurriert und - bedingt durch geopolitische Lage und Größe der Staatswesen -
der Legitimation durch die assyrischen Oberherren eine wichtige Rolle zufällt.

---

[79] Vgl. KAI 24, 4-5; TUAT I/3, 638; Tropper, Zincirli, 153.

[80] Vgl. Moortgat, Tell Halaf III, 23.

[81] Vgl. Ringgren, Religionen, 241.

[82] Vgl. KAI 215, Z. 1; TUAT II/4, 584. Müller übersetzt sdq hier mit „legitim", da die
Bedeutung „gerecht" vor $jšr$ überflüssig sei. Die Betonung der Gerechtigkeit des
Herrschers erscheint mir hinsichtlich der sonst üblichen Selbstprädikationen jedoch
sinnvoller.

[83] Vgl. KAI 215, Z. 1-2; TUAT I/3, 628; Z. 1-2.

[84] Vgl. hierzu auch Ringgren, Religionen, 245.

[85] Vgl. KAI 215, Z. 9-10; TUAT I/3, 629, Z. 9-10.

[86] Vgl. TUAT I/3, 643, III., Z. 12-13.

[87] Vgl. TUAT I/3, 636, Z. 1-10.

1.4.2 Aspekte bildhafter Herrschaftsrepräsentation in Syrien, Phönizien und den späthethitischen Staaten

Die ikonographische Quellenlage in Syrien und Phönizien zeigt aufgrund der zahlreichen überlieferten Monumente ein recht deutliches Bild der Herrschaftsrepräsentation im 1. Jt. Aufgrund der Fülle des Materials[88] seien hier nur einige Bildwerke mit der Darstellung zentraler Aspekte heraus-gegriffen: Ein verbindlicher Bildkanon wie in Ägypten und eine gewisse Stereotypisierung der Darstellungen hat sich in Syrien und Phönizien aufgrund der regional unterschiedlich wirkenden Traditionen und Einflüsse nicht herausgebildet. Ähnliches ist für die Herrschaftsarchitektur zu sagen, die ebenso stark regionalen Traditionen verpflichtet war und keine verbindliche Anlage hervorgebracht hat.[89] Die Königsbildnisse des 1. Jt. betonen jedoch stark die Individualität des abgebildeten Königs. Dies gilt insbesondere für die Darstellung des Barrakib im aramäischen Stil[90] aus Samʿal (um 730), die den König thronend mit der Blüte als Herrschaftsinsignie und Symbol der Fruchtbarkeit und Prosperität zeigt, dem sich ehrerbietig ein Schreiber nähert (Abb. 7).[91] Zwischen Schreiber und König befindet sich in der oberen Bildhälfte mittig eine Sichelstandarte mit Scheibe. Die Beischrift lautet: *„Mein Herr ist Baal-Harran - Ich bin Barrakib, der Sohn des Panammu"*[92] Die Kombination der Darstellung des Königs bei seinen Amtsgeschäften mit der Inschrift legitimiert somit die weise Regentschaft und gute Verwaltung des Königs unter dem Symbol des Sin von Harran.[93] Zwei weitere Reliefs aus Samʿal, eines des Barrakib und eines des bereits oben genannten Kilamuwa (nach 853 v. Chr.- Abb. 8)[94] zeigen den König jeweils vor den Symbolen der Götter[95] (Hörnerkrone: Hadad,   Ω-artiges Symbol: Rakib-El, Januskopf: vermutlich El,[96] assyrisierende Flügelsonne: Šamaš, Sichelscheibe: Sin und

---

[88] Eine Zusammenstellung des Materials findet sich bei Orthmann, Untersuchungen, 287ff.

[89] Vgl. Novàk, Herrschaftsform, 392.

[90] Zu den Stilmerkmalen vgl. Akurgal/Hirmer, Hethiter, 100f.

[91] Vgl. v. Luschan, Sendschirli IV, T. LX. Umzeichnung nach Keel, Bildsymbolik, 331.

[92] KAI 218; TUAT I/3, 632.

[93] So auch Orthmann, Untersuchungen, 365. Es ist vermutet worden, ob die Berufung auf den Sin von Harran als Loyalitätsgeste gegenüber den Assyrern verstanden worden ist (Haider/Hutter/Kreuzer, Religionsgeschichte, 109.) Diese Vermutung könnte auf die Barrakib-Inschriften durchaus zutreffen.

[94] v. Luschan, Sendschirli IV, Abb. 273 (Kilamuwa); T. LXVII (Barrakib).

[95] Vgl. hierzu ausführlich Tropper, Zincirli, 24ff.; Yadin, Symbols.

[96] Siehe Hierzu Gese, Religionen Altsyriens, 100; 218.; Tropper, Zincirli, 24f.

Stern: vermutlich Rašap[97]- letzterer nur bei Barrakib), mit Blüte und dem Gestus des Fingerzeigens (akkad. *ubāna tarāṣu* [98]). Auf einer Bulle des Barrakib erscheinen hingegen nur die assyrisierende Flügelsonne und das Ω-artige Symbol des Dynastiegottes Rakib-El im oberen Bildfeld.[99] Der König erscheint hier als direktes Gegenüber der Götter und somit als ihr primärer Mittler. Trotz des aramaisierenden Stils zeigen die Reliefs aus Śam'al den starken Einfluß der assyrischen Herrschaftsikonographie sowohl im 9. als auch im 8. Jh.[100] Diese hat auch die Szenen des höfischen Lebens mit der Darstellung von Beamten, Musikern und Tributären geprägt.[101] Noch deutlicher ist dies bei der Statue des Hadad-Yis'i vom Tell Fekherije aus dem 9. Jh., die deutlich assyrische Vorbilder imitiert.[102] Die Verwendung der assyrischen Flügelsonne und des mesopotamischen Hörnerkronen-Symbols anstelle des sonst üblichen Blitz-Symbols für Hadad[103] auf den Bildwerken Kilumawas und Barrakibs in Śam'al ist möglicherweise ein bildhafter Ausdruck der in den Barrakib-Inschriften I und II so sehr herausgestellten Loyalität gegenüber Assur.

Ein deutliches Bildprogramm, daß die religiöse Funktion des Königs für ein breites Publikum nach außen betont, läßt der Eingangsbereich des Kapara-Palastes vom Tell Halaf (Anfang-Mitte 9. Jh.-Abb. 9 [104]) erkennen: Die Statuen und Orthostaten des Eingangsbereichs kennzeichnen den Palast als ordnendes Prinzip der Welt, wobei der König bei der rituellen Jagd in den äußersten Orthostaten die Überwindung der Feinde und des Chaos symbolisiert. Die großen Götter Teššup, Ḫepat und Šamaš bilden das Zentrum. Die Legitimierung des Königs durch rechte Verehrung der Götter wird durch eine Darstellung des thronenden Königs mit dem Gestus der Fingerausstreckung gegenüber zwei Stiermenschen, die die Flügelsonne tragen, gezeigt.[105] Das Motiv der rituellen Jagd, teils zu Fuß und mit bloßer Hand, teils im Streitwagen, findet sich auch auf den kleinen Orthostaten aus dem Inneren des

---

[97] Vgl. hierzu Tropper, Zincirli, 26.

[98] Magen, Königsdarstellungen, 99, definiert den Gestus des Fingerzeigens als „... *Sprechgestus, der schwerwiegende Inhalte (negative oder positive) transportiert, vor allem in der Kommunikation Mensch/Gott.*"

[99] Vgl. Avigad/Sass, Corpus, Nr. 750; Bordreuil, Repertoire, 88, Nr. 19 (Abb.)

[100] Vgl. Orthmann, Untersuchungen, 471.

[101] Vgl. v. Luschan, Sendschirli IV, T. LXI-LXIII.

[102] Vgl. hierzu Haider/Hutter/Kreuzer, Religionsgeschichte, 122ff.

[103] Tropper, Zincirli, 26, bezeichnet die Hörnerkrone als mesopotamisches Bildelement.

[104] Moortgat, Tell Halaf III, Abb. 15.

[105] Vgl. Moortgat, Tell Halaf III, T. 98.

Palastes[106] und symbolisiert die Erhaltung der kosmischen Ordnung durch die Überwindung der chaotischen Mächte. Das Motiv des die Fruchtbarkeit evozierenden und sichernden Palmettenbaums findet sich insgesamt 20 mal.[107] Der Schutz des Palastes im Inneren wird durch Mischwesen und Genien in assyrisierender Ikonographie gesichert.[108]

Den Totenkult reflektiert u.a. der Ahiram-Sarkophag aus Byblos[109] mit der Darstellung des verstorbenen Königs auf einem Sphingenthron, vor ihm ein reich gedeckter Tisch, der den Fortbestand des Lebens in der Unterwelt symbolisiert. Vor dem König befinden sich eine Anzahl Würdenträger in Verehrungsgestus, die Rückseite zeigt eine Reihe von Tributbringern und die Stirnseite vier Klageweiber. Obwohl sich die Szene offensichtlich auf den Totenkult für den König bezieht, ist eine Vergöttlichung des Verstorbenen weder aus dem Text (KAI 1) noch aus der Ikonographie zu schließen.

Assyrischer Einfluß wird auch in der Betonung der militärischen Stärke deutlich.[110] Entsprechende Darstellungen finden sich auf dem Tell Halaf mit Bogenschützen,[111] Infanteristen mit Speer, Schleuder und Sichelschwert,[112] Reiter[113] und gefangenen Feinden.[114] Ein Relief im assyrischen Stil aus Karkemisch (2. H. 8. Jh.) zeigt Soldaten und militärische Würdenträger, ein weiteres im assyrisierend-aramaisierenden Stil die Überwindung der Feinde, symbolisiert durch einen erschossenen und vom Streitwagen des Königs überrollten Feind.[115] Elemente militärischer Dominanz lassen sich zwar auch vereinzelt in der aramäischen Glyptik festmachen,[116] doch dominieren insgesamt religiöse Motive, die nicht in direktem Zusammenhang mit dem

---

[106] Vgl. Moortgat, Tell Halaf III, T. 41, 42 (Streitwagen), T. 37-40 (zu Fuß, mit Bogen, Handwaffen oder bloßer Hand).

[107] Vgl. Moortgat, Tell Halaf III, T. 33 (Pflücken von Früchten); T. 70 b-78 c (nur Baum); 86 a (mit Ziegen).

[108] Vgl. Moortgat, Tell Halaf III, T. 86b-97.

[109] Vgl. Pritchard, ANEP, 456-459.

[110] Vgl. die Zusammenstellung der Belege bei Orthmann, Untersuchungen, 412 (Kriegerzug); 418 (Wagenjagd).

[111] Vgl. Moortgat, Tell Halaf III, T. A 3.2-T. 15 A 3.12.

[112] Vgl. Moortgat, Tell Halaf III, T. 16-24.

[113] Vgl. Moortgat, Tell Halaf III, T. 25,26.

[114] Vgl. Moortgat, Tell Halaf III, T. 102 a.

[115] Vgl. Akurgal/Hirmer, Hethiter, Abb. 119 u. 124.

[116] Vgl. Avigad/Sass, Corpus, 810 (8. Jh. Fortführen eines Gefangenen, assyrisierend); 840 (König den Feind niederschlagend, phönizisch-ägyptisierend).

König stehen.[117] Anders als die assyrische Kunst haben die Bildwerke Syriens und der späthethitischen Staaten - trotz der Betonung der Individualität der Herrscher - keinen historischen oder biographischen Charakter,[118] sondern sind vielmehr Repräsentationen von Herrschaft in generellerem Sinne. Zusammenfassend kann festgestellt werden, daß sich die Grundthemen der bildhaften Herrschaftsrepräsentation in Assyrien (Legitimation, Dominanz und Inkrafthaltung der göttlichen Ordnung, Sicherung der Prosperität) - wenn auch z.T. in anderer Akzentuierung - auch im nordsyrischen Raum finden.

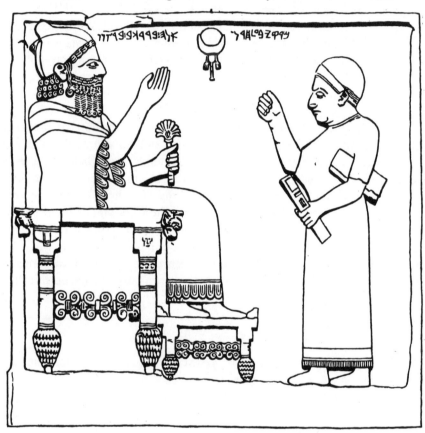

Abb. 7

---

[117] Zur Motivik vgl. Bordereuil, Répertoire, 74ff.; Ornan, Influence, 53ff.
[118] Vgl. Orthmann, Untersuchungen, 471.

Abb. 8

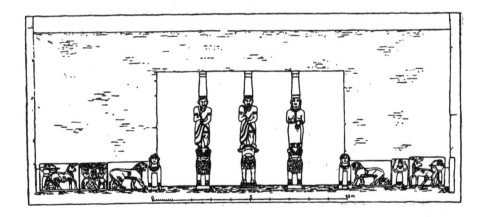

Abb. 9

1.5 Aspekte der Herrschaftsideologie und der bildhaften Herrschaftsrepräsentation in Edom, Moab und Ammon
1.5.1 Aspekte der Herrschaftsideologie in Edom, Moab und Ammon

Das inschriftliche Material aus den genannten Gebieten ist überaus mager, so daß kaum weiterreichende Feststellungen über das Königtum getroffen werden können. Die Stele des Meša von Moab, eine Inschrift von der Zitadelle in ʿAmmān und die Tall-Siran-Inschrift erlauben jedoch einige Rückschlüsse auf die Herrschaftskonzeptionen im transjordanischen Bereich: Aus der Meša-Inschrift geht so viel hervor, daß der König ein Heiligtum für den Nationalgott Kamoš als Dank für die Rettung vor Aufständischen und allgemeiner für die „Wendung zum Heil" errichtet hat.[119] Der Zusammenhang vom rechten Handeln des Königs und vom Gott geschenkten Erfolg wird ebenso deutlich.[120] Ferner zieht der König auf Geheiß der Gottheit in den Krieg, die auch den Sieg schenkt, ja sogar selbst herbeiführt: „Kamosch aber vertrieb ihn vor mir... "[121] Diese Bemerkungen lassen auf eine sehr enge Verbindung von König und Nationalgott schließen. Dies bestätigen sowohl der in Z. 1 genannte Name von Mešas Vater, Kamošjat („Kamoš hat gegeben"), als auch die in assyrischen Texten genannten Königsnamen, u.a Ka-mu-šú-šar-uṣur („Kamoš beschütze den König").[122] Die nur fragmentarisch erhaltene Inschrift CAI 59 von der Zitadelle in Amman läßt, vorausgesetzt, daß der Gott Milkom selber spricht, nur erkennen, daß ein unbenannter König auf Geheiß Milkoms Befestigungen errichten soll, Milkom den Sieg schenken wird und einen Friedenswunsch. Aus dem Kontext läßt sich weiter erschließen, daß der Gerechte in Frieden wohnen wird.[123] Die Tall Siran-Inschrift CAI 78 auf einer Bronzeflasche läßt den engen Zusammenhang von Fruchtbarkeit und Prosperität erkennen.

1.5.2 Aspekte bildhafter Herrschaftsrepräsentation in Edom, Moab und Ammon

Im Gegensatz zu Juda und Israel existieren eine Anzahl großplastischer Herrscherdarstellungen der Eisenzeit II aus den transjordanischen Gebieten. Der größte Anteil der Plastiken stammt von der Zitadelle in ʿAmmān und aus

---

[119] Vgl. KAI 181, Z. 1-4; TUAT I/3, 646f., Z. 1-4.

[120] Vgl. KAI 181, Z. 5-6; TUAT I/3, 646, Z. 5-6.

[121] KAI 181, Z. 19; TUAT, I/3, 647, Z. 18ff.

[122] Siehe hierzu Müller, Chemosh, 188.

[123] Vgl. Aufrecht, CAI, 59 mit einer kurzen Darstellung der Diskussion um Inhalt und Bedeutung der Inschrift (157).

der Umgebung von ʿAmmān.[124] Der überwiegende Teil der Plastiken stellt jedoch, wie aufgrund der Attribute gezeigt werden konnte, Götter und nicht Herrscher dar.[125] Das wichtigste Objekt dieser Gruppe ist eine Statuette von 46 cm Höhe aus ʿAmmān (Abb. 10),[126] mit einer Inschrift, die den Dargestellten als den König Jariḫ-ezer, den Sohn des Zakir, Sohn des Šanibu ausweist. Da Šanibu als König von Ammon durch Tiglatpileser III. erwähnt wird, kann eine Datierung in das letzte Drittel bis letzte Viertel des 8. Jh. vorgenommen werden.[127] Die Statuette zeigt einen Mann mit kurzem Vollbart, gekleidet in ein plissiertes, fußlanges Hemd und einem über die Schulter geführten Schal in Schrittstellung. Der rechte Arm liegt an und der linke hält eine Lotusblume. Die mittellange Frisur fällt auf den Rücken herab trägt ein Diadem. Weitere drei Fragmente sehr ähnlicher Statuetten sind bekannt, ebenso die Rundplastik einer Frau, die möglicherweise als Königsgattin zu interpretieren ist.[128] Die Attribute, Lotusblume und Diadem sowie die auch in der assyrischen Plastik bekannte Schrittstellung lassen eine relativ sichere Interpretation als Herrscherbildnis zu.[129] Die ammonitischen Plastiken zeigen einen durchaus eigenständigen Mischstil aus ägyptischen, syrischen und assyrischen Elementen, wobei bei den Darstellungen von Abou-Assafs Typ III, neben dem aramäischen Element, das am Anfang der ammonitischen Kunstentwicklung im 9. Jh. stand, seit dem 8. Jh. starker assyrischer Einfluß geltend gemacht werden konnte.[130] Die Statuetten sind funktional als Votive zu bestimmen, die die Präsenz des Königs bei einem Gebetsanliegen gegenüber der Gottheit repräsentieren.

---

[124] Zum gesamten Korpus der ammonitischen Plastik vgl. Abou Assaf, Untersuchungen, 9ff. Vgl. hierzu auch Weippert, HdA, 669f; Dornemann, Archaeology, 153ff. Die von Weippert, ebd., im Rahmen der EZ II besprochene Baluʿa-Stele gehört nach allgemeiner Übereinstimmung in der Forschung in die SBZ II B-EZ I A. Vgl. hierzu Dornemann, Archaeology, 153f.

[125] Vgl. hierzu Abou-Assaf, Untersuchungen, 77f.; Dornemann, Archaeology, 156.

[126] Abou-Assaf, Untersuchungen, Kat. Nr. IX, (Umzeichnung des Verfassers nach Pritchard, ANEP 64).

[127] Vgl. Abou-Assaf, Untersuchungen, Kat. Nr. IX, 25f.; 73 (der Titel *mlk* ist nicht gesichert, aber möglich); Pritchard, ANEP 64. Zu anderen Lesarten vgl. Dornemann, Archaeology, 157f.

[128] Abou-Assaf, Untersuchungen, Nr. VIII, X, XI, II.

[129] Vgl. Abou-Assaf, Untersuchungen, 80f. Dornemann, Archaeology, 157f. plädiert für einen königlichen Funktionsträger.

[130] Vgl. Abou-Assaf, Untersuchengen, 56ff; 73; Dornemann, Archaeology, 157f.

Die wenigen moabitischen Siegel von Offiziellen lassen keine Rückschlüsse auf Eigenheiten der Herrschaftsrepräsentation erkennen. Das Siegel des *mnšh bn hmlk*[131] zeigt im oberen Register die Göttersymbole Mondsichel und Stern, ein auch sonst verbreitetes Motiv, das nicht weiter aussagekräftig ist. Funktionäre sind in der ammonitischen Glyptik mehrfach belegt, die Ikonographie ist jedoch auch hier wenig distinktiv: Das Siegel des *byd'l 'bd pd'l*[132] zeigt auf der Vorderseite den hockenden Harpokrates und auf der Rückseite das häufige Motiv des schreitenden Stiers, das Symboltier des Wettergottes.[133] Das Siegel des *'dnyplt 'bd mndb*[134] zeigt einen Ugallu-Dämon in assyrischem Stil sowie die Göttersymbole Mondsichel und Sonnenscheibe. Da es sich vermutlich um ein assyrisches Importstück handelt,[135] läßt auch dieses Stück außer einer allgemeinen Schutzfunktion für den Träger keine weiteren Rückschlüsse zu. Die übrigen Siegel von Funktionären zeigen ebenso eine Motivik, die für die Herrschaftssymbolik nicht aussagekräftig ist.[136] Das Siegel des edomitischen Königs *qwsgbr(y)*[137] zeigt einen nach rechts schreitenden Lamaššu-Genius, der, außer einer allgemeinen Schutzfunktion, den starken assyrischen Einfluß auf Edom erkennen läßt.[138]

Insgesamt läßt sich für die transjordanischen Gebiete feststellen, daß Rundplastik und Glyptik hier, wie in Syrien, spätestens seit dem 8. Jh. massive assyrische Einflüsse zeigen. Der starke Einfluß der Assyrer, insbesondere auf die Rundplastik, läßt nicht nur eine künstlerische Anpassung an die kulturell überlegenen neuen Herren erkennen, sondern kann auch als Zeichen der Loyalität und damit Legitimation verstanden werden.

---

[131] Avigad/Sass, Corpus Nr. 1006; vgl. hierzu Timm, Repertoire, 183f.

[132] Vermutlich der in den Inschriften Sanheribs und Asarhaddons genannte König. Vgl. Pritchard, ANET, 287; 291.

[133] Avigad/Sass, Corpus Nr. 857; vermutlich der bei Assurbanipal genannte König: Vgl. Pritchard, ANET, 294.

[134] Avigad/Sass, Corpus Nr.858; vgl. hierzu Hübner, Repertoire, 145.

[135] So Hübner, Repertoire, 145.

[136] Vgl. Avigad/Sass, Corpus Nr. 860, 865 (vierflügeliger Skarabäus flankiert von floralen Standarten) und 861 (nackte Göttin).

[137] Avigad/Sass, Corpus Nr. 1049. Vermutlich der von Asarhaddon und Assurbanipal genannte König (Vgl. Pritchard, ANET, 291, 294).

[138] Vgl. hierzu Ornan, Influence, 56. Ebenso verhält es sich bei dem Siegel des *b'lyš' mlk b[n 'm]n* mit der Darstellung eines schreitenden Sphinx: Deutsch/Heltzer, Epigraphic News, 53f. u. Fig. 145.

Abb. 10

1.6 Aspekte der Königsideologie und der bildhaften Herrschafts-repräsentation in Philistäa

1.6.1 Aspekte der Königsideologie in Philistäa

Das inschriftliche Material aus Philistäa ist noch magerer als dasjenige aus Transjordanien: Die Weihinschrift des aus den Texten Asarhaddons und Assurbanipals bekannten Ikausu von Ekron[139] aus der ersten Hälfte des 7. Jh. verweist auf die enge Beziehung zwischen dem König und der (sonst nicht belegten) Göttin *pt[g]yh*[140] und den Zusammenhang des Wohlergehens des Königs und seines Landes: *„May she prote[ct] him, and prolong his days, and bless his land.“*[141] Der Adon-Papyrus, ein Brief des Königs von Ekron an Pharao Necho II., reflektiert wenig mehr als die wohlfeile Ehrerbietung des philistäischen Herrschers gegenüber Necho, seinen Titel (*mlk*) und daß er dem Pharao durch Be'elschemayn Segen wünscht.[142] Auffällig ist jedoch, daß Ikausu sich nicht als *mlk* tituliert, sondern den Titel *sr* benutzt. Möglicherweise ist dies als Loyalitätsgestus gegenüber den Assyrern zu werten.[143] Die Unterwerfung unter die Assyrer dokumentiert auch der Name des Königs Ṣilbêl („Den Weg macht Bêl") von Gaza in einer Inschrift Asarhaddons.[144] Das Wenige, was sich aus diesen Texten erheben läßt, zeigt keine Besonderheiten gegenüber der sonst im 1. Jt. belegten Herrschaftsideologie.

1.6.2 Aspekte der bildhaften Herrschaftsrepräsentation in Philistäa

Großplastische Werke sind in der philistäischen Küstenebene nicht bezeugt, sodaß die Glyptik die einzige Quelle der Herrschaftsrepräsentation darstellt. Für die EZ I sei hier nur auf ein charakteristisches Objekt verwiesen: Uehlinger deutet ein Siegel aus Tell el-Fār'a (Süd) (Abb. 11 [145]) als Darstellung eines philistäischen Fürsten oder Gottes mit Federkrone, dem von Amun (mit

---

[139] Vgl. Pritchard, ANET, 291; 294.

[140] Vgl. hierzu demnächst Kottsieper, Tempelbauinschrift, in: TUAT.E, der den Text als Hinweis auf eine „Philistäische Renaissance" aufgrund eines möglichen Zerwürfnisses zwischen philistäischem Königshaus und kanaanäischer Bevölkerung sieht.

[141] Gitin/Dothan/Naveh, Inscription, 9, Z. 3-5.

[142] Vgl. TUAT I/3, 633.

[143] Vgl. hierzu Gitin/Dothan/Naveh, Inscription, 11, die neben dieser Möglichkeit erwägen, *sr* als philistäische Entsprechung zu *mlk* deuten.

[144] Vgl. Pritchard, ANET, 291 (v 54-vi 1); vgl. hierzu auch Schmitt, Terrakottafigurinen, 136f.

[145] Uehlinger, Amun-Tempel, Abb. 4.

der typischen Doppelfederkrone) ein '*nḫ*-Zeichen überreicht wird.[146] Das Stück ist singulär; Eigendarstellungen von Philistern mit Federkrone existieren sonst nicht. Fundort und die eigentümliche Ikonographie des Federkronenträgers lassen kaum einen anderen Schluß zu, als den, daß es sich hier tatsächlich um einen philistäischen Fürsten oder hohen Würdenträger vor Amun handelt. Die weitere glyptische Evidenz der südlichen Küste Palästinas scheint eine Amun-Verehrung in Philistäa am Übergang der SB-zur EZ I zu unterstützen.[147] Die Adaption der ägyptischen Herrschaftsikonographie, hier das Motiv des Pharao vor dem Reichsgott, dokumentiert zweierlei: Es scheint erstens deutlich, daß die Philister zu Beginn ihrer Ansiedlung in Palästina den ägyptischen Reichsgott als Gott ihrer Oberherren verehrt haben. Zweitens tritt der Fürst der Philister selbst vor Amun und bezeugt damit seine Legitimation durch den ägyptischen Reichsgott. Die Legitimation durch Amun selbst findet ihren symbolischen Ausdruck in der Übergabe des '*nḫ*.[148]

Die philistäische Herrschaftsikonographie der EZ II B-C ist aufgrund der Schwierigkeit, die mehrheitlich aus dem Handel stammenden Siegel überhaupt als philistäisch zu identifizieren,[149] nur schwer faßbar. Von einiger Aussagekraft sind daher auch nur eine Bulle aus Ashdod (Abb. 12)[150] und ein weiterer Abdruck vom Tell eš-Šeḫ Zuweyid (Abb. 13).[151] Der nur sehr undeutliche Abdruck aus Ashdod zeigt eine Figur, die einen möglicherweise nackten Gefangenen mit hinter dem Kopf erhobener Waffe vor sich hertreibt, wohingegen der Krieger in Abb. 13 das Schwert vor der Brust hält. Die ebenso undeutlich erhaltene Siegellegende der Bulle aus Ashdod kann *lmlk* gelesen werden. Die Szenen, die den Triumph über die Feinde symbolisieren und bildhaft realisieren, haben enge Parallelen in zwei israelitischen bzw.

---

[146] Uehlinger, Amun-Tempel, 17f. deutet die Figur mit philistäischer Federkrone (mit Einschränkungen) als Gottheit, da sie in der rechten Hand ein weiteres *nḫ*-Symbol trägt. Der freie Umgang mit wirkmächtigen Zeichen in Palästina macht dies jedoch nicht zwingend. Vgl. auch Schmitt, Terrakottafigurinen, 137f.

[147] Vgl. u. a. Petrie, AG II, Pl. VII, 37; 93; AG III, Pl. III, 111; Pl. IV, 124; 193; AG IV, Pl. XI, 424; Giveon, Scarabs, Nr. 97; 98; 102 (T. ed-Duwēr); Keel/Uehlinger, GGG, § 62; Uehlinger, Amun-Tempel, 10ff.

[148] Die starke ägyptische Prägung in Philistäa wird auch deutlich in den auf das philistäische Gebiet beschränkten Siegel mit der Darstellung des Bogenschützen (Königs) im Wagen und zu Fuß. Siehe hierzu Keel, Früheisenzeitliche Glyptik, 414f.

[149] Vgl. hierzu Avigad/Sass, Corpus, 399.

[150] Avigad/Sass, Corpus Nr. 1065.(= Dothan/Porath, Ashdod IV, Pl. 26,8; Umzeichnung des Verfassers)

[151] Petrie, Anthedon, Pl. 30,8.

judäischen Bullen mit identischem Motiv und den Legenden *lmlk* und *lsr*.[152] Dieser auffällige Befund wird unter 4.1.4 noch näher zu untersuchen sein.

Abb. 11

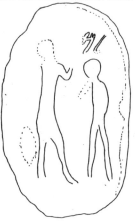

Abb. 12

Abb. 13

---

[152] Vgl. Avigad/Sass, Corpus Nr. 400, 401.

1.7 Aspekte der Königsideologie und Herrschaftsrepräsentation in Israel
1.7.1 Aspekte der Königsideologie in Israel

Auch die alttestamentliche Diskussion war weit bis in die zweite Hälfte des letzten Jahrhunderts von den Weiterentwicklungen der Frazerschen Agrarmagie-Theorie der „Uppsala-Schule" beeinflußt: Diese Theoriebildung sei daher kurz an den zwei prominentesten Vertretern, Sigmund Mowinckel und Geo Widengren dargestellt: Mowinckel hat zwar die Überlegungen der Uppsala-Schule aufgenommen, jedoch die agrarmagische Identifikation von König und Gott relativiert. In seiner Untersuchung zu den Thronbesteigungspsalmen kommt er zu der Auffassung, daß der israelitische König zum einen die Inkorporation der göttlichen Gemeinde, zum anderen aber auch die Inkarnation des nationalen Gottes ist.[153] Als berufener Vertreter Jahwes, als sein Sohn und Erwählter ist er von göttlicher Natur und der Kanal des göttlichen Segens: *„Der Segen des Volkes beruht auf dem Segen des Königs, kraft dessen er mit seiner ‚Gerechtigkeit' den Bund und den Frieden, die Ganzheit und die Unverzehrtheit, behauptet."*[154] Eine Identität des Königs mit der Gottheit ist jedoch nicht per se gegeben. Die Erneuerung der Natur wird durch den Nationalgott Jahwe bewirkt. Sein Thronbesteigungsfest ist die kultisch-symbolische Vergegenwärtigung der Wiederbelebung der Natur.[155] Neben der Erneuerung der Natur muß jedoch auch die *mana*-Potenz des Königs alljährlich erneuert werden; diese rituelle Erneuerung der lebenserhaltenden Kraft des Königs geschieht im Neujahrsfest.[156] Einer der exponiertesten und am weitesten rezipierten Vertreter der Uppsala-Schule ist Geo Widengren: Widengren betont in Hinblick auf Jes 9,1-6, Ps 2 und Ps 110, daß die Göttlichkeit des israelitischen Königs auf seiner Sohnschaft beruhe. Die Göttlichkeit erhält der König durch die als nicht-menschlich verstandene Wiedergeburt des Herrschers bei der Thronbesteigung.[157] Die Bezeichnung des Königs als „Sproß" in Jes 11,1 wird hinsichtlich der Funktion des Königs als Hüter und Gärtner des Gottesgartens gedeutet; dieser trägt den Sproß des Lebensbaums als Zepter und kann daher auch selbst mit dem Lebensbaum identifiziert werden.[158] In Ps 89 erscheine der König als der leidende Knecht Gottes und ist Protagonist des Kampfes um die Wiederkunft des Lebens: *„ Wir haben es hier mit einer rituellen Demütigung zu tun, die im Prinzip von der vom babylonischen König am Neujahrsfest erlittenen nicht verschieden ist. (...) Der rituelle Kampf wird vom davididischen König gegen die Könige der*

---

[153] Vgl. Mowinckel, Psalmenstudien II, 301.

[154] Mowinckel, Psalmenstudien II, 300f.

[155] Vgl. Mowinckel, Psalmenstudien II, 282ff.

[156] Vgl. Mowinckel, Elements, 292.

[157] Vgl. Widengren, Sakrales Königtum, 55.

[158] Widengren, Sakrales Königtum, 56.

Erde ausgefochten. Wenn die Aussichten am schwärzesten sind, schreitet Gott ein und erlöst den israelitischen Herrscher und damit auch das Volk vom „Tode'. "[159]

Die Konzeption einer solchen *ritual pattern* als konstitutives Element der Königsideologie im Alten Israel kann, dies hat Noth in aller Deutlichkeit gezeigt,[160] weder in Mesopotamien, noch anhand der atl. Texte evident gemacht werden und wird heute nicht mehr diskutiert.[161] Die in der deutschsprachigen Forschung vorherrschende Richtung repräsentiert u.a. Alts Aufsatz zum Königtum in Israel und Juda aus dem Jahre 1951, mit seiner lange fortwirkenden Unterscheidung zwischen der Tradition des charismatischen Prinzips königlicher Legitimation im Norden und dem dynastischen, an Jerusalem gebundenen in Juda.[162] Die Forschung seit den 60er Jahren konzentrierte sich im Gefolge Alts und Noths auf die Frage nach dem Ursprung, Charakter und der Legitimität des israelitischen Königtums.[163] Eine *crux interpretum* bildet auch heute nach wie vor das Quellenproblem hinsichtlich der Charakteristika des Königtums im Nordreich gegenüber der vergleichsweise gut bezeugten Jerusalemer Königsideologie.[164] Charakteristisch für die israelitische Königsauffassung ist nach Bernhardt die Ablehnung des Königtums mit einer Argumentation aus der vorstaatlichen Zeit heraus. Dies erkläre auch das Fehlen dreier sonst im Alten Orient entscheidender Komponenten der Königsideologie, der Identität von Gott und König, der König als Objekt kultischer Verehrung sowie der Vorstellung vom König als Herr über die Kräfte der Natur.[165] Gegenüber diesen Abgrenzungen von der altorientalischen Königsideologie wird hingegen der Gedanke der göttlichen Erwählung des Königs besonders betont. Diese darf jedoch nicht im Sinne eines Identitätsverhältnisses interpretiert werden, sondern gestaltet sich analog zum Bundesverhältnis zwischen Gott und Amphiktyonie.[166]

Mettinger differenziert zwischen zwei voneinander abhängigen Aspekten des Königtums, den zivilen und den sakralen. Insbesondere in der frühen Phase der

---

[159] Widengren, Sakrales Königtum, 75.

[160] Vgl. Noth, Gott, insbes. 200ff.

[161] Vgl. hierzu Bernhardt, Königsideologie, 51ff.; Poulssen, König und Tempel, 22f.; Mettinger, King, 304ff.; Westermann, Königtum, 292f.

[162] Vgl. Alt, Königtum, insbes. 118f.; 126.

[163] Auf die Diskussion um die Entstehung und den Charakter des frühen israelitischen Königtums kann hier nicht eingegangen werden. Vgl. hierzu zusammenfassend Whitelam, King, 42.

[164] Vgl. hierzu Whitelam, King, 43; Albertz, Religionsgeschichte I, 174ff.

[165] Vgl. Bernhardt, Königsideologie, 304f.

[166] Vgl. Bernhardt, Königsideologie, 155ff.; 305.

Monarchie unter Saul und David kommt der zivilen Legitimation, dem *b*ᵉ*rît* und der Akklamation durch das Volk besondere Bedeutung zu. In der Zeit Salomos werden diese zivilen Vorstellungen (*nagîd*) in Richtung auf die göttliche Erwählung theologisiert. Die Salbung wird zum Ausdruck der göttlichen Legitimation des Königs, der nun mit dem Begriff *maši*ᵃ*ḥ* bezeichnet wird.[167] Die sakrale Legitimation, die Idee der Gottessohnschaft des Königs, ist nach Mettinger ein Konzept der salomonischen Zeit. In der post-salomonischen Zeit verliert diese zugunsten der *nagîd*-Konzeption an Bedeutung.[168] Die Gottessohnschaft läßt jedoch nicht auf einen göttlichen Charakter des Königs selbst schließen, sondern bezieht sich auf die Beziehung des Königs zur Gottheit, die als Adoption gesehen werden kann.[169]

Waters hat die Konzeption des Königs als Hirte des Volkes untersucht. Dieses Konzept, das sowohl in Ägypten als auch in Mesopotamien Element der Herrschaftsideologie gewesen ist, wurde in der Frühzeit der Monarchie unter David aus Mesopotamien entlehnt. Die hebräischen Begriffe *r*ʿ*h* und *nqd* (Hirte) seien daher akkadische bzw. sumerische Lehnworte.[170] Das Hirten-Königsamt steht als Symbol über die unbeschränkte, autokratische Herrschaft des Königs und bezieht sich im wesentlichen auf den politisch-militärischen Anspruch der Führerschaft.[171] Das irdische Hirten-Königsamt wird auf der kosmischen Ebene durch Jahwe als Hirte gespiegelt und legitimiert.[172]

Whitelam macht gegen ältere Überlegungen deutlich, daß die Gottessohnschaft des Königs sich nicht auf seine göttliche Natur bezieht, sondern seine entscheidende sakrale und kultische Funktion unterstreicht.[173] In Hinblick auf Ps 72 charakterisiert Whitelam den König als Garanten der Ordnung und Harmonie, sowohl in irdischer als auch in kosmischer Hinsicht und als verantwortlich für die Fruchtbarkeit und Prosperität der Nation als Ganzes.[174] Das Königtum im Alten Israel unterscheidet sich nach Whitelam nicht von den Konzeptionen in seiner Umwelt und kann wie folgt zusammenfassend charakterisiert werden: „ *The King was the central symbol of the social system.*

---

[167] Vgl. Mettinger, King, 295f.

[168] Vgl. Mettinger, King, 295.

[169] Vgl. Mettinger, King, 266.

[170] Vgl. Waters, Shepherd-King, 228.

[171] Vgl. Waters, Shepherd-King, 236ff. Der Aspekt der militärischen Dominanz wird auch von Halpern, Constitution, 251f. betont, wenn er den König als „ *avatar of the Divine Warrior* " bezeichnet. Das Konzept von Jahwe als *Divine Warrior* ist m.E. jedoch für die vor- und frühstaatliche Zeit nicht evident zu machen.

[172] Vgl. Waters, Shepherd-King, 240.

[173] Vgl. Whitelam, King, 45.

[174] Vgl. Whitelam, King, 45.

*His prime function was the establishment and maintenance of order
throughout the kingdom. The king' s functions as warrior (1 Sam 8:20), judge
(1 Sam 8:5; 2 Sam 12:1-15; 14:1-24; 15:1-6; 1 Kgs 3; 21:1-20; 2 Chr 19:4-11),
and priest (1 Sam 13:10; 14:33-35; 2 Sam 6:13, 17; 24:25; 1 Kgs 3:4, 15; 8:62;
9:25; 12:32; 13:1 etc.) are all interrelated elements of this fundamental task.
They were all essential to the maintenance of a divinely ordained order which
was conceived of in cosmic terms and covered all aspects of a society's and
individual's existence.*[175] Whitelam betont weiter die zentrale Funktion des
Komplexes um Palast und Tempel: Der Tempel ist die symbolische
Manifestation der Beziehung Gott-König, der göttlichen Legitimierung des
Königs und der kultischen Sicherung der Prosperität der gesamten
Gesellschaft.[176] Besonderes Augenmerk richtet Whitelam auf die zentrale
Funktion der herrschaftlichen Repräsentation in Ikonographie und Architektur
gegenüber der eigenen Gesellschaft und nach außen.[177] Auch Albertz rekurriert
auf die besondere, fast kreatürlich zu nennende Beziehung des Königs als Sohn
(Ps 2,7; 2 Sam 7, 14) und als von Gott selbst gezeugt (Ps 2,7; Ps 110,3).[178] Die
Konzeption der Gottessohnschaft kann am ehesten als Adoptionsverhältnis
verstanden werden, das jedoch sowohl physische als auch mythische Elemente
umfaßt.[179] Der König ist nach Ps 21, 7 und Ps 72 der Mittler und Garant des
göttlichen Segenshandelns und bewirkt Fruchtbarkeit und Prosperität des
ganzen Landes.[180] Die Heilsmittlerschaft des Königs zeigt sich auch in der
engen Verbindung von Thron und Altar, die die Davididen aus der
jebusitischen Tradition übernahmen. Problematischer ist für Albertz der
gemeinorientalische Anspruch des Königtums zu bewerten, Rechtshelfer der
Armen und Schwachen zu sein, da er keine direkte gesetzgeberische Funktion
ausübte.[181] Albertz faßt die Konzeption der Jerusalemer Hoftheologie wie folgt
zusammen: *„Die von den Hoftheologen propagierte Theologie versuchte, den
König zu einem umfassenden Heilsgaranten für Israel aufzubauen. Nach
ihrem Verständnis vermittelte der König Israel nicht nur Jahwes politisch-
geschichtliches Handeln in der Völkerwelt, sein segnendes Handeln in Natur
und Gesellschaft, sondern auch Jahwes gottesdienstliche Nähe; d.h. alle
wesentlichen Aspekte der Gottesbeziehung der Großgruppe, der kreatürliche,
der politische und der kultische, sollten nach dieser Anschauung über den
König laufen und in seiner Person ihre Einheit finden.“*[182]

---

[175] Whitelam, King, 44.

[176] Vgl. Whitelam, King, 46.

[177] Vgl. Whitelam, King, 46; ders. Symbols of Power.

[178] Vgl. Albertz, Religionsgeschichte I, 175.

[179] Vgl. Albertz, Religionsgeschichte I, 176.

[180] Vgl. Albertz, Religionsgeschichte I, 182.

[181] Vgl. Albertz, Religionsgeschichte I, 183.

[182] Albertz, Religionsgeschichte I, 184.

Die anglo-amerikanische Forschung hat, angeregt durch die *social anthropology* und die Arbeiten von Gottwald und Mendenhall seit den 70er Jahren, die Entstehung und den Charakter des israelitischen Königtums auf einer anderen Ebene diskutiert:[183] Exemplarisch seien hier nur die Arbeiten von Flanagan und Frick genannt, die übereinstimmend das Gemeinwesen „Israel" in der Zeit Sauls und des frühen David als „*chiefdom*" definieren: „*In contrast with states, chiefdoms lack social stratification into classes based upon occupational specialisation. They also lack the ability to impose coercive physical sanctions and have to rely upon non-legal enforcement (...). The government of a state is highly centralalized, with a professional ruling class including priests and bureaucrats who function as substitutes for the king in his many expanded roles (...).In chiefdoms, such tasks are shared by the chief personally.*"[184] Die Entwicklung vom *chiefdom* zum monarchischen Staat reflektiere auch der Gebrauch des Begriffs *nāgîd* für Saul als militärischen Führer und *melek* für David nach der Übernahme Jerusalems als Hauptstadt.[185] Jamieson-Drake kommt aufgrund seiner Analyse insbesondere des archäologischen Befundes zu der Auffassung, Juda habe den Status voller Staatlichkeit erst im 8. Jh. erreicht, da die epigraphischen (Status der Literalität) und sonstigen Zeugnisse die Feststellung der Funktion Jerusalems als einer zentral steuernden Instanz erst zu diesem Zeitpunkt erlauben. Die Zeit vom 10.-8. Jh. sei daher als eine Transformationsphase von einer *lower-order-society* über das *chiefdom* zum Staat anzusehen.[186]

Obwohl die genannten Ansätze in vielen Punkten problematisch erscheinen,[187] bietet das Modell mit dem Übergang von der *lower-order-society* über das *chiefdom* zum entwickelten Staat durchaus bedenkenswerte Aspekte, die in der Analyse des archäologischen Materials noch einer näheren Prüfung zu unterziehen sind.

Insgesamt zeichnet sich in der Forschung seit den 60er Jahren, trotz unterschiedlicher Positionen bei Einzelfragen, ein relativ breiter Konsens über die Inhalte der israelitisch/judäischen Königsideologie ab:

---

[183] Siehe hierzu die Forschungsüberblicke bei Frick, Methods; ders., Formation, 13ff.

[184] Flanagan, Chiefs, 51; vgl. hierzu auch Frick, Formation, 71ff.

[185] Vgl. Flanagan, Chiefs, 67f.

[186] Vgl. Jamieson-Drake, Scribes, insbes. 141ff.

[187] Grundsätzlich ist die Frage zu stellen, ob die genannten Gesellschaften, die der Definition des *chiefdom* entsprechen, überhaupt mit der vor- bzw. frühstaatlichen Israels verglichen werden können. Dies gilt insbesondere für das Paradigma Ibn Saud bei Flanagan, Social Drama (insbes. 325ff.). Die Einbeziehung und Benutzung der demographischen Daten bei Jamieson-Drake ist hoch problematisch, da sie auf Schätzungen mit unsicherer Berechnungsgrundlage beruhen.

- Der König ist Sohn und Geschöpf Gottes, als solcher ist er zwar göttlicher Natur, jedoch nicht im Sinne einer Identität
- Er ist der Repräsentant des Nationalgottes gegenüber dem Volk,
- gleichzeitig aber auch Repräsentant des Volkes gegenüber dem Nationalgott
- Der König ist kultischer Heilsmittler und als solcher Garant der Fruchtbarkeit und Prosperität
- Der König ist als Hirte des Volkes unumschränkter Lenker der staatlichen Geschicke
- Das Hirten-Herrscheramt impliziert die Verantwortung des Königs für die staatliche und kosmische Ordnung
- sowie die Verantwortung für Recht und Gerechtigkeit und den Schutz der Untertanen
- Das Hirten-Herrscheramt betont die militärische Macht des Königs gegenüber den Feinden

Wie in Mesopotamien und Syrien deckt die Herrschaftsideologie in Israel somit die wesentlichen drei Funktionsebenen göttliche Legitimation, Dominanz und Inkrafthaltung der göttlichen Ordnung und Sicherung der Prosperität ab.

1.7.2 Zum Stand der Diskussion über die bildhafte Herrschafts-repräsentation in Israel

Elemente der israelitisch-judäischen Herrschaftsikonographie sind hier und da in der alttestamentlichen Forschung und der Archäologie Palästinas diskutiert worden und über einzelne Motive, wie z.B. die *lmlk*-Stempel hat sich eine breite, jahrzehntelange Diskussion entwickelt. Die israelitisch-judäische Herrschaftsikonographie ist jedoch bisher nur ansatzweise Gegenstand zusammenfassender Arbeiten gewesen. Kennzeichnend für die meisten Arbeiten zum Königtum in Israel ist, daß der Herrschaftsikonographie nur wenig oder gar keine Beachtung geschenkt wurde. Die Thematisierung der bildhaften Herrschaftsrepräsentation in der neueren alttestamentlichen Diskussion ist unzweifelhaft Othmar Keel zu verdanken: In seinem vielbeachteten und immer wieder aufgelegten Band „Die Welt der altorientalischen Bildsymbolik und das Alte Testament" von 1972 hat er erstmals auf die Bedeutung der Ikonographie für das Verständnis des Königtums in Israel hingewiesen. Das Kapitel über das Königtum gliedert sich in fünf Abschnitte: 1.) Geburt und Kindheit des Königs, 2.) Die Inthronisation, 3.) Der König als Tempelbauer und Priester, 4.) Die Repräsentation und die Förderung der Mächte des Lebens, 5.) Die Abwehr der Feinde. Damit sind die wesentlichen Themen der Herrschaftsikonographie des antiken Vorderen Orients umrissen, die als illustratives Material den atl.

Texten gegenübergestellt werden.[188] Dasselbe methodologische Interesse, ikonographische „Ideogramme" zur Erklärung literarischer Motive heranzuziehen, findet sich in der Arbeit „Wirkmächtige Siegeszeichen im Alten Testament", die insbesondere der Bedeutung des Sichelschwerts als Herrschaftssymbol untersuchte.[189] Diese frühen Arbeiten haben dem ikonographische Material aus Palästina selbst noch nicht dieselbe Aufmerksamkeit gezollt, wie die späteren. Die mittlerweile ebenso in mehreren Auflagen erschienene Gemeinschaftsarbeit mit Christoph Uehlinger „Götter, Göttinnen und Gottessymbole" faßt die rezenten Befunde zur Herrschaftsikonographie innerhalb des weitergesteckten Rahmens des Buches zusammen, bietet aber keine zusammenfassende, diachrone Untersuchung der Herrschaftsikonographie als Gesamtkomplex. Eine diesbezügliche Aufarbeitung des Materials ist daher bisher ein Desiderat geblieben.

1.8 Konsequenzen für die Fragestellung

Wie oben festgestellt werden konnte, lassen sich in den Königsideologien des antiken Vorderen Orients drei wesentliche Funktionsebenen feststellen, die ihren je eigenen Ausdruck mit je unterschiedlicher Gewichtung sowohl im epigraphischen, ikonographischen und architektonischen Material gefunden haben. Insbesondere in Assyrien und der syrischen Staatenwelt, wo sowohl eine reiche epigraphische als auch bildhafte Überlieferung vorhanden ist, zeigt sich, daß Bild und Text ein komplexes elaboriertes und zusammenhängendes Symbolsystem bilden, das Herrschaft ausdrückt und kommuniziert. Damit sind auch die wesentlichen Aufgaben einer ikonographischen Untersuchung der bildhaften Herrschaftsrepräsentation in Israel umrissen: Leitfragen sind daher, wie a.) die Legitimation des Herrschers, b.) seine Dominanz über die Feinde und die Inkrafthaltung der göttlichen Ordnung sowie c.) die Sicherung der Prosperität ihren spezifischen bildhaften Ausdruck finden und durch welche Symbole dies symbolisiert und kommuniziert wird. Es ist insbesondere zu fragen, welche Elemente religiöser Herrschaftslegitimation in Israel und Juda greifbar werden und ob und wie die von den Texten implizierte enge Verbindung zwischen König und dem Nationalgott Jahwe ihren bildhaften Ausdruck findet oder ob die Legitimation des Königtums sich anderer Symbole bedient.

Diese Fragen sind eng verbunden mit der Frage nach den Trägergruppen der bildhaften Herrschaftsrepräsentation und den dabei zur Verwendung kommenden Bildmedien, wie Glyptik, Elfenbeinarbeiten etc. und deren spezifischen Reichweiten. So wird zu fragen sein, welche Aspekte durch ein

---

[188] Vgl. Keel, Bildsymbolik, 10; 224ff.
[189] Vgl. hierzu Keel, Siegeszeichen, insbes. 143ff.

bestimmtes Medium kommuniziert werden. Herrschaft manifestiert sich jedoch nicht nur in der Ikonographie, sondern auch in der Architektur, insbesondere der von Palästen, Tempeln und Fortifikationsanlagen. Dieser ideologische und legitimatorische Aspekt der Herrschaftsarchitektur ist bisher nur im Ansatz untersucht worden.[190] Eine systematische Auswertung der architektonischen Befunde würde zwar den Rahmen der vorliegenden Arbeit sprengen, die jeweils relevanten Erkenntnisse sollen jedoch in adäquaten Rahmen mitberücksichtigt werden, um zu einem Gesamtbild des mit Herrschaft konnotierten Symbolsystems zu gelangen.

1.8.1 Zur Quellenlage

Im Unterschied zu Mesopotamien bedient sich die bildhafte Herrschafts-repräsentation in Palästina primär des Mediums des Stempelsiegels. Daneben treten andere Medien der Kleinkunst, wie Elfenbeinarbeiten und vereinzelt Malerei. Die hier diskutierten Objekte und Motive bedeuten in ihrer Auswahl natürlich eine gewisse Vorentscheidung. Diese wurde aufgrund von Kriterien getroffen, die eine Deutung im Kontext der Herrschaftsrepräsentation zulassen: Für die bildhafte Herrschaftsrepräsentation kommen primär Motive und Objekte in Frage, die epigraphische Hinweise auf ihren offiziellen Charakter enthalten: Dies sind a.) Stempelsiegel, die sich in ihrer Legende auf den König als Eigner beziehen, wie die durch *lmlk* gekennzeichneten, und b.) Siegel, die Personen gehören, die durch ihren Titel als Angehörige des Königshauses, des Hofes oder als Beamte ausgewiesen sind. Bei den Siegeln dieser Gruppe ist gesondert zu klären, in welchem Verhältnis das Bildmotiv zum Komplex der Herrschaftsrepräsentation gehört.

Bei anepigraphischen Bildsiegeln legt die Motivik in vielen Fällen eine Deutung im Rahmen der Herrschaftsrepräsentation nahe. Bei Darstellungen von Personen sind dies a.) Attribute des Königtums, wie Szepter, Kronen, bestimmte Kleidung, Thron oder andere Herrschaftsinsignien, wie bestimmte Waffen und Pflanzen, b.) die Körpersprache der Personen, die den Dargestellten in einer bestimmten Situation (Hof, Kult, Krieg) erscheinen lassen und seine Position als primären Aktanten ausweisen. Bei der Darstellung von Tieren, Mischwesen und Pflanzen kommen solche als mögliche Elemente der Herrschaftssymbolik in Frage, die sowohl a.) in der lokalen Bildtradition als auch in der Ikonographie der Umwelt Israels Konnotationen zum Königtum aufweisen, insbesondere sind dies Darstellungen von Löwen, Sphingen und stilisierten Bäumen und b.) Tiere, die aufgrund

---

[190] Vgl. hierzu den Aufsatz „Symbols of Power" von Whitelam und jüngst Finkelstein, Omride Architecture, für die Herrschaftsarchitektur der Omriden-dynastie. Für Mesopotamien vgl. die Studie von Novák, Herrschaftsform.

bestimmter Qualitäten (Repräsentation von Stärke, Macht, rein militärischer Gebrauch wie beim Pferd etc.) eine solche Deutung zulassen. Bildmotive, die aus dem Kontext militärischer Aktivitäten stammen, wie die Darstellungen von Streitwagen, Kriegern etc., sind ebenso mit großer Wahrscheinlichkeit im Kontext der Herrschaftsrepräsentation zu verorten, da der Krieg und die Organisation des Militärs Obliegenheiten des Königs waren.

Schwieriger ist die Entscheidung bei Göttersymbolen: Da diese ein wesentliches ikonographisches Element in der Glyptik überhaupt sind, kann eine Verbindung zur Herrschaftsikonographie nur hergestellt werden, wenn a.) dieser Kontext durch eine epigraphische Evidenz gesichert ist, wie bei den *lmlk*-Stempeln bzw. b.) Abruckmedien benutzt werden, die einen offiziellen Gebrauch nahelegen, wie bei den Rosettensymbolen auf den *lmlk*-jars.

Im weiteren kann der Fundkontext (Palast, „öffentliches" Gebäude, Festung etc.) weitere Hinweise über die Zugehörigkeit von Objekten zum Kontext der Herrschaftsrepräsentation liefern. Da die überwiegende Mehrheit des glyptischen Materials jedoch aus dem Kunsthandel stammt, ist hier die epigraphische und ikonographische Evidenz von großer Bedeutung.

Aus der Durchsicht des so eingeschränkten Materials ergibt sich folgende Typologie:

Gruppe 1 Darstellungen des Königs
1 a: König thronend
1 b: König mit Stab
1 c: König mit anderen Insignien
1 d: König vor Gottheit
1 e: König mit Würdenträger(n)
1 f: König den Feind schlagend
1 g: König im Wagen

Gruppe 2.1 Herrschaftssymbole mit militärischem Kontext
2.1 a: Gefangene
2.1 b: Streitwagen
2.1 c: Befestigte Stadt

Gruppe 2.2 Herrschaftssymbole aus dem vegetabilen Kontext
2.2 a: Volutenkapitel
2.2 b: Palmetten und Heiliger Baum

Gruppe 3 Tiere

3 a: Löwe
3 b: Pferd
3 c: Hahn
3 d: Sonstige Vierbeiner

Gruppe 4 Mischwesen und Genien

4 a: Greif
4 b: Sphinx
4 c: Geflügelter Skarabäus
4 d: Anthropomorphe Genien

Gruppe 5 Göttersymbole im Kontext von Herrschaft

5 a: Flügelsonne
5 b: Rosette/Sonnenscheibe

Gruppe 6

6   Sonstiges

Es wird zu untersuchen sein, wie die hier aufgelisteten Motivgruppen Aspekte der Herrschaft symbolisieren und mit welchen Konnotationen die Einzelmotive verbunden sind. Ein weiterer wichtiger Gesichtspunkt ist die Untersuchung der Beziehung zwischen Text und Bild, insbesondere die Frage, ob die alttestamentlichen Texte, die Herrschaftsideologie reflektieren und die für die bildhafte Herrschaftsrepräsentation geltend gemachten Motive ein konsistentes Symbolsystem bilden und in welchem Verhältnis dieses zu den Symbolsystemen seiner Umwelt steht.

1.8.2 Zum Ansatz in der EZ I

Die Eisenzeit I ist, wie die neuere Forschung uneingeschränkt feststellt,[191] eine typische Übergangsperiode, die von einem hohem Maß an kultureller Diversität und kultureller Überlappung gekennzeichnet ist: Die ägyptische Dominanz kann sich in der südlichen Küstenebene, aber auch noch im Norden in Beth-Shean (Tell el-Ḥōṣn) bis etwa 1150 behaupten. Eine Statuenbasis Ramses VI. aus Megiddo (Tell es-Mutesellim) deutet auf eine ägyptische Präsenz bis in die 40er bis 30er Jahre hin.[192] Gleichzeitig existiert die sbz

---

[191] Vgl. hierzu u.a. Weippert, HdA, 354ff.; Mazar, Archaeology, 353ff.; Keel, Früheisenzeitliche Glyptik, 334ff.; Kehl/Uehlinger, GGG, § 61; zu Einzelaspekten siehe die Beiträge in dem hervorragenden Sammelband von Finkelstein und Na'aman, From Nomadism to Monarchy.

[192] Vgl. Yadin, Art. Megiddo, 1012, u. Abb. auf 1014.

kanaanäische Kultur in den genannten Orten sowie u.a. Hazor und Gezer weiter.[193] Ab der zweiten Hälfte des 12. Jh. entstehen in der Küstenebene die Staatenbildungen der Philister und anderer Seevölkergruppen, deren materielle Kultur ein Amalgam aus ägäisch-mykenischen Elementen, starken kanaanäischen Traditionen und ägyptischem Einfluß ist und die politisch-militärisch aber auch kulturell versuchen, die umliegenden Gebiete zu dominieren.[194] Schon ab etwa 1250 ist in den gebirgigen Lagen des Landes eine Entwicklung zu kleinen Siedlungen von dörflichem Charakter erkennbar, die sich von einem Nukleus im Bergland von Ephraim und Manasse weiter nach Süden ausbreiten[195] und schließlich - begünstigt durch einen massiven demographischen Zuwachs - zur Reurbanisierung und Bildung territorial-staatlicher Gebilde in der EZ II A führte. Die Bildung dieser Territorialstaaten schloß somit einen langzeitlichen Prozeß ab und stellte die Weichen für neue Entwicklungen.[196] Auch wenn die materielle Kultur dieses frühen Israel bestimmte Spezifika, wie bestimmte Keramiktypen (*collared rim-jar*) und Hausformen aufweist, so ist doch diese Kultur von vornherein stark von der kanaanäischen geprägt und in steter Interaktion mit den anderen kulturellen Faktoren im Land begriffen.

Eine echte staatliche Struktur hat sich in Israel erst in der Zeit nach 1000 herausgebildet. Um Entwicklungslinien aufzeigen zu können, wurde daher ein Ansatz in der EZ I gewählt.[197] Obwohl das Material, auf der einen Seite die ungeheure Menge von Stempelsiegeln der ramessidischen Massenware und auf der anderen Seite der anderen Traditionen verpflichteten Elfenbeinkunst, auf den ersten Blick disparat erscheint, so ist es im Hinblick auf die späteren Entwicklungen doch vielversprechend, insbesondere das Bildprogramm der Elfenbeinarbeiten aus Megiddo einer näheren Betrachtung zu unterziehen.

---

[193] Vgl. Giveon, Impact; Singer, Egyptians, 282ff.

[194] Vgl. Dothan, Arrival; Schmitt, Terrakottafigurinen, 28; Noort, Seevölker, 179ff.

[195] Vgl. Finkelstein, Archaeology, 355; ders., Living.

[196] Vgl. Finkelstein, Emergence, insbes. 175ff.

[197] Für die Probleme der Periodenabgrenzung der EZ I vgl. Keel, Früheisenzeitliche Glyptik, 334ff.

Kapitel 2
Nachwehen der Fremdherrschaft:
Die Eisenzeit I A - I B (1250-1000)

2. 1 Darstellungen des Königs in ägyptischer Tradition

Darstellungen des Königs folgen in der EZ I im großen und ganzen den Konventionen der ramessidischen Massenware.[198] Die Befunde aus den früheisenzeitlichen Siedlungen im Bergland sind rein quantitativ gesehen überaus mager. Im Gegensatz dazu stehen die überaus reichhaltigen Funde aus der südlichen Küstenebene, insbesondere aus Tell el-Fār'a (Süd) und Tell el-Aǧul.[199] Der glyptische Befund ist somit zwar aussagekräftig hinsichtlich der in der Küstenebene wirksamen Traditionen, für das Bergland hingegen kaum. In der Küstenebene der SBZ II B- EZ I sind fast alle wesentlichen von Wiese[200] unterschiedenen ägyptischen Sujets glyptischer Herrschaftsrepräsentation vertreten. Ich beschränke mich hier daher auf einige wenige Beispiele: Typ I.A. Stehender, nicht agierender König mit Thronname (Abb. 14)[201]; Typ I.B. Stehender, nicht agierender König in Verbindung mit Uräen (Abb. 15-16)[202]; II. Der thronende König (Abb. 17)[203]; III. Der kniende König (Abb. 18)[204]; IV. Der hockende König mit ungegliedertem Leib (Abb.19)[205]; V. Der König in der Barke (Abb. 20)[206]; VII. Der König im Wagen (Abb. 21)[207]; VIII. König mit Adoranten (Abb. 22)[208]; IX. Zwischen zwei oder drei Göttern stehender Pharao (Abb. 23)[209]; sowie der König, den Feind schlagend (Abb.

---

[198] Vgl. Wiese, Bild; Keel, Früheisenzeitliche Glyptik, 337; vgl. auch ders., Corpus § 67.

[199] Die Funde aus Tell el Far'a (Süd) füllen fast den gesamten ersten Band von Keels Corpus. Vgl. auch Keel, Früheisenzeitliche Glyptik, 405ff.

[200] Vgl. Wiese, Bild, VII-IX.

[201] Keel, Corpus, Tell el 'Aǧul Nr. 508.

[202] Petrie, BP I, Pl. XII, 166.; Starkey/Harding, BP II, Pl. LVII, 347.

[203] Tufnell, L II, Pl. XXXIIa, 31.

[204] Petrie, BP I, Pl. XXIX, 240.

[205] Macalister, Gezer III, Pl. LXXX, 20.

[206] Keel, Corpus, Tell el 'Aǧul Nr. 226.

[207] Keel, Corpus, Tell el 'Aǧul Nr. 302.

[208] Keel, Corpus, Tell el 'Aǧul Nr. 789. Petrie, BP I, Pl. 235 (Hier jedoch mit Pschent und nicht mit Blauer Krone; Vgl. Wiese, Bild, 95.

[209] Petrie, BP I, Pl. XXII, 191.

24).[210] M.W. nicht vertreten sind die ohnehin eher seltenen Typen I.C.: Stehender, nicht agierender König mit Löwe bzw. Sphinx, VI: Der König in der Sänfte, X: König mit erhobenem Armen und XI: König im Kultlauf.

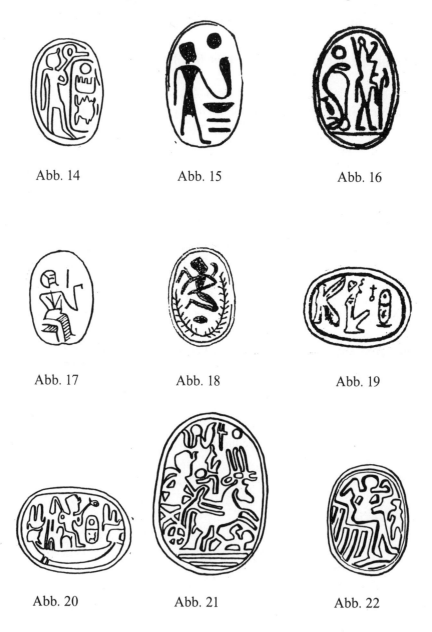

Abb. 14   Abb. 15   Abb. 16

Abb. 17   Abb. 18   Abb. 19

Abb. 20   Abb. 21   Abb. 22

[210] Petrie, BP I, Pl. XXXI, 319.

Abb. 23

Abb. 24

Abb. 25

Abb. 26

Nur wenige Siegel aus den früheisenzeitlichen Siedlungen im Bergland gehören zu den Gruppen I-IX, obwohl andere Produkte der ramessidischen Massenware reichlich vertreten sind: Ein Skarabäus vom Ebal (Abb. 25)[211] zeigt den knienden Pharao (Typ III) über einem *nwb*, rechts daneben eine Kartusche mit der Inschrift *mn-ḫpr-rˁ* (Thutmoses III. oder kryptographisch für Amun ohne anlautendes *j*). Alle Zeichen zusammen lassen sich sinnvoll lesen als *mn-ḫpr-rˁ nbˁ š3 mšˁ* „*Thutmoses III.(oder Amun), Herr zahlreicher Truppen.*"[212] Ein Oberflächenfund vom Tel Masos (Ḫirbet el-Mšaš) zeigt den König, den Feind niederschlagend (Abb. 26).[213] Auffällig ist innerhalb der klassischen Gesamtkonzeption die dritte Figur hinter dem König, die entweder als weiterer (flehender) Gegner oder Verehrer des Herrschers interpretiert werden kann.[214]

2.2 Darstellungen des Königs in kanaanäischer Tradition (Motive 1 a, 1 d, 1f, 1 g)

Neben der ägyptischen Traditionslinie wird in der Kleinkunst der Übergangsphase von der SBZ zur frühen EZ die lokal-kanaanäische, sowohl aus syrischen als auch aus mykenischen und ägyptisierenden Elementen gespeiste Tradition der Repräsentation des Herrschers weitergeführt.[215] Die aussagekräftigsten Objekte stammen aus dem berühmten Hortfund aus Megiddo (Tell es-Mutesellim): Die Elfenbeine aus dem Palast (Area AA), Stratum VII A,[216] sind durch eine Kartusche Ramses III. (1193-1162) gut in das zwölfte Jahrhundert zu datieren, auch wenn eine frühere Entstehung anzunehmen ist.[217] Barnett datiert das gesamte Ensemble in die Zeit zwischen 1250-1150.[218]

Das bekannteste Objekt ist ohne Zweifel das Paneel mit der Darstellung einer Triumphszene (Abb. 27).[219] Das Bildfeld ist durch florale Motive in zwei

---

[211] Shuval, Cataloque, 19.

[212] Vgl. auch Keel, Früheisenzeitliche Glyptik, 343.

[213] Fritz/Kempinski, Tel Masos, T. 170,2 (= Keel, Früheisenzeitliche Glyptik, 343, Abb. 17).

[214] Vgl. Keel, Früheisenzeitliche Glyptik, 343. Zu einem fast identischen Stück aus Tell el-Fārˁa (Süd) ebd., 343f.

[215] Zu der sbz Tradition des „Fürsten im Wulstsaummantel" vgl. Schroer, Mann.

[216] Zum Fundkontext vgl. Loud, Ivories, 3ff.

[217] So Yadin, Art.Megiddo, 1013.

[218] Barnett, Ancient Ivories, 26.

[219] Loud, Ivories, Pl 4, 2a.

Bildhälften geteilt,[220] die jedoch korrespondieren. Das Paneel vereint die Motive 1 a: König thronend, 1 f: Feinde schlagend oder fortführend und 1 d: König vor Gottheit/Göttersymbolen. Die rechte Hälfte zeigt einen Fürsten mit kurzem Kinnbart und runder Kappe bzw. Helm, möglicherweise in ein Pantherfell gekleidet, bei der siegreichen Rückkehr aus der Schlacht auf seinem Streitwagen. Über dem Gespann breitet eine Flügelsonne ihre Schwingen aus. Hinter dem Wagen befindet sich ein Krieger mit Sichelschwert. Vor dem Wagen sind zwei nackte, gefangene Feinde zu erkennen, die an das Gespann gebunden sind. Die Fesselung der Gefangenen mit auf dem Rücken zusammengebundenen Armen erinnert an zeitgenössische ägyptische Darstellungen. Die Gefesselten tragen ebenfalls einen kurzen Kinnbart und eine zweigeteilte Kappe, die häufig als Kennzeichen der *š3sw*-Nomaden gedeutet wird,[221] in Medinet Habu aber auch von *plšt*-Leuten getragen wird.[222] Vor den Gefangenen findet sich ein weiterer Krieger mit kurzem Schurz, der mit Schild und Lanze bewaffnet ist. Die linke Bildhälfte zeigt denselben Fürsten[223] auf einem Sphingenthron mit Fußschemel (*en miniature* wurde ein ähnlicher Thron in Megiddo gefunden[224]). Der Fürst trägt neben der schon von der rechten Bildhälfte her bekannten Tracht einen Halskragen, der analog zu ägyptischen Vorbildern wohl als Siegeszeichen zu verstehen ist. Mit der rechten Hand führt der Thronende eine Trinkschale zum Mund. Mit der linken empfängt er aus der rechten Hand einer feierlich gekleideten Frau mit flachem Polos eine Lotusblüte, gleichzeitig reicht diese ihm eine Stola mit der Linken. Hinter der feierlich gewandeten Frau befindet sich eine zweite weibliche Person in ähnlicher Tracht, die, dem Herrscher zugewandt, auf einer Leier spielt. Hinter dem Thron machen sich zwei Diener zu schaffen. Der Rechte bringt eine Trinkschale ähnlich der, die der Herrscher zum Mund führt. Der Zweite führt einen durch das Bohrloch zur Befestigung nicht sicher zu identifizierenden Gegenstand - vielleicht ebenfalls eine Trinkschale - zum Mund. Zwischen den beiden Dienern steht ein großes Mischgefäß und über diesem zwei theriomorphe Rhyta in Löwen- und

---

[220] Vgl. Weippert, HdA, 334; Keel/Uehlinger, GGG, § 39.

[221] So Barnett, Ancient Ivories, 27; Keel/Uehlinger, GGG, § 39.

[222] Vgl. Noort, Seevölker, 88ff. Galling, Kopfzier, 265 hält die beiden Kuppen der Kappen für in zwei Bögen zurückgestecktes Haar. Die regelmäßige, bänderartige Struktur der Kopfgestaltung läßt eher auf eine Kappe denn auf eine Frisur schließen.

[223] Barnett, Ancient Ivories, 27; Galling, Kopfzier, 264, unterscheidet hier den Thronenden und den Streitwagenfahrer. Da beide jedoch von Tracht und Physiognomie her identisch sind, handelt es sich mit großer Sicherheit um eine Verdoppelung derselben Person. So auch Weippert, HdA, 334; Keel/Uehlinger, GGG, § 39.

[224] Loud, Ivories, T. 4,3 a-e.

Gazellenform auf einem Brett.[225] Direkt hinter dem Thron und unter der Leierspielerin befinden sich zwei flatternde, unter dem Thron ein pickender Vogel.

Die Gesamtdeutung der beiden Szenen bereitet kaum Schwierigkeiten der Interpretation: Geschildert wird rechts die siegreiche Rückkehr des Herrschers vom Feldzug und links die rituelle Siegesfeier. Die Flügelsonne über dem Gespann des Königs zeigt diesen als von der Gottheit gesegnet.[226] Das Überreichen der Lotusblüte ist im Sinne der Prosperität zu deuten, die der Sieg des Herrschers gesichert hat. Das Überreichen der Blüte und das Reichen der Stola durch die durch den Polos als Priesterin ausgewiesene Frau sind als ritueller Akt zu werten, die Segen und Prosperität bekräftigen.[227] Die flatternden und pickenden Vögel werden von Keel als Botenvögel interpretiert, die den Sieg ins Land hinaustragen.[228] Im Hinblick auf die Darstellung von Landschaften und Vögeln im Neuen Reich[229] und analog dazu auf den Elfenbeinarbeiten vom Tell el-Fārʻa (Abb. 35-36) aus derselben Periode, wäre jedoch auch eine Konnotation mit der Fülle der Natur und des Friedens denkbar, was durch die Übergabe des Lotus unterstützt würde.

Das Objekt realisiert symbolisch die zentralen Elemente der Herrschaftsideologie: Die Dominanz über die Feinde und die Sicherung der Prosperität und die göttliche Legitimation. Die göttliche Unterstützung im Kampf wird hier durch die Flügelsonne symbolisiert, die totale Unterwerfung und Niederlage der Feinde durch ihre Nacktheit. Militärische Macht und erworbener Sieg werden in der linken Hälfte durch die dargestellten Waffen symbolisiert: Schild, Speer, Augenaxt und insbesondere das Sichelschwert sind nicht nur Symbole des Sieges, sondern stehen ideogrammatisch für die unüberwindliche göttliche Siegesmacht,[230] symbolisiert durch die geflügelte Sonnenscheibe. Das Motiv des Sichelschwerts als Ideogramm der Siegesmacht, das auch der ägyptische König häufig in den Darstellungen des Erschlagens der Feinde in der Hand hält oder aus der Hand der Gottheit empfängt, ist - wie Keel gezeigt hat - ursprünglich in Mesopotamien

---

[225] Dayagi-Mendels identifiziert die Rhyta mit Ibex und Ziege (Treasures, Kat. Nr. 69). Die Physiognomie des Tieres ist jedoch deutlich die einer Löwin oder eines jungen Löwen.

[226] So auch Keel/Uehlinger, GGG, § 39.

[227] Keel/Uehlinger, GGG, § 39, deuten sie Stola als Handtuch.

[228] Vgl. Keel, Vögel, 138ff.; Keel/Uehlinger, GGG, § 39.

[229] So z.B. eine Bodenplatte aus bemalten Stuck aus Tell el-Amarna mit der Darstellung von Papyrusdickicht und flatternden Enten (Nofretete-Echnaton, Kat. Nr. 40); Peck/Ross, Ägyptische Zeichnungen, Abb. 118 (Hahn), 119 (brütende Gans).

[230] Vgl. hierzu ausführlich Keel, Siegeszeichen, insbes. 49ff.

beheimatet und fand von dort aus seit der altbabylonischen Zeit seine Verbreitung in der altsyrischen und palästinischen Glyptik. In Ägypten selbst erscheint es erst im Neuen Reich.[231]

Die Konsequenz des kriegerischen Handelns zeigt die zweite Bildhälfte: Die rituelle Übergabe der Symbole der Prosperität, die Nahrungsaufnahme, die Feier - aber auch die durch die Vögel symbolisierte friedliche Idylle - realisieren bildlich den Erfolg des Kriegszuges und seine positiven Konsequenzen für den Hof und damit für den ganzen Staat. Die Teilhabe auch der beigeordneten Diener am rituellen Trunk zeigt diesen Aspekt der Beschwörung allgemeiner Prosperität deutlich. Die Prosperität wird besonders verdeutlicht durch die beiden theriomorphen Rhyta, die - als wertvolle Einzelstücke - besonders beliebt als Tribut waren.[232]

Der König als Sieger ist auch Thema zweier weiterer zeitgenössischer Elfenbeinarbeiten aus Megiddo der Motivgruppen 1 g (König und Wagen) und 2.1 b (Streitwagen): Das erste der beiden leider nicht besonders gut erhaltenen Paneele zeigt eine Truppe von Fuß- und Wagenkämpfern auf den Weg ins Gefecht oder von diesem heimkehrend (Abb. 28).[233] Links sind zwei Fußkämpfer mit geschulterten Sichelschwertern zu erkennen. Auf dem Rücken des ersten Kämpfers ist noch ein runder Schild sichtbar. Vor den Fußtruppen fahren zwei Streitwagen mit einem Mann Besatzung, dessen Details - bis auf Köcher und Helm - nicht mehr erkennbar sind. Auf Höhe des ersten Wagenkämpfers läuft ein Infanterist mit Sichelschwert nebenher. Vor dem ersten Wagenkämpfer sind mindestens vier weitere marschierende Figuren positioniert. Die angewinkelten Arme könnten darauf hindeuten, daß es sich entweder um weitere Infanteristen mit Sichelschwert oder gefangene Gegner handeln könnte, deren Hände vor dem Oberkörper gefesselt wurden. Fast die gesamte rechte Hälfte des Paneels ist so stark beschädigt, daß nicht einmal mehr die Umrisse des Dargestellten erkennbar sind.

Das zweite Paneel (Abb. 29)[234] zeigt die Streitwagengruppe in Aktion: Links überrennt ein Wagen einen am Boden liegenden Feind. Die rechte Bildhälfte bildet einen vor dem zweiten Wagen stürzenden Feind ab, der dramatisch herumgewirbelt wird. Die folgende Figur könnte als weiterer Gegner zu identifizieren sein, der die Flucht ergreift. Möglich wäre aber auch ein zu den Streitwagenfahrern gehöriger Infanterist oder ein bis zwei weitere, sich

---

[231] Siehe Keel, Siegeszeichen, 34ff.

[232] Vgl. Helck, Beziehungen, 64ff., insbes. 71 mit der Beschreibung entsprechender Tribute in Gräbern der 18. Dyn.

[233] Loud, Ivories, Pl. 33, 161 b.

[234] Loud, Ivories, Pl. 32, 159 b.

möglicherweise überlappende Streitwagen.[235] Der Erhaltungszustand des
Objektes läßt leider keine definitive Rekonstruktion mehr zu. Am rechten
Bildrand sind umrißhaft drei marschierende Infanteristen zu erkennen. Die
Sonnenscheibe oder weitere göttliche Symbole fehlen auf diesen beiden
Stücken.

Ein reliefierter Elfenbeinstab (Abb. 30)[236] zeigt zwar keine Kriegsszene, dafür
aber Kampf unter Tieren und die Jagd: Auf Seite A und B des Stabes fallen
Löwen über Capriden her, auf Seite B kämpfen Löwen gegen Rinder. Seite D
zeigt schließlich einen knienden Bogenschützen am unteren Rand. Darauf
folgen zwei kämpfende Capriden und ein aus dem Gesträuch springendes
Jungtier, das Schutz bei der Mutter sucht. Auffällig ist in diesem Kontext die
Gestaltung der Seite C: Diese bildet übereinander drei Personen im
ägyptisierenden kanaanäischen Stil ab. Die Identifikation und Funktion dieser
Personen ist umstritten: Frankfort deutet sie aufgrund ihrer Bartlosigkeit als
Götter.[237] Keel hingegen denkt an eine dreifache Darstellung des Königs: Oben
in syrischer Königstracht, in der Mitte ägyptisierend und unten als Kämpfer.[238]
Da der König weder auf den übrigen Megiddo-Elfenbeinen noch auf dem
zeitgenössischen Vergleichsmaterial, wie den Ugarit-Elfenbeinen, mit Atef-
und Hörnerkronen erscheint, ist eine Identifikation mit dem König m.E.
auszuschließen. Eher handelt es sich um Darstellungen dreier unterschiedlicher
Götter, deren Mittlerer aufgrund der Augenaxt möglicherweise mit Reschef
identifiziert werden könnte. Die Motivik des Stabes kann im Rahmen der
Sicherung der kosmischen Ordnung gedeutet werden, die von den Göttern
gesichert wird.

Der Stil der besprochenen Elfenbeine ist ägyptisierend-kanaanäisch (Barnett:
„*Hybrid Egyptian-Canaanite*")[239] und setzt deutlich eine Traditionslinie der
kanaanäisch-syrischen Kleinkunst fort, wie sie uns u.a. aus älteren Arbeiten
aus Ugarit bekannt ist und bis in die EZ II B hin ausstrahlt (s.u.). Die Sujets
hingegen sind ohne Zweifel stark ägyptisch inspiriert: Streitwagenszenen, die
den König und seine Truppen in der Schlacht zeigen, sind in der Glyptik
spätestens seit Thutmoses I. belegt und in der Ramessidenzeit überaus
häufig.[240] In der Großkunst des Neuen Reiches gehören sie zum festen
Repertoire auf den Tempelreliefs, so z.B. bei Ramses II. in Theben-West (Abb.

---

[235] So die Rekonstruktion von Loud, Pl. 32, 159 c.

[236] Loud, Ivories, Pl. 22, 125c.

[237] Vgl. Frankfort, Art and Architecture, 270.

[238] Keel, Siegeszeichen, 127f. u. Anm. 6.

[239] Barnett, Ancient Ivories 26.

[240] Vgl. Jaeger, Scarabeés Menkhéperrê, § 1341ff.; Wiese, Bild, 81ff.;
Keel/Uehlinger, GGG, § 38.

31),[241] bei Ramses III. in Medinet-Habu[242] und auch im Kunsthandwerk sind sie reichlich vertreten, so auf der berühmten Truhe des Tutanchamun[243] und auf einer Gürtelschnalle desselben Königs.[244] Der Streitwagen ist in der ägyptischen Ikonographie nicht nur eine Waffe, sondern ein weiteres Ideogramm seiner militärischen Potenz. Die wachsende Anzahl dieser Szenen in der Groß- und Kleinkunst insbesondere seit der 19. Dynastie ist auf eine Militarisierung des Königtums zurückzuführen.[245] Im Kontext der ägyptischen Herrschaftsikonographie und der Militarisierung der Herrschaftsideologie symbolisiert der über die Feinde hinwegpreschende Pharao im Wagen die endgültige, dauerhafte und zeitlose Unterwerfung der Gegner durch die Hilfe der Götter. Die Herrscherdarstellungen der späten Bronze- und beginnenden Eisenzeit fokussieren vor allen Dingen einen Aspekt der ägyptischen Herrschaftsikonographie: Unterwerfung und Vernichtung des Gegners mit Hilfe und im Auftrag der Götter. Die Darstellungen bedienen sich zur Objektivierung der militärischen Potenz des Herrschers der ganzen Palette von Ideogrammen militärischer Potenz: Sichelschwert, Speer, Schild und insbesondere der mächtigsten Waffe, des Streitwagens. Die Unterwerfung der Gegner findet sich in symbolisch übertragener Form auch in den Jagd- und Tierkampfszenen des Elfenbeinstabes aus Megiddo wieder. Der Aspekt der Zurückhaltung des Chaos und der Erhaltung der kosmischen Ordnung steht bei diesen Arbeiten somit im Vordergrund. Es ist denkbar, daß die kanaanäischen Fürsten der SBZ II B, wie auch die Amarna-Korrespondenz zeigt,[246] durchaus mit Elementen ägyptischer Königsideologie vertraut gewesen sind und diese adaptiert haben.

Alle Objekte stammen, wie bereits gesagt, aus dem Hortfund aus dem Palast in Area AA. Der Fundort legt somit ebenfalls ihre Zugehörigkeit zur Sphäre des Königtums nahe. Überwiegend dürfte es sich sogar um Applikationen von Möbeln und Gebrauchsgegenstände handeln, die sich in Benutzung des Königs und seiner Umgebung befanden. Fundkontext und Ikonographie korrespondieren hinsichtlich ihrer Symbolisierungen. Den Objekten dürfte - ähnlich den ägyptischen Tempelreliefs - eine rituell-performative Funktion zukommen:[247] Die Darstellung realisiert magisch die Unterwerfung der Feinde

---

[241] Keel, Bildsymbolik, Abb. 405.

[242] Vgl. Schoske, Erschlagen, g54, 55 u.ö.

[243] Vgl. Carter/Mace, Tut-Ench-Amun, T. 42 u. 43.

[244] Vgl. Tutanchamun, Kat. Nr. 14.

[245] Vgl. Assmann, Sinngeschichte, 283ff.

[246] Vgl. z.B. die Anrede des Pharaos in EA 107: *a-na bêli[li] šàr mâtāti šarri rabî šar ta-am-ḫara: „dem Herrn, dem König der Länder, dem großen König, dem König des Kampfes...“* (Knudtzon, ebd., 472).

[247] Vgl. hierzu Ritner, Mechanics, 111ff.; Eschweiler, Bildzauber.

durch den Herrscher mit oder durch die Unterstützung der Götter. Jede
Benutzung des Gegenstandes, jedes Thronen auf dem Thron und Liegen auf
dem Bett vergegenwärtigt magisch den gottgewirkten Sieg des Königs über die
Feinde ad hoc durch seine Verwendung und durativ durch sein Da-Sein.

Abb. 27

Abb. 28

Abb. 29

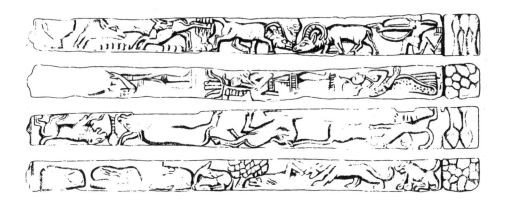

Abb. 30

Abb. 31

2.3 Hofszenen mit dem thronenden Herrscher (Motive 1 a, 1 e)

Die linke, leider nicht besonders gut erhaltene Hälfte eines Paneels mit zwei Szenen aus Megiddo (Abb. 32)[248] zeigt v.l.n.r eine architektonische Struktur mit einem Vordach, das von vier Säulen getragen wird. Zentral sieht man eine thronende Figur in langem Gewand mit enganliegender Kappe. Der rechte Arm liegt auf den Knien auf, der linke ist mit ausgestreckter Hand leicht erhoben. Hinter dem Thronenden befindet sich eine kleine Figur mit einem im unteren Bereich wulstartig ausgeführten Gewand; entweder ein Knabe oder ein Diener. Vor dem Thronenden ist umrißhaft eine Person erkennbar, die sich zu verneigen scheint. Davor befinden sich, ebenfalls nur fragmentarisch erkennbar, zwei aufrecht stehende Figuren, die das gleiche Gewand wie der Diener bzw. Knabe tragen. Hinter diesen ist eine weitere Person positioniert, die sich verneigend einen nicht mehr identifizierbaren Gegenstand hält. Der Zug wird abgeschlossen von einer weiteren aufrecht stehenden Figur.

Thronattribut, Palast und die Orientierung der anderen Figuren weisen den Sitzenden als Herrscher aus. Vor dem Palast thronend, empfängt er die Huldigungen und den Tribut seiner Untertanen, die er - durch den Gestus deutlich symbolisiert - ebenso huldvoll in Empfang nimmt. Eine direkte Verbindung zu den Streitwagenszenen ist nicht erkennbar. Da die Tributäre dieselbe Kleidung wie die Diener tragen, sind wohl die eigenen Untertanen dargestellt. Die Szene rekurriert also primär auf das Herrschertum des Königs über seine Untertanen. Symbolisch objektiviert werden der durative Anspruch auf Ehrerweisung und Tribut.

Ebenfalls ohne kriegerische Assoziationen ist die Fortsetzung der Szene hinter dem zweiten Bohrloch: Links sitzt eine Person, sicher dieselbe wie in der linken Hälfte des Paneels, in langem Gewand und mit eng anliegender Kappe auf einem Hocker mit Fußschemel. Wie auf der linken Bildhälfte hält er in der rechten Hand eine Schale und in der linken eine Lotusblüte. Vor ihm steht eine weitere Figur hinter einem löwenfüßigen Tisch, die ihm ebenfalls eine Stola oder - hier vielleicht doch - ein Handtuch reicht. Der Tisch selbst ist mit Speisen nahezu überladen. Ein weiterer Diener in ähnlicher Tracht scheint das Mahl zu richten. Hinter diesem befindet sich ein weiterer kleinerer Tisch mit einem Krater darauf. Hinter dem Mischgefäß steht eine weitere Person in ähnlicher Gewandung mit einem vor der Brust angewinkelten Arm, der zweite Arm scheint den Kopf zu stützen. Die Blickrichtung dieser Person ist nach rechts gerichtet. Vor ihm sind zwei Gruppen mit je zwei Personen auf Hockern mit Fußschemeln zu erkennen, die überlappend dargestellt sind. Diese halten mit der einen Hand Trinkschalen in die Höhe, die andere liegt auf den

---

[248] Loud, Ivories, Pl. 32, 160b.

Schenkeln. Der Mund scheint wie zum Gespräch geöffnet. Der linke Bildabschnitt wirkt, ähnlich der gesamten linken Szene der Audienz, etwas förmlicher: Der Thronende mit Lotus, der wohl mit dem Herrscher in Verdoppelung der linken Szene zu identifizieren ist, empfängt die Dienstbarkeit der vor ihm stehenden Personen. Der rechte Bildabschnitt der zweiten Szene wirkt lockerer, ja fast heiter: Die Männer scheinen aufgrund ihrer Gestik in ein angeregtes Gespräch vertieft zu sein, wobei die stehende Person einen Gestus aufmerksamen Zuhörens einzunehmen scheint. Ohne Zweifel handelt es sich um eine höfische Festgesellschaft, wobei die auf den Hockern und Schemeln sitzenden Figuren wohl in ihrem Status herausgehoben sind. Die wulstartig ausgeführten Gewänder scheinen den Dienern vorbehalten zu sein. Die Orientierung der Personen in zwei Gruppen, links der Herrscher mit Dienern, rechts Würdenträger in heiterer Zwiesprache und die spielerische Gruppierung von Personen hinter den Tischen spricht gegen eine primär rituell zu deutende Szene wie in Abb. 27 und der linken Bildfläche. Eher handelt es sich um die Darstellung eines festlichen Mahles ohne primären rituellen Kontext. Der Sieg über die Feinde spielt hier keine Rolle.[249] Die Symbolik ist jedoch nicht völlig ohne performativ-rituelle Aspekte, realisiert doch auch sie Wohlergehen, Reichtum, Fest und Freude am Hof. Wohlergehen und Fülle werden durch den überquellenden Tisch und den großen Krater, vermutlich mit Wein gefüllt, objektiviert. Das Objekt selbst realisiert somit die Qualitäten höfischen Lebens und damit die Prosperität des Staates.

Das Paneel als Gesamtheit realisiert zwei Aspekte der Herrschaft innerhalb und außerhalb des Palastes: Nach außen den eher formellen, herrschaftlichen Aspekt, der die Forderung des Königs nach Tribut und Ehrerweisung realisiert, und nach innen denjenigen des höfischen - und damit auch allgemeinen - Wohlergehens. Kontext der besprochenen Objekte sind Königtum und Palast. Die Tribut- und Hofszenen enthalten - im Gegensatz zum Paneel Abb. 27 - ganz offensichtlich keine primäre religiöse Symbolik. Die Darstellung dieser Aspekte der Herrschaft bedurfte offensichtlich keiner expliziten Absicherung durch göttliche Symbolik. Dennoch bedurfte sie jedoch der Absicherung durch bildhafte Objektivierung.

---

[249] Keel/Uehlinger, GGG, § 39, deuten auch diese Objekte im Kontext des Triumphes über die Feinde. Da der weitere Kontext dieser Szene und der direkte Zusammenhang mit den kriegerischen Szenen nicht evident gemacht werden kann (obwohl die Szenen offenbar aus derselben Werkstatt stammen), sollte man diese als selbständige Kompositionen deuten.

Ebenfalls schlecht erhalten ist eine weitere Tributszene aus demselben Hortfund (Abb. 33):[250] V.l.n.r. ist schemenhaft der Thronende zu erkennen, der die Rechte erhoben hat. Fünf Personen schreiten aufrecht auf ihn zu. Die sechste Person steht in der entgegengesetzten Laufrichtung. Dieser gegenüber, jedoch wieder dem Herrscher zugewandt, ist eine Figur in Wulstgewand mit enganliegender Kappe dargestellt. Die Arme sind nach rechts und links ausgestreckt. Dieser Gestus könnte als Präsentationsgestus verstanden werden. Ihm folgen fünf Personen, deren erste ein Knabe zu sein scheint, der mit Hand und Stock eine Schar Gänse dirigiert. Die Übrigen, in kurzem Schurz, tragen jeweils eine Gans. Der Reihenfolge nach könnte es sich um Personen mit unterschiedlichem Status handeln, wobei die erste Gruppe Beamte oder Würdenträger sein könnten, die sich gegenüberstehenden Personen wiederum Diener, wobei der Mann im Präsentationsgestus die Gaben des Knaben und der Gänseträger präsentiert und gleichzeitig durch seine Positionierung eine Abstandsbetonung zwischen dem Herrscher, dem Hofpersonal und den Tributären herstellt. Auch diese Arbeit symbolisiert den Anspruch des Herrschers auf Ehrerbietung und Tribut. Gleichzeitig symbolisiert diese Szene Wohlergehen und Fülle, objektiviert durch die Schar der Gänse.

Dem gleichen Sujet zuzurechnen ist eine Elfenbeinritzung aus dem SB II B bis EZ II A -zeitlichen Palast vom Tell el-Fārʿa (Süd) auf Abb. 34.[251] Die stark ägyptisierende, aber deutlich in kanaanäischer Weise ausgeführte Szene zeigt v.l.n.r einen zu einem Drittel sichtbaren Palmettenbaum, davor eine schreitende oder stehende Figur in einem ägyptischen Schurz, die Hände vor der Brust verschränkt. Über den Schultern liegt eine Stola mit Fransen. Die Kopfbedeckung entspricht den enganliegenden Kappen auf den oben besprochenen Arbeiten aus Megiddo. Der Mund zeigt ein deutliches Lächeln. Auf einem ägyptischen Klappsessel mit Kuhfüßen, der mit Kissen und einem Pantherfell gepolstert ist, thront ein Mann in einem aufwendigen ägyptischen Gewand. Der Mann scheint bartlos zu sein und trägt eine ägyptische Perücke. An den Füßen, die auf einem Fußschemel ruhen, sind Schnabelschuhe zu erkennen. In der rechten Hand hält er in Kinnhöhe eine halbrunde Trinkschale und in der linken eine Lotuspflanze. Vor dem Mann steht eine Frau in einem ebenso festlichen, vorne offenen und transparenten ägyptischen Gewand. Mit der Rechten präsentiert sie dem Sitzenden ein Alabastron, um nachzuschenken. In der linken Hand hält auch sie eine Lotusblüte. Hinter der festlich Gekleideten ist eine tanzende Nackte mit emporgereckten Armen zu erkennen. Der rechte Bildabschluß zeigt einen vermutlich männlichen Musiker in langem ägyptischen Gewand mit Halskragen, einen Doppelaulos blasend. Tänzerin und Musiker wiegen sich gleichermaßen nach vorne.

---

[250] Loud, Ivories, Pl. 33, 162b.

[251] Petrie, BP I, Pl. 54 (Umzeichnung: de Metzenfeld, Ivoires, Pl. I, 5).

Zu dieser Szene zugehörig - aber im Anschluß unklar - ist eine Szene, die sich ebenso eng an ägyptische Vorbilder anlehnt. Im Papyrusdickicht ziehen drei nackte Männer an einem Netz, in dem sich eine Anzahl von Enten befinden. Ein vierter Mann, der nahe am Netz in die Hocke geht, dirigiert die anderen Männer. Über den Köpfen der Jäger nehmen drei Enten vor ihnen Reißaus (Abb. 35- 36).[252] Ein weiteres Paneel schließt sich hier an: Erkennbar sind noch drei Männer auf dem Marsch nach Hause nach der Jagd durch das Papyrusdickicht. Geschultert tragen die lächelnden Männer Stöcke, an denen die erlegten Enten hängen (Abb. 37).[253]

Bei Abb. 34 handelt es sich um eine ähnliche Motivik wie in der Bankettszene von den Megiddo-Elfenbeinen; eine höfische Festszene mit dem Herrscher in zentraler Position. Die Szene wirkt durch die bewegten Tänzer und Musiker locker, durch die lächelnden Figuren deutlich heiter. Die Darstellung des höfischen Festes ist, wie bei der ähnlichen Arbeit aus Megiddo, ebenso im Kontext der rituellen Sicherung des Wohlergehens, der Fülle und höfischer Freuden zu sehen. Diese Deutung wird durch die Anschlußszenen mit Entenjagd und Einbringung der Beute bestätigt: Leicht und ohne Mühe, ja fröhlich, gehen die Männer bei der Jagd zu Werke und schleppen ihre Beute heimwärts. Es gibt daher keinen Anlaß, diese Szenen als Siegesfeier und Nahrungsmittelbeschaffung in kriegerischem Kontext zu deuten.[254]

Die Ikonographie der Elfenbeine vom Tell el-Fārʿa (Süd) besitzt eine große Nähe zu ägyptischen Totenstelen, so daß die Frage berechtigt ist, ob diese nicht Wohlstand und Prosperität des Herrschers auch im Jenseits sichern sollte. Der Fundkontext innerhalb der Residenz spricht gegen eine solche Vermutung: Die Einlegearbeiten gehörten zu einem Gegenstand des täglichen Gebrauchs, vermutlich einer Kiste, und zeigen auch sonst keine weitere Beziehung zum funerären Kontext. Es erscheint jedoch durchaus wahrscheinlich, daß ägyptische Totenstelen - auf dem Tell el-Fārʿa (Süd) sicher nicht ungewöhnlich - als unmittelbare Vorlage gedient haben könnten. Die unmittelbare Nähe zu Ägypten, das Vorhandensein entsprechender Vorbilder und eine längere Bekanntheit mit der ägyptischen Symbolwelt haben in diesem Fall eine Komposition hervorgebracht, bei der das kanaanäische Element gegenüber dem ägyptischen stark in den Hintergrund tritt.

---

[252] Petrie, BP I, Pl. LV (Umzeichnung: de Mertzenfeld, Ivoires, Pl. 1, 6-7).

[253] Petrie, BP I, Pl. LV (Umzeichnung: de Mertzenfeld, Ivoires, Pl. 1,5).

[254] So Liebowitz, Military and Feast Scenes, 165f. Keel/Uehlinger, GGG § 39 führen an, daß die Entenjagd in Palästina kaum als Feindvernichtungsritual gedeutet werden könne.

Abb. 32

Abb. 33

Abb. 34

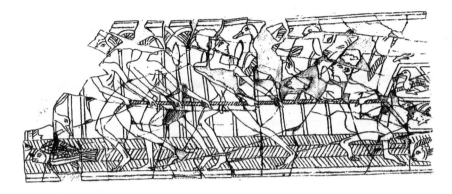

Abb. 35

Abb. 36

Abb. 37

2.4 Überwindungsmetaphern in der nicht-offiziellen Glyptik der EZ I

Die glyptische Evidenz der EZ I A ist weit weniger distinktiv als die Elfenbeinarbeiten: Die ausgeprägte herrschaftliche Symbolik der Elfenbein-arbeiten korrespondiert nur wenig mit der Motivik der Stempelsiegel, die stärker der ägyptischen Tradition verhaftet sind. Die Stempelsiegel sind überwiegend Massenware und können daher kaum im Kontext offizieller Herrschaftssymbolik interpretiert werden. Es dominieren Motive mit der Darstellung von Löwen (Motiv 3 a) im Kontext mit anderen Tieren der Steppe, teilweise auch mit Mischwesen (Motivgruppe 4), so z.B. auf einem Skarabäus aus Gezer (Abb. 38).[255] Es steht zu vermuten, daß diese Motive stärker auf die apotropäische Symbolik des Löwen rekurrieren, als auf ihren königlichen Aspekt im Rahmen der ägyptischen Herrschaftssymbolik.[256] Das Motiv des Löwen ohne menschliche Züge auf diesen wenig qualitätvollen Arbeiten zeigt in seiner lokalen Adaption nach Keel eine „Entägyptisierung" des Motivs.[257] Häufig sind Darstellungen der Jagd im Streitwagen, die zum Teil so vereinfacht sind, daß der Wagen selbst wegfällt und nur noch der Bogenschütze sowie Löwe und Capride als Jagdbeute erscheinen. Obwohl diese Motive überwiegend in der Küstenebene vertreten sind, findet sich die Jagdmotivik auch auf Siegeln aus Beth-Shean, Taanach und Megiddo (Abb. 39-41).[258] Es ist deutlich, daß ähnlich den Befunden der SBZ Überwindungsmetaphern auf den Siegeln dominant sind. Die in der SBZ deutlich hervortretende und durch den Streitwagen symbolisierte militärische Dominanz wird jetzt durch Motive der Jagd verdrängt. Die Motivik dieser wenig qualitätvollen Massenprodukte reflektiert zwar keine offiziellen Konzeptionen von Herrschaft, zeigt aber das Weiterwirken und damit auch die große Bedeutung der - nun in die Sphäre des Alltäglichen transferierten - Überwindungsmetaphern im kulturellen Milieu der EZ I.

---

[255] Shuval, Catalogue, Nr. 51.

[256] Keel/Uehlinger, GGG, § 71 identifizieren den Löwen durchweg mit dem Pharao. M.E. fehlt auf den Siegeln der EZ I A jedoch jeder explizite Hinweis auf das Königtum.

[257] Keel, Früheisenzeitliche Glyptik, 356.

[258] Shuval, Catalogue, 13 (Beth Shean), 17 (Taanach), 18 (Megiddo).

Abb. 38

Abb. 39

Abb. 40

Abb. 41

2.5 Zusammenfassung des Befundes

Die Untersuchung der Belege bildhafter Herrschaftsrepräsentation haben die eingangs geschilderte Teilung Palästinas in unterschiedliche, jedoch interagierende kulturelle Sphären bestätigt.

Elemente einer eigenen Herrschaftssymbolik können aus dem glyptischen Befund der früheisenzeitlichen Siedlungen im Bergland nicht erhoben werden. Es gab offensichtlich keine Strukturen, die einer spezifisch monarchischen Herrschaftsrepräsentation bedurft hätten. Keels Diktum einer „Entpharaonisierung" der Herrschaftsmetaphern läßt sich jedoch bestätigen. Die besprochenen Objekte entstammen der ramessidischen Massenware oder sind in einigen wenigen Fällen lokale Imitationen derselben. Es läßt sich nicht von der Hand weisen, daß sich die bildhaften Herrschaftsmetaphern in den unterschiedlichen Sujets der ramessidischen Massenware bei den Bewohnern der früheisenzeitlichen Siedlungen einer gewissen Beliebtheit erfreuten. Damit hatten diese Teil am von der palästinischen Küstenebene geprägten kulturellen Milieu mit seiner Fortsetzung ramessidischer Traditionen. Hier wie dort scheint das Symbolsystem von Bildern aus dem Kontext der Dominanz und Herrschaft geprägt gewesen zu sein. Kontrastiv zum Befund der Siedlungen im Bergland sind die qualitätvollen Elfenbeinarbeiten aus Megiddo. Diese setzen die spätbronzezeitlichen Traditionen fort und zeigen den Stadtkönig in allen relevanten Vollzügen seiner Herrschaft: Krieg, Ritual, Tribut, höfisches Fest und Wohlleben als Evozierung allgemeinen Wohlstands. Gleichzeitig reflektieren diese Arbeiten aufgrund ihrer Affinitäten zur älteren syrischen Glyptik[259] eine Orientierung Megiddos eher zum Norden, nach Syrien und Phönizien, hin. Es scheint, als habe das früh-ez Megiddo an der ungebrochenen Prosperität Phöniziens partizipiert. In diesem Sinne hat die EZ I in Megiddo tatsächlich nicht stattgefunden. Ähnlich ist der Befund für die südliche Küstenebene: Auch hier wurden sbz Traditionen fortgesetzt, jedoch mit einem unverkennbar an ägyptischen Vorbildern orientierten Einschlag. Die dort ansässige autochthone Bevölkerung und die philistäischen Bevölkerungselemente führen die sbz Kultur fast ungebrochen weiter und deren Eliten haben auch die ägyptische Herrschaftsikonographie adaptiert und eigenständig weitergeführt.

Auffällig sind jedoch die in den Kleinkunstgattungen unterschiedlich wirksamen Traditionen: Einmal die syrische Tradition der Elfenbeine im Norden, im Süden eine lokal adaptierte ägyptisierende in den Elfenbeinarbeiten und daneben die große Menge von ägyptischen

---

[259] Vgl. Porada, Corpus, Pl. CL 987 (Speiseszene); CXLVII, 971 e (Streitwagenszene: Second Syrian Group); Frankfort, Cylinder Seals, XLIV, f (Streitwagenszene mit Gefangen, Second Syrian Group).

Stempelsiegeln bzw. Stempelsiegeln in ägyptischer Tradition, die wenig Berührungspunkte mit der Elfenbeinkunst aufweisen und keine als offiziell zu bezeichnende kanaanäische Herrschaftssymbolik reflektieren. Bindeglied zwischen den dreien ist jedoch das ägyptische Symbolsystem, das in unterschiedlicher Weise und Intensität rezipiert wurde. Die Elfenbeinarbeiten werden z.T. als Zeugnisse direkter ägyptischer Kontrolle gewertet,[260] wahrscheinlicher ist jedoch, diese Objektgruppe im Hinblick auf eine *„elite emulation"*[261] zu interpretieren: Das Gesamtcorpus der ägyptisierenden Elfenbeine der ausgehenden SBZ II B und der EZ I zeigt in regionaler Ausprägungen in je unterschiedlicher Intensität Elemente einer Adaption ägyptischer Herrschaftsikonographie durch die lokalen Herrscher und Eliten: Die südliche Gruppe unter stärkerer ägyptischer Kontrolle rezipiert das ägyptische Symbolsystem und ägyptische Stilmerkmale stärker, wohingegen in Megiddo kanaanäisch-syrische Elemente dominieren. Beide Gruppen sind jedoch Ausdruck einer Adaption ägyptischer Symbolik in legitimatorischer Funktion durch die lokalen Eliten. Die Dominanz rein ägyptischer Motivik auf den Stempelsiegeln hingegen ist kaum als Evidenz einer direkten ägyptischen Kontrolle zu werten,[262] sondern kann wahrscheinlicher dadurch erklärt werden, daß aufgrund der großen Menge von ägyptischen Importen, die mit Fug und Recht als Massenware bezeichnet werden können, keine nennenswerte lokale glyptische Produktion Bestand haben konnte. Dies ändert sich erst nach dem Zusammenbruch der ägyptischen Herrschaft, wie die nun wiederauflebende Produktion von Stempeln mit „entpharaonisierter" Ikonographie zeigt. Gleichzeitig kommt mit dem Ende der ägyptischen Dominanz und dem Niedergang der kanaanäischen Stadtstaaten die an ägyptischen Vorbildern orientierte Hofkunst zum Erliegen.

---

[260] So Hasel, Domination, 106.

[261] Vgl. hierzu ausführlich Higginbotham, Egyptianization, passim. Higginbotham definiert das Modell der *„elite emulation"* wie folgt: *„This theory holds that the peripheries of prestigous cultures sometimes derive a legitimating function from the core cultures. Features of the `great civilisation` are adopted and adapted by local elites and theier communities to provide an iconography of power which transfers some of the prestige of the distant center to the local rulers."* (ebd., 6). Methodisch problematisch ist jedoch die von Higginbotham vertretene Dichotomie zwischen *„elite emulation"*, gekennzeichnet durch ägyptisierende Ikonographie einerseits und andererseits *„direct rule"*, gekennzeichnet durch zahlreiche ägyptische Importe (ebd. 11), da beide Stil- bzw. Motivgruppen nebeneinander existieren.

[262] So Hazel, Dominition und Higginbotham, Egyptianization, s.o.

Kapitel 3
Bildhafte Herrschaftsrepräsentation in der
Glyptik und Kleinkunst der Eisenzeit II A (1000-900)

Mit der EZ II A setzt sich der in der EZ I B abzeichnende Prozeß der Herausbildung von Territorialstaaten fort und findet in der Herrschaft Davids und Salomos über das „vereinigte Königreich" seinen ersten Höhepunkt. Die Herausbildung von Staatlichkeit in der davidisch-salomonischen Zeit, ja deren Historizität ist in letzter Zeit massiv bestritten worden, da die außerbiblische Evidenz für diese Periode fehle und erst mit den Omriden einsetze.[263] Inwieweit dieser Skeptizismus berechtigt ist, wird zwar noch zu diskutieren sein, dennoch muß, wie zu zeigen sein wird, der formative Prozeß hin zum Territorialstaat in der EZ II A in Gang gekommen sein. Auch wenn dieser in der Formationsphase befindliche Territorialstaat aus Israel und Juda ein fragiles Gebilde bleibt und sich aufgrund der bestehenden massiven Antagonismen zwischen Nord und Süd bereits kaum 100 Jahre später wieder - allerdings in dauerhaftere staatliche Einheiten - spaltet, so lassen sich doch in dieser Phase Ansätze zur Herausbildung eines Symbolsystems im Kontext von Herrschaft beobachten.

3.1 Darstellungen des Königs (Motiv 1 a König thronend)

Darstellungen eines Herrschers sind in der EZ II A eher selten. Daher kommt dem berühmten Bronzeständer aus Megiddo -gleich ob es sich um ein Objekt lokaler Produktion handelt oder nicht - eine besondere Bedeutung zu. Der vermutlich aus der EZ II A stammende[264] rechteckige Bronzeständer von 9,8 x 8,5 cm auf Abb. 42[265] zeigt auf allen vier Seiten dieselbe Szene, wobei sich Einzelheiten, wahrscheinlich durch den Guß bedingt, leicht unterscheiden. Ein bartloser Mann in kurzem Schurz nähert sich mit einem Adorationsgestus oder (sofern es sich nicht um einen Gußgrat handelt) mit einem Gegenstand in der Hand einem auf einem Sessel oder Hocker mit ein bis zwei Verstrebungen sitzendem Mann in langer Robe. Die linke Hand scheint zu einem Gruß erhoben, der rechte Arm liegt auf den Schenkeln auf und scheint auf Seite C ebenfalls einen Gegenstand zu halten. Die Interpretation der Figuren ist schwierig: „*The lack of Details and the crude execution make it difficult to*

---

[263] So. u.a. Davies, Search, insbes. 66ff. Zur Kritik an diesen Positionen vgl. Millard, Weighing, 19ff.; Avishur/Heltzer, Studies, 84ff. Vgl. hierzu auch Abschnitt 1.6.1.

[264] Vgl. zur Datierung Weippert, HdA, 471.

[265] May, Megiddo Cult, 19 u. Pl. XVIII. Abb: BRL2, 45,11.

detect any divine attributes, and therefore it is impossible to determine whether these scenes represent a deity worshipped by an adorant or a ruler recieving homage. "[266] Obwohl die Bronzearbeit ohne Zweifel recht summarisch ausgeführt wurde, läßt sich doch feststellen, daß der Thronende nicht mit einer Göttermütze oder Hörnern ausgestattet ist. Die Form läßt vielmehr an eine Perücke denken.[267] Trotz der fehlenden Attribute deutet May die Szene als Verehrer vor der Gottheit.[268] Aufgrund der fehlenden Götterattribute muß jedoch von der Darstellung eines Herrschers ausgegangen werden, der die Huldigung eines Untergebenen entgegennimmt. Das Objekt realisiert somit einen sehr allgemeinen Aspekt von Herrschaft, das Thronen des Herrschers als Ausdruck seiner übergeordneten Stellung gegenüber dem Stehenden und damit ihre vertikale Interaktion. Technisch und ikonographisch steht der Vierfußständer aus Megiddo in der Traditionslinie der sbz levantinischen Ständer und Vollfiguren aus Bronze.[269] Die vorliegende Konstellation Herrscher/Untergebener scheint jedoch auf die insbesondere in der lokalen Elfenbeinkunst entfaltete Tradition der Herrscherikonographie zurückzugreifen, auch wenn direkte Verbindungslinien zwischen beiden Objektgattungen bislang nicht aufweisbar sind.[270] Offenbar konnten die Toreuten der EZ II A jedoch auf bereits vorhandene Formen herrschaftlicher Repräsentation anknüpfen.

3.2. Geschlagene Feinde (Motiv 2.1 a)

Die Figurenapplike von einem vermutlich rechteckigen Tonständer aus Jerusalem, der mit ziemlicher Sicherheit in das 10. Jh. zu datieren ist (Abb. 43),[271] zeigt den Oberkörper eines nackten Mannes mit über den prominent ausgeführten und teilweise weggebrochenen Genitalien gekreuzt angebrachten Händen. An den Unterarmen sind die Reste von Extremitäten einer oder zweier weiterer weggebrochener Figuren zu erkennen. Der Kopf weist einen spitz zulaufenden Kinnbart auf. Der obere Teil des Kopfes zeigt eine strähnige Haartracht, wie sie in Medinet-Habu für *š3sw*-Leute[272] und in der EZ für

---

[266] Dayagi-Mendels in: Treasures, Kat. Nr. 74.

[267] So auch Dayagi-Mendels, in: Treasures, Kat. Nr. 74.

[268] May, Megiddo Cult, 20.

[269] Vgl. Müller-Karpe, Handbuch IV.3, T. 188 e; 189, 15-17; 190, 4.

[270] Zur Kontinuität des kanaanäischen Bronzehandwerks bis in die Eisenzeit vgl. Negbi, Bronzework.

[271] Shiloh, City of David I, Fig. 28. (Area G, Stratum 14; EZ II A, 10. Jh.).

[272] Vgl. Pritchard, ANEP, 9 (5. Figur).

arabische Kamelreiter[273] belegt ist. Aufgrund der unregelmäßigen Struktur dürfte es sich nicht um eine philistäische Federkrone handeln.[274]

Die Deutungen der Applike sind aufgrund ihres Erhaltungszustandes recht kontrovers: Der Ausgräber deutet das Objekt als Gefangenen und die übrigen Hände als weiteren Gefesselten oder zu Kriegern gehörig, die den Gefesselten halten.[275] Keel/Uehlinger halten die Applike für einen Opferträger, wobei die zur Schulter hin laufenden Extremitäten als Beine eines Opfertieres gedeutet werden.[276] H. Weippert glaubt hierin eine plastische Umsetzung des Motivs vom „Herrn der Tiere" erkennen zu können.[277] Gegen die Deutung der Figur als Opferträger spricht zum einen der Umstand, daß von dem Tier, das sich auf dem Rücken des Mannes befunden haben soll, nichts erkennbar ist und zum anderen, daß eine *en-face* Darstellung dieses Sujets nicht belegt ist. Überdies scheint die technische Realisierbarkeit einer Tierdarstellung in dieser Form fraglich, müßte das Tier sich doch hinter dem Kopf befunden haben. Das Motiv des gefesselten Feindes ist hingegen in der Kleinkunst[278] und Glyptik[279] Palästinas seit der Spätbronzezeit gut belegt, jedoch nicht in einer vergleichbaren antithetischen Komposition mit *en-face*-Darstellung. Obwohl eine Abhängigkeit wohl auszuschließen ist, besitzt die Jerusalemer Figurenapplike in der Machart große Ähnlichkeit mit den ägyptischen Fluchfigurinen (Abb. 44).[280] Die engste Parallele ist die etwa zeitgenössische *en-face*-Darstellung eines Gefangenen mit flankierenden Soldaten vom Tell Halaf (Abb. 45).[281] Auch hier sind die Arme über Kreuz gebunden und zwei Soldaten halten den Gefangenen an den Armen gepackt. Dasselbe Motiv mit über Kreuz- Bindung findet sich auf einer Elfenbeinarbeit des 8. Jh. aus Nimrud, die jedoch zumeist mythologisch gedeutet wird (Abb. 46).[282]

Die Darstellung des bezwungenen Feindes auf einem Kultgerät eröffnet einige Möglichkeiten der Interpretation hinsichtlich der Funktion des Ständers: Zum

---

[273] Vgl. Pritchard, ANEP, 63.

[274] So Small/Small, Captive, 68f. Vgl. zu den Haar- und Helmtrachten Noort, Seevölker, 88ff.

[275] Vgl. Shiloh, City of David I, 17.

[276] Vgl. Keel/Uehlinger, GGG, § 99.

[277] Vgl. Weippert, HdA, 471f.

[278] Prozession nackter Gefangener auf den Megiddo-Ivories, Loud, Ivories, Pl. 4, 2a/b. Vgl. hierzu Keel/Uehlinger, GGG, § 38 und oben unter 2.2.

[279] Vgl. Keel/Uehlinger, GGG, § 47 u. Abb. 97a-98b; § 52. u. Abb. 113-114b.

[280] Keel, Bildsymbolik, Abb. 360.

[281] Moortgat, Tell Halaf III, T. 102 a (Umzeichnung des Verfassers).

[282] Mallowan, Nimrud II, 457 „The slaying of Humbaba." (Umzeichnung des Verfassers).

einen könnte es sich um ein Votiv handeln, um die noch nicht erfolgte Überwindung des Gegners bei der Gottheit zu erbitten oder zukünftig magisch zu realisieren. Zum anderen könnte die Darstellung durativ die bleibende Unterwerfung der Gegner realisieren und schließlich könnte der Ständer ein Dankvotiv für eine bereits erfolgte Überwindung sein, was den durativen Aspekt jedoch nicht ausschließt. Aufgrund des fragmentarischen Erhaltungszustands kann jedoch nicht gesagt werden, inwiefern entweder ein König oder die Gottheit oder auch möglicherweise beide in das Geschehen involviert sind. Die Darstellung einer mythologischen Szene („Slaying of Humbaba")[283] kann aufgrund der überaus realistischen Darstellung ausgeschlossen werden.

Die Darstellung des Gefangen hat, wie die glyptische Tradition deutlich aufweist, einen engen Bezug zum Königtum und kommuniziert in diesem Fall die Macht des Königs, dem der Feind in die Hand gegeben wurde: Dieser ist nackt, der Macht seiner Waffen entkleidet und durch die Fesselung völlig hilflos. Die Ikonographie des Ständers und der eng verwandten Darstellung vom Tell Halaf zeigt deutlich einen gewissen Einfluß ägyptischer Königsikonographie, den Sieg des Pharao über die „Neun Bogen". Die quadratische Form des Ständers könnte sogar dahin deuten, daß sich entsprechend der vier Himmelsrichtungen auf jeder Seite die Darstellung eines unterworfenen Gegners befunden haben könnte. Sollte diese Vermutung richtig sein, dokumentiert das Objekt den aus der ägyptischen Herrschaftsikonographie entlehnten Anspruch des Jerusalemer Königs als Herr über die vier Weltgegenden und damit seine ordnende Kraft über die von dort hereinbrechenden Mächte des Chaos, die durch Gefangene symbolisiert, gebunden und bewältigt sind. Einzuwenden sind jedoch zum einen, daß die Figurenapplike künstlerisch ebenso wie die ähnliche Darstellung aus Tell Halaf ein hohes Maß an Eigenständigkeit ohne ägyptisierende Elemente aufweist und zum anderen, daß die ägyptische Königsikonographie, wie die bereits besprochenen Elfenbeinarbeiten aus Megiddo zeigen, in anderer Weise eingemeindet und umgedeutet wurde. Stilistisch zeigen die Jerusalemer Applike und das Relief vom Tell Halaf somit wohl eine eigenständige Rezeption eines möglicherweise aus Ägypten entlehnten, aber schon in der SBZ II B-EZ I adaptierten Motivs. Da für die EZ II A entsprechende Parallelen und Verbindungslinien fehlen, ist eine Abhängigkeit zwischen der Jerusalemer Applike und dem Relief vom Tell Halaf zwar nicht zu erweisen, doch weisen beide Objekte darauf hin, daß die Art der Umsetzung des Bildgedankens eng verwandten Symbolsystemen zuzuschreiben ist.

---

[283] So Beck, Identification. Vgl. Mallowan, Nimrud II, 538.

Abb. 42

Abb. 43

Abb. 44   Abb. 45

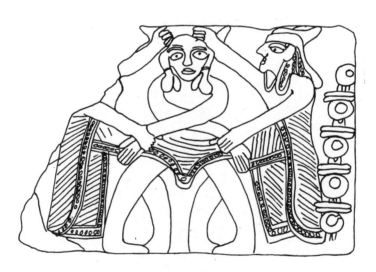

Abb. 46

3.3 Monumentale Herrschaftsrepräsentation in der Architektur der EZ II A

Die erste Hälfte der EZ II A scheint eine Übergangsperiode gewesen zu sein und liefert nur spärliche archäologische Daten.[284] Zeugnisse monumentaler Herrschaftsrepräsentation aus dieser Phase liegen daher nicht vor.[285] Die Konstituierung einer monarchischen Regierungsform im vereinigten Israel und Juda in der zweiten Hälfte der EZ II A führte nach 1 Kön 7, 1-12; 9, 10ff. zu ausgedehnten Baumaßnahmen unter Salomo. Ausdrücklich erwähnt werden in 1 Kön 9, 15 Jerusalem, Hazor (Tell el-Qedaḥ/Tell Waqqās), Megiddo (Tell el-Mutesellim) und Gezer (Tell el-Ġazarī). Ähnliches wird von Jerobeam in 1 Kön 12, 25 berichtet. Die Historizität dieser Aussagen ist jedoch in den letzten Jahren vielfach bestritten worden.[286] Ebenso haben die zum Teil schwierigen stratigraphischen Befunde berechtigte Zweifel an der Datierung von Strukturen in die EZ II A entstehen lassen.[287] Eine niedrigere Chronologie, wie von Finkelstein favorisiert, löst zwar das Problem des Nichtvorhandenseins glyptischer Evidenz für eine durchstrukturierte Verwaltung in dieser Periode, wirft aber weitere historische Probleme auf: Zum einen würde die gesamte Zeit von David bis zur Reichsteilung vollends in das Reich der Mythologie verwiesen und zum anderen würde die Entstehung organisierter Staatlichkeit in der Zeit der Omriden eine derart zeitlich komprimierte „Kulturexplosion" implizieren, die kaum nachvollziehbar wäre. Ob ein derartiges Mißtrauen den Quellen gegenüber berechtigt ist, darf daher bezweifelt werden.[288] Eine kurze Bestandsaufnahme möglicher EZ II A-zeitlicher Strukturen erscheint daher in diesem Kontext nötig.

---

[284] So auch Mazar, Archaeology, 374f.

[285] Die ez Festung auf dem Tell el-Fūl, die Albright (Tell el-Ful; vgl. auch ders., Archäologie, 119f.;) für die Festung Sauls hält, ist in ihrem Grundriß und ihrer Datierung nicht gesichert. Vgl. hierzu Lapp, Tell el Ful; ders., Art. Fûl, Tell el-, 446ff.; Mazar, Archaeology, 371ff.

[286] Vgl. Davies, Search, insbes. 66ff. Jamieson-Drake, Scribes, 143f. bezweifelt den staatlichen Charakter des salomonischen Gemeinwesens aufgrund des diachronen Vergleichs organisierter Baumaßnahmen. Israel sei in dieser Phase eher als „chiefdom" zu bezeichnen. Vgl. auch die Beiträge in dem von Grabbe herausgegebenen Sammelband „Can a History of Israel be Written?", insbesondere den Beitrag von Lemche, Clio.

[287] Vgl. hierzu insbesondere Finkelstein, United Monarchy.

[288] Fritz, Monarchy, insbes. 195, ist bei einer Untersuchung der EZ II-A zeitlichen Architektur zu einem erheblich optimistischeren Ergebnis gekommen. Auch Mazar, Archaeology, weist im Appendix der zweiten Auflage auf die Problematik der Spätdatierung hin (555).

3.3.1 Palastanlagen und öffentliche Bauten der EZ II A

Die frühesten bekannten Anlagen monumentaler Repräsentationsbauten im Norden sind die Paläste 1723 und 6000 aus Stratum V A (Va-IVb)[289] in Megiddo, die nach herkömmlicher Ansicht in die Zeit Salomos bis Jerobeams datiert werden können.[290] Trotz z.T. kontroverser Ansätze in der Datierung der Straten bietet der Scheschonq-Feldzug von 922 einen *terminus ante quem*.[291] Einen Überblick über die Anlagen der EZ II A gibt Abb. 47.[292] Der südliche Palast 1723 mißt 20 x 22 m und ist in sorgfältiger Quaderbauweise (*ashlar masonry*) ausgeführt. Das Gebäude gehört zum *bit-hilani*-Typ und dürfte diesen syro-phönizischen Gebäudetyp, wie er u.a. in Zinçirli gefunden wurde, zum Vorbild gehabt haben.[293] Möglicherweise war die Eingangshalle mit proto-äolischen Kapitellen verziert (s.u.).[294] Das Gebäude 1723 ist von einem Hof umgeben, der von einer quadratischen Mauer von 57 x 58 m eingefasst wird. Der Hof war über ein eigenes Vier-Kammer-Tor im Nordosten zugänglich. Im Nordosten von Palast 1723 schließt sich ein weiteres öffentliches Gebäude (Building 1482) an. Im Norden des Tells, etwa 75 m östlich des Tores, findet sich mit Palast 6000 ein weiteres Gebäude des *bit-hilani*-Typs von 28 x 21 m, dessen Rückseite (wall 52) in die Kasemattenmauer integriert war und vermutlich in der südwestlichen Ecke über einen Turm verfügte.[295] Yadin und Ussishkin deuten Palast 6000 wegen seiner Nähe zum Tor als zeremonielles Gebäude, wohingegen Palast 1723 als Residenz des Gouverneurs angesehen wird.[296] Wahrscheinlicher ist jedoch Herzogs Vermutung, daß derartigen Gebäuden primär eine Verwaltungs-

---

[289] Ich folge hier Herzogs Benennung der Straten: Herzog, Stadttor, ders, Settlement, 251.

[290] Zur Datierung und den stratigraphischen Problemen vgl. Yadin, Megiddo; ders., Hazor, 150ff.; Ussishkin, Palaces, 94ff.; Kempinski, Art. Palast, Shiloh, NEAHLIII, 1016ff.; Herzog, Settlement, 250; ders., Archaeology, 211ff.

[291] Stelenfragment des Scheschonq aus Megiddo: Lamon/Shipton, Megiddo I, 59f., Fig. 70. Scheschonq-Liste: Pritchard, ANET, 243, 263f. Finkelstein, United Monarchy, 180, bestreitet den Aussagewert des Stelenfragments.

[292] Ussishkin, Palaces, Fig. 9.

[293] So Ussishkin, Palace, 97ff.; Yadin, Megiddo, 95; Kuschke, Art. Palast, 244. Fritz, Die Stadt, 74 präferiert eine Ableitung vom kanaanäischen Hofhaus (vgl. auch ders., Monarchy, 192f). Eine neuere komparative Analyse der Architektur durch Arav / Bernett hat ergeben, daß Palast 6000 in Megiddo mit großer Sicherheit diesem Typus zuzurechnen ist (bīt ḫilānī, insbes. 78).

[294] Vgl. Ussishkin, Palaces, 100.

[295] Vgl. Yadin, Hazor, 154.

[296] Vgl. Yadin, Mediddo, ders., Hazor, 155; Ussishkin, Palaces, 102.

aufgabe zukam.[297] Insgesamt machen die offiziellen Gebäude in Megiddo ca. 20% der Siedlungsfläche aus.[298] Ein dem Palast 6000 in Anlage und Größe vergleichbares Gebäude wurde auf dem Tell el-Mazar im Jordantal entdeckt.[299] Ein wesentlicher Aspekt monumentaler Architektur in Israel scheint daher die Flächenausdehnung und der Kontrast zu den kleinen Privathäusern gewesen zu sein.

In den Ausgang der EZ II A datiert der Palast A in Lachish (Tell ed-Duwēr), Stratum V.[300] In seiner Bauweise unterscheidet sich dieser jedoch deutlich von den Palästen 6000 und 1723 in Megiddo: Über einem planierten ramessidischen Gebäude erhob sich eine massive, 7m hohe Plattform von 32 x 32 m (siehe Abb. 136). Die monumentale Wirkung dieses Gebäudes ist insbesondere auf diese Plattform-Konstruktion zurückzuführen, die den Palast alle übrigen Gebäude weit überragen ließ. Von der vermutlich aus Lehmziegel errichteten Struktur über der Plattform ist nichts mehr erhalten, es kann jedoch vermutet werden, daß es sich ebenso um ein Gebäude des *bit-hilani*-Typs gehandelt hat. Anzeichen einer größeren befestigten Stadt gibt es für das Lachish der EZ II A jedoch nicht. Problematisch bleibt daher der Umfang der besiedelten Wohnfläche. Es ist möglich, daß größere Flächen der Städte unbesiedelt geblieben sind, obwohl Beispiele für dicht besiedelte Städte in dieser Zeit existieren, wie z.B. Tell el-Fār' a (Nord)/Thirza.[301] Deutlich ist jedoch die zentrale Positionierung der Festung in der Mitte des Tells, die eine Orientierung der gesamten Siedlung auf das administrative Zentrum hin bewirkt. Ähnlichen städtebaulichen Prinzipien scheint Gezer zu folgen (Abb. 48),[302] obwohl die topographischen Verhältnisse eine exakte Zentrierung der vermutlich als Kasemattenfestung zu interpretierenden Struktur in der Mitte des schmalen Tells nicht zuließen.

---

[297] Vgl. Herzog, Stadttor, 161.

[298] Vgl. Barkay, Iron Age II-III, 310.

[299] Vgl. Yassine, Court Sancturay, Fig. 1.

[300] Tufnell, Lachish III, 52f. wies das Gebäude provisorisch dem Stratum V zu und datiert es in die ersten Jahre Jerobeams I, noch vor dem Schischak-Feldzug. Aharoni, Lachish V, 41f., tendiert eher zu Stratum IV. Zur Diskussion vgl. Ussishkin, NEAEHL, 906; Finkelstein, United Monarchy, 181. Herzog, Archaeology, 242, plädiert ebenso für Str. IV.

[301] Vgl. hierzu Mazar, Archaeology, 388f.

[302] Vgl. Herzog, Archaeology, 216 u. Fig. 5.17 (Abb.) Vgl. hierzu auch Dever, Art. Gezer, 504ff.

3.3.2 Toranlagen und Kasemattenmauern

Zur monumentalen Außenwirkung tragen insbesondere die mächtigen Sechs-Kammer-Tore in Hazor (Str. X) und Gezer (Str. 6) bei (Abb. 49-50).[303] Das Sechs-Kammer-Tor in *ashlar*-Bauweise vom Tell el Mutesellim (das einzige vollständig in dieser Technik ausgeführte in Israel) mit dem vorgelagerten zweiten Tor ist in seiner Datierung jedoch umstritten und kann daher nur mit Vorbehalt für die Monumentalarchitektur der EZ II A in Anspruch genommen werden (Abb. 51).[304] Durch ihre Größe, sorgfältige Ausführung und (vermutliche) Ausstattung mit Zinnen sind die Toranlagen deutlich von der reinen Gebrauchsarchitektur unterschieden. Der Torarchitektur kommt innerhalb der monumentalen Herrschaftsrepräsentation eine besondere Bedeutung zu: Die Toranlagen repräsentieren den wehrhaften Charakter und sind mit ihren flankierenden Türmen die stärkste Bastion einer Stadt.[305] Neben dieser primär militärischen Funktion kommen dem Torbereich einer Stadt im weiteren politische, juridische, ökonomische und kultische Funktionen zu. Nach dem atl. Befund ist das Stadttor der Ort der Öffentlichkeit schlechthin.[306] Das Tor ist auch der Ort repräsentativer Akte des Königs oder der Herrschaftseliten: Nach 2 Sam 18, 4 nimmt David im Torbereich eine Parade seiner Truppen ab, in 2 Sam 19, 8 vollzieht er hier einen repräsentativen Akt. In 1 Kön 22, 10 diente der Platz vor dem Tor der Orakeleinholung für den König. Eine treppenartige Struktur in *ashlar*-Bauweise mit anschließender Bank neben dem Tor auf dem Tel Dan, die ursprünglich mit einem Baldachin ausgestattet gewesen ist, könnte nach Auffassung der Ausgräber als Thron des Königs interpretiert werden (Abb. 52).[307] Obwohl diese Deutung nicht unbestritten ist,[308] zeigt insbesondere der textliche Befund die wichtige Rolle des Tores in der herrschaftlichen Repräsentation. Inwieweit den Kasemattenmauern der EZ II A ein „monumentales Konzept" zugrunde lag, bleibt hinsichtlich ihrer Entwicklung und Effektivität fraglich. Weippert vermutet daher ihre wesentliche Funktion in der Abgrenzung des urbanen Bereichs zur Kontrolle des Ein- und Ausgangs.[309] Dennoch darf auch für die

---

[303] Vgl. hierzu ausführlich Herzog, Das Stadttor, 89 ff., Abb. 76 (Hazor); 91 (Geser). Vgl. auch Weippert, HdA, 440f.; Barkay Iron Age II-II, 306. Zur möglichen Rekonstruktion einer Festung der EZ II A in Gezer vgl. Herzog, Archaeology, 216.

[304] Siehe hierzu Herzog, Stadttor, 93ff., der in die 2. H. des 10. Jh. datiert; Abb.: ebd, Abb. 82. Vgl. auch Mazar, Archaeology, 385f.; Finkelstein, United Monarchy, 178f.

[305] Vgl. auch Herzog, Stadttor, 161ff.

[306] Vgl. insbes. Ruth 4, 1-12.

[307] Vgl. Biran, Biblical Dan, 238ff., Fig. 198 (Abb.)

[308] Herzog, Stadttor, 163, hält die Struktur für ein Kultpodium.

[309] Vgl. Weippert, HdA, 442.

Kasemattenmauern der EZ II A der repräsentative Aspekt nicht vernachlässigt werden.

Auch in Arad konnten Reste einer Zitadelle der EZ II A nachgewiesen werden: Es handelt sich um einen annähernd quadratischen Bau von 50 x 50 m in Kasemattenbauweise mit vorspringenden Türmen an den Ecken und je zwei Türmen in der Mitte (Abb. 53).[310] Wie der Palast in Lachish wurde die Zitadelle auf einem Podest errichtet, das hier jedoch nur eine Stärke von 0,5-1 m hat. Der Eingang erfolgte über einen vorspringenden Torbereich an der nordöstlichen Ecke. Die Besonderheit in Arad ist, daß sich im Nordwesten der Zitadelle ein Tempel befand, dessen Gründung ebenfalls Stratum XI zuzuschreiben ist. Im Gegensatz zu den oben beschriebenen militärisch-administrativen Zentren ist Arad Str. XI, bedingt durch seine Randlage,[311] ein stärker multifunktionales Zentrum mit administrativ-fiskalischer, militärischer und religiöser Funktion.[312]

Im Negev befand sich in der EZ II A ein dichtes Netzwerk von Festungen von quadratischem, rechteckigem oder ovalem Grundriß in Kasemattenbauweise. Der ovale Typ konnte einen Durchmesser von bis zu 75 m erreichen, der rechteckige Typ eine Kantenlänge von ca. 50 m.[313] Nach Weippert können diese Festungen als auf den Mauerring reduzierte Miniaturstädte bezeichnet werden.[314] Obwohl die Negev-Festungen als zweckrationale Bauten zu bezeichnen sind, geht ihnen eine gewisse Monumentalität jedoch nicht ab: Die zumeist auf natürlichen Erhebungen angelegten Gebäude dominieren klar ihre natürliche Umgebung und die anliegenden Siedlungen. Es ist zu vermuten, daß die Festungen über den ebenerdigen Kasemattenräumen einen Wehrgang besaßen, der die vertikale Komponente vergrößerte. Aufgabe dieser Festungen war es, die Straßen und Grenzen nach Süden hin zu schützen und die Besiedlung des Negev zu fördern und gleichzeitig administrative Aufgaben zu

---

[310] Vgl. Herzog u.a., Israelite Fortress, 6ff. u. Fig. 6.

[311] Vgl. Hierzu Finkelstein, Living, 125, der den Ausbau von Arad, Beersheba und (möglicherweise) Tel Malhata im Kontext des Versuchs der Vereinigten Monarchie sieht, die Kontrolle über den Negev zu sichern.

[312] Vgl. Herzog u.a., Israelite Fortress, 33.

[313] Vgl. Cohen, Fortresses; zur Diskussion um deren Datierung, ebd., 77f.; Weippert, HdA, 480ff.; Finkelstein, Living, 104, bestreitet u.a. aufgrund der geringen Mauerstärke den Festungscharakter und votiert für bäuerliche Ansiedlungen der Amalekiter. Mit dem wachsenden Einfluß der Israeliten seien diese zerstört, bzw. aufgegeben worden (125f.). Gegen Finkelsteins Argumente spricht jedoch die Anlage von dorfartigen Siedlungen um die Anlagen herum.

[314] Vgl. Weippert, HdA, 480.

erfüllen.[315] Der gezielte Ausbau einer Kette militärisch-administrativer Anlagen erfordert hohe Ansprüche an Personaleinsatz und Logistik, insbesonders aber an eine zentrale Steuerung, die ohne einen größeren Stab von Spezialisten nicht realisierbar wäre. Die Festungsbauten im Negev können somit als weiterer Hinweis auf die Herausbildung administrativer Strukturen und einer Verwaltungselite bereits in der EZ II A gewertet werden.

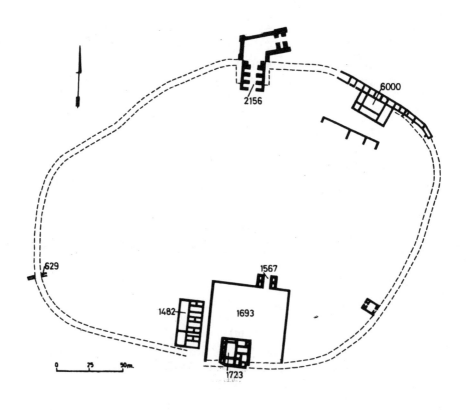

Abb. 47

---

[315] Vgl. Cohen, Fortresses, 77f.; ders, Art. Negev: Iron Age II, 1126ff.; Weippert, HdA, 481.

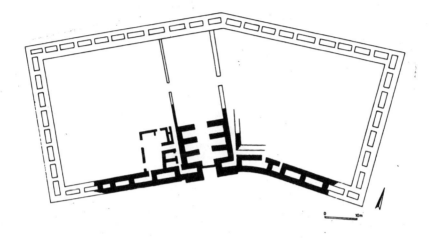

Abb. 48

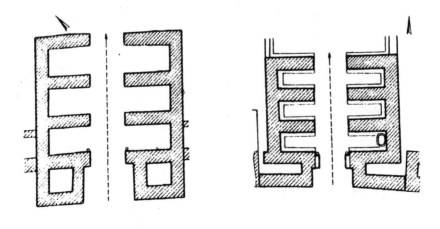

Abb. 49   Abb. 50

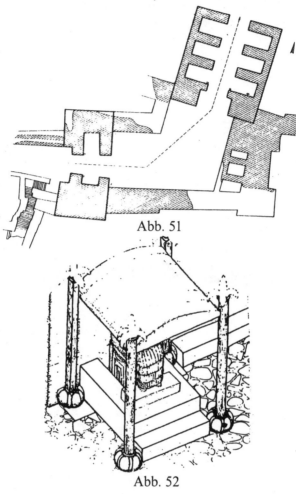

Abb. 51

Abb. 52

Abb. 53

3.3.3 Volutenkapitelle als Merkmale monumentaler Herrschafts-repräsentation (Motiv 2.2.a)

Volutenkapitelle sind seit der EZ II A distinktives Merkmal israelitischer und judäischer Repräsentationsbauten bis zum Ende der staatlichen Eigenexistenz Judas. Weippert führt insgesamt 39 solcher Kapitelle auf.[316] Die Kapitelle bestehen aus einem zentralen Dreieck, zwei davon abzweigenden Voluten mit einem Blatt ober- und unterhalb, sowie einem abschließenden Abakus, z.T. mit Füllelementen wie konzentrischen Kreisen (Abb. 54).[317] Bemerkenswert ist die Tatsache, daß derartige Volutenkapitelle eine originär israelitische Form zu sein scheinen. Zeitgenössische Exemplare aus Phönizien fehlen bislang und auch die Art der Stilisierung der späteren zypro-phönizischen Kapitelle unterscheidet sich von den israelitischen und judäischen.[318]

Der architektonische Kontext der Volutenkapitelle, ihre ausschließliche Verwendung in Monumental- und Repräsentationsbauten, läßt darauf schließen, daß dieses verfeinerte und vom handwerklichen Aufwand wertvolle Element in Komposition mit der Quaderbauweise (ashlar masonry) den königlichen Herrschaftsanspruch symbolisiert, monumental präsentiert und kommuniziert. Da keines der Kapitelle jedoch in situ gefunden wurde, wurde eine Verwendung dieses Elements zur Innendekoration erwogen.[319] Whitelam vermutet daher, daß das kommunikative Interesse dieses Symbols primär an die urbanen Eliten richtet, die im Verkehr mit den Autoritäten standen.[320] Die Verwendung zweiseitiger Kapitelle spricht jedoch eher für ihre Verbauung in besonders repräsentativen Eingangsbereichen: So dürften die großen Kapitelle aus Megiddo nach Ussishkins Rekonstruktion in den Eingangsbereich des Palastes 1723 gehören.[321] Auch in Hazor dürften die Volutenkapitelle zu einer monumentalen Eingangsanlage gehört haben (Abb. 55),[322] in Samaria (EZ II B) krönten sie Pilaster zur Wandgliederung[323] und in Rāmāt Rāḥēl (EZ II C) zierten Volutenkapitelle eine Fensterbalustrade (Abb. 56).[324] Shiloh bestätigt

---

[316] Dan (Tell el- Qādī) 1 Exemplar, Hazor: 2 Exemplare, Megiddo: Samaria: 7 Exemplare, Rāmāt Rāḥēl: 10 Exemplare, Jerusalem: 2 Exemplare, Medēbi` (Ostjordanland): 4 Exemplare (HdA, 445; zur Datierung ebd., 444).

[317] Vgl. Weippert, HdA, 445; Shiloh, Capital, Fig.11 (Abb.).

[318] Vgl. hierzu Shiloh, Capital, 36ff.

[319] So Weippert. HdA, 444f.

[320] Whitelam, Symbols, 171

[321] Vgl. Ussishkin 1979, 213ff. Diese Lösung favorisierten auch die Ausgräber: Vgl. Lamon/Shipton, Megiddo I, Fig. 68.

[322] So Reich, Palaces, 213 u. Abb. 10.

[323] Vgl. Shiloh, Capital, Fig. 13.

[324] Aharoni, RR 1, Fig. 38.

in seiner Studie, daß sich die Kapitelle primär in hervorgehobenen architektonischen Einheiten, insbesondere Eingangsbereichen, befunden haben.[325] Das kommunikative Interesse richtet sich somit nicht nur an eine schmale urbane Elite, sondern an die breite (urbane) Bevölkerung.

Demselben Kontext wie die Volutenkapitelle entstammt eine Elfenbeinarbeit der EZ II B aus Samaria von ca. 18 cm Höhe (Abb. 57)[326] mit einer nahen Parallele aus Nimrud.[327] Die Miniaturisierungen der monumentalen Kapitelle auf Möbeln und Gebrauchsgegenständen des Palastes kommunizieren den monumental realisierten Herrschaftsanspruch somit auch im inneren Bereich des Palastes *en miniature*.

Die herrschaftlichen Symbolkonnotationen des Volutenkapitells sind evident. Problematisch dagegen sind die diesbezüglichen Implikationen von Religion und Herrschaft: Keel/Uehlinger machen aufgrund der Entwicklung des Motivs aus dem Heiligen Baum noch eine weitere Bedeutungsebene neben der rein Herrschaftlichen geltend: Wohnung und Umgebung des Königs seien durch die Symbolik als „Bereich des Lebens" charakterisiert. Die Volutenkapitelle seien in dieser Periode nicht mehr als Substitut der Göttin zu verstehen, sondern als sexuell indifferentes Lebens- und Regenerations-symbol.[328] Auf diese möglichen Symbolkonnotationen wird unten bei der Besprechung der Palmettenbäume noch weiter einzugehen sein.

3.3.3.1 Exkurs - Palmetten und Palmettenbäume (Motiv 2.2b)

Eng mit dem Motiv des Volutenkapitells verwandt sind die überaus häufigen Darstellungen von Palmettenbäumen und stilisierten Palmetten, aus denen sich das Volutenkapitel entwickelt hat. Als isoliertes Motiv ist die Palmette bereits auf den Elfenbeinarbeiten des 13./12. Jh. aus Megiddo bekannt und war bereits im gesamten vorderen Orients im 2. Jt. verbreitet.[329] Auch in der Tonplastik, insbesondere bei Tempelmodellen und Kultständern der EZ II A, findet sich das Motiv, ist hier aber als Symbol einer Göttin gedeutet worden.[330]

[325] Vgl. Shiloh, Capital, 23.
[326] Crowfoot/Crowfoot, Early Ivories, Pl. XXII 1, 1a (Abb.).
[327] Vgl. de Mertzenfeld, Ivoires, Pl. CXV, 1050.
[328] Keel/Uehlinger, GGG, § 107.
[329] Vgl. Shiloh, Capital, 26ff.; 88ff.
[330] Vgl. hierzu Keel/Uehlinger, GGG, § 97ff.

Palmettenbäume als isoliertes Motiv finden sich unter den Elfenbeinarbeiten aus Samaria (Abb. 58).[331] Aus einem breiten Wurzelstamm mit doppelter Standleiste wächst ein sich nach oben verjüngender Stamm hervor, der in einem dreieckigen Auswuchs ähnlich wie bei den Volutenkapitellen endet. Aus dem Dreieck heraus wachsen jeweils zwei dreifach gegliederte Palmwedel hervor, die am Stamm herabhängen. Über den beiden Palmwedeln sind die Reste von jeweils zwei Voluten zu erkennen. Aus einem weiteren Dreieck gehen die wiederum dreifach gegliederten oberen Palmwedel hervor, den oberen Abschluss bildet ein dreifach gegliederter Sproß. Ebenfalls aus Samaria stammen drei Paneele mit Palmetten, ein Beispiel zeigt Abb. 59.[332] Hier ist der Stamm gegenüber den Palmenbäumen extrem verkürzt und zwei Sprosse wachsen rechts und links aus dem Stamm hervor. Die langen Palmwedel fehlen hier ganz, an ihre Stelle sind zwei eingerollte Voluten getreten, die denen der Kapitelle ähneln. Der obere Sproß ist hier in mehrfacher Fächerung ausgeführt. Noch stärker stilisiert sind die Palmetten auf Abb. 60[333]: Hier erheben sich zwei lange, nach oben hin aufgerollte Voluten über kleineren Voluten über dem Stamm, die ebenfalls denen der Kapitelle ähneln. Insgesamt lassen sich, wie Abb. 61[334] zeigt, sieben Subtypen der Stilisierung unterscheiden.

Das Motiv ist, wie bereits erwähnt, bereits aus der Früheisenzeit bekannt: Eine Palmettenbaumkrone zeigt Abb. 62 aus dem 12. Jh. vom Tell es-Mutesellim,[335] und Abb. 63[336] vom Tell ed-Duwēr. Palmettenbäume bzw. zu Säulen stilisierte Palmetten sind zeitgenössisch auch in der Umwelt Palästinas gut belegt: Als häufiges Motiv finden sich Palmettenbäume insbesondere auf den Orthostatenreliefs vom Tell Halaf aus der Zeit um 900 v. Chr. (Abb. 64-66).[337] Dieselbe Stilisierung wie die Palmettenbäume vom Tell Halaf zeigt ein Beingriff mit der Darstellung eines vierflügeligen Genius zwischen Palmetten aus Hazor (Abb. 67).[338] Im phönizischen Kunsthandwerk sind sie nahezu allgegenwärtig. Die direkteste Parallele zu den Samaria-Elfenbeinen bilden die

---

[331] Crowfoot/Crowfoot, Early Ivories, Pl. XVIII, 1-3, Pl. IX, 1-3; Pl.XX, 1-5 u. Fig. 5 (Abb.).

[332] Crowfoot/Crowfoot, Early Ivories, Pl. XXI, 1-5. Umzeichnung: Shiloh, Capital, Fig. 42.

[333] Crowfoot/Crowfoot, Early Ivories, Pl. XXI, 2. Umzeichnung nach Shiloh, Capital, Fig. 44.

[334] Crowfoot/Crowfoot, Early Ivories, Fig. 9.

[335] Barnett, Ivories, Pl. 18b; Umzeichnung nach Shiloh, Capital, Fig. 43.

[336] Barnett, Ivories, Pl. 21 d (Umzeichnung nach de Mertzenfeld, Ivoires, Pl. IV, 29).

[337] Moortgat, Tell Halaf III, T. 70b-78; hier: 76a (Umzeichnung nach Shiloh, Capital, 17-19).

[338] Yadin, Hazor I, Pl. CLI.

ebenso ins 8. Jh. zu datierenden[339] phönizische Arbeiten aus Arslan Tash Abb. 68 und 69[340] sowie weitere Arbeiten aus dem Fort Salmanasser in Nimrud.[341] In der EZ II B findet sich dieses Motiv in ausgeführter Form, flankiert von zwei Ibexen auf dem Pithos A aus Kuntilet ʿAǧrūd (Abb. 70).[342] Insgesamt lassen sich die Gestaltungsformen der Palmettenbäume und der daraus abgeleiteten Volutenkapitelle auf eine zeitlich und räumlich breite vorderorientalische Tradition zurückführen. Ähnlich wie der *bit-hilani*-Palasttyp weist die Herausbildung der Palmetten- und Volutensymbolik nach Syrien.[343]

3.3.3.2 Zur Funktion der Palmettensymbolik

Der Palmettenbaum wird in der Literatur überwiegend als Symbol der Fruchtbarkeit und Regeneration gedeutet:[344] Relativierend äußert sich hingegen Mallowan: *„But nearly always the exact meaning of this iconography, if indeed there was exact meaning, escapes us...“*[345] Ähnlich skeptisch hinsichtlich der Interpretation äußert sich Uberti: *„The religious connotations which accompanied these themes are ‚absorbed‘ by their ornamental purpose“*, schränkt aber zugleich ein: *„But the iconography may seem less mysterious to present-day observers than to those for whom the panels were made...“*[346] Die Idee einer „Säkularisierung“ eines Motivs ist jedoch neuzeitlich und wird dem Denken des vorderorientalischen Menschen kaum gerecht, der sich ja in einem ganzen Symbolsystem bewegte. Die symbolischen Verweisungen innerhalb des Symbolsystems dürften daher auch bei Abbreviaturen bewußt gewesen sein. Im Falle der Palmettenbäume verweist die Abbreviatur auf elaborierte Szenen wie z.B. Genien im Befruchtungsgestus vor dem Lebensbaum, Genien beim Einbringen der reifen Frucht und Genien Palmettensprosse tragend.[347] An der generellen Symbolisierung vitaler Kraft und Fruchtbarkeit kann daher kaum gezweifelt werden.

---

[339] Vgl. Mallowan, Nimrud II, 471.

[340] Thureau-Dangin, Arslan Tash-Atlas, Pl. XLIV, 92-96; XLV, 97, 98. Umzeichnung nach de Mertzenfeld, Ivoires, Pl. XCIV, 913; XCV, 910.

[341] Mallowan, Nimrud II, Fig. 572, 580.

[342] Beck, Drawings, 1982, Fig. 4 u. 13ff.

[343] Vgl. Shiloh, Capital, 90.

[344] Vgl. Keel/Uehlinger, GGG, § 107 u.ö.

[345] Mallowan, Nimrud II, 482.

[346] Uberti, Ivory, 408.

[347] Vgl. z.B. Mallowan, Nimrud II, Fig. 383, 384, 385.

Eine entscheidende Frage ist, ob das Motiv des stilisierten „Lebensbaumes"
im Kontext des Palastes seine Bedeutung aus eben diesem Kontext bezieht,
oder ob Königtum und Palast sekundärer Ausdruck eines Fruchtbarkeits- und
Regenerationssymbols sind und auf diesen Gehalt rekurrieren. Keel/Uehlinger
favorisieren letztere Annahme.[348] Strange spitzt dies zu, indem er diese
Symbolik im Kontext von „afterlive and resurrection" deutet.[349] Dies hieße
jedoch, da ist Keel/Uehlinger uneingeschränkt Recht zu geben,[350] den Befund
zu überziehen: Weder das ikonographische noch das textliche Material bieten
irgendeinen Anhalt, die Motivik mit Leben nach dem Tode in Verbindung zu
bringen. Das Königtum als Garant von Kontinuität und Gedeihen des Lebens
hingegen ist im Medium der Elfenbeinkunst gut belegt. Abb. 71[351] zeigt eine
Elfenbeinarbeit des syrischen Typs in assyrisierender Ikonographie mit einem
thronenden König im mittleren Paneel, dem ein Lilienbaum entgegen wächst.
In der rechten hält er einen erhobenen Becher. Rechts und links des Königs
sieht man jeweils zwei Adlerkopf-Abkallu mit *banduddu*-Eimer und
Pinienzapfen in Befruchtungsgestus.[352] Unter den Genien wachsen Palmetten-
bäumchen und Lilien empor. Die äußeren Paneele zeigen, ebenfalls von
Palmetten und Lilien umrankt, zwei offensichtlich menschliche Gestalten, die
ein Böcklein und einen jungen Hirsch herbeischaffen. Zweifelsohne zeigt die
Darstellung eine enge Verbindung zwischen König, Genien und Palmettenbaum. Derselben Symbolik verpflichtet sind zahlreiche weitere Elfenbeine aus
Nimrud mit der Darstellung eines Königs mit blauer Krone oder Atef-Krone,
dessen linke Hand segnend der Lotosblüte entgegengereckt ist und dessen
rechte den Stil der Pflanze umfaßt hält. In Assyrien zeigt das Königtum eine
besonders enge Verbindung von Herrschaft und ritueller Sicherung des
Lebens, wie die zahlreichen Darstellungen des Königs vor dem Lebensbaum
mit und ohne Genien zeigen.[353] Die Elfenbeinarbeiten des 8. Jh. aus Samaria
sowie ihre Parallelen der phönizischen und syrischen Gruppe sowie die
zahlreichen assyrischen Darstellungen dieses Sujets in der Groß- und
Kleinkunst dokumentieren ikonographisch die enge Verbindung von
Fruchtbarkeit und Königtum im Vorderen Orient des 1. Jt. Im AT rekurriert
insbesondere Ps 72 auf die lebensspendende Funktion des Königs:

> *5. Er wird leben, solange scheinen*
> *Sonne und Mond, auf Geschlecht und Geschlecht;*

---

[348] Vgl. Keel/Uehlinger, GGG, § 107.

[349] Vgl. Strange, Afterlife.

[350] Vgl. Keel/Uehlinger, GGG, § 107.

[351] Mallowan, Nimrud II, 383.

[352] Zur Funktion dieses Genientyps vgl. Schmitt, Beschwörungsrelief.

[353] Vgl. hierzu ausführlich Kolbe, Reliefprogramme. Parpola, Monotheism, 190f.,
identifiziert den Baum sogar direkt mit dem König.

6 er wird herabfahren wie Regen auf die Flur,
wie Schauer, die das Land befeuchten;

16 Im Land wird Fülle an Korn sein, auf den Bergen droben;
seine Frucht wird rauschen wie der Libanon, wie das Kraut der Erde.

Zum Preis des Herrschers werden hier nicht nur Metaphern des pflanzlichen Wachstums und der Fülle verwendet, sondern der König selbst ist es, der wie Regen herabfährt und die Fülle des Korns herbeiführt.[354]

Abschließend kann festgehalten werden, daß auch in Israel und Juda die rituelle Sicherung des Lebens Aufgabe des Königtums ist. Die herrschaftliche Ikonographie hat hierbei die weit verbreitete - und somit wohl auch auf breiter Ebene verstandene - Motivik des Lebensbaums aufgenommen und in die bildhafte Herrschaftsrepräsentation inkorporiert. So kommuniziert die Lebensbaumsymbolik zum einen den Anspruch des Königtums, für die Sicherung und Prosperität des Lebens verantwortlich zu sein und sichert diese zugleich in der bildhaften Realisation. Dieser performative Charakter symbolisiert jedoch nicht nur die Sicherung der Fruchtbarkeit durch das Königtum, sondern auch für das Königtum: Die Anbringung dieser Symbole auf Gegenständen in Benutzung des Königs und seiner Umgebung, wie auf Möbeln, Gebrauchsgegenständen und Wandpaneelen etc., überträgt Fruchtbarkeit und Sicherung des Lebens auf den Herrscher, aber auch auf die Reichweite seiner Herrschaft, sein Land, seine Untertanen. Als isolierte Motive repräsentieren der Palmettenbaum und seine Variationen daher das Königtum selbst.

---

[354] Schon Kittel, Psalmen, 239f., hat darauf hingewiesen, daß es sich hier um einen besonders feierlichen Hofstil handelt, der sich auf den realen König und nicht etwa auf einen idealen, messianischen bezieht.

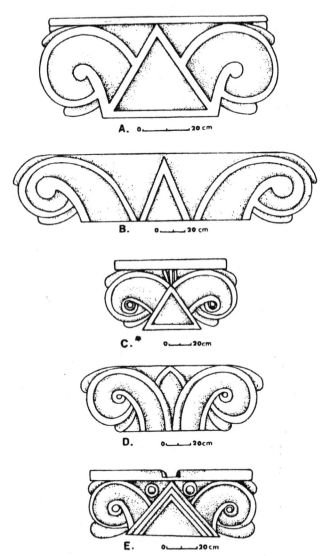

A. 0 _____ 20 cm

B. 0 _____ 20 cm

C. * 0 _____ 20cm

D. 0 _____ 20cm

E. 0 _____ 20 cm

Fig. 11. The Proto-Aeolic capital. Typological classification:

A — Megiddo, Samaria
B. C — Megiddo
D — Hazor
E — Ramat Raḥel, Jerusalem, Medeibiyeh.

Abb. 54

Abb. 55

Abb. 56

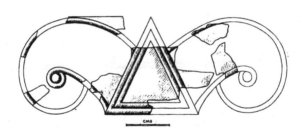

Abb. 57

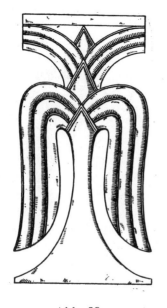

Abb. 58

Abb. 59

Abb. 60

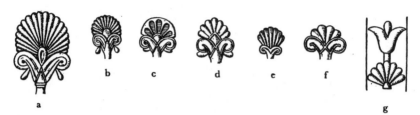

Abb. 61

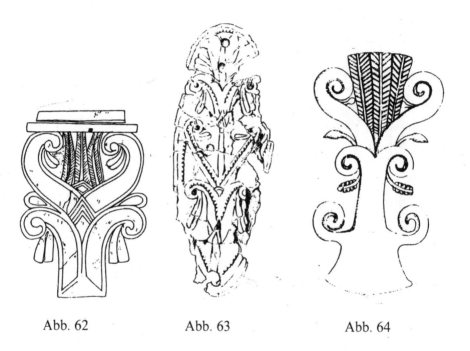

Abb. 62   Abb. 63   Abb. 64

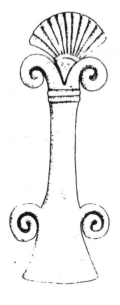

Abb. 65   Abb. 66

Abb. 67

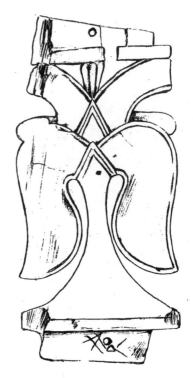

Abb. 68   Abb. 69

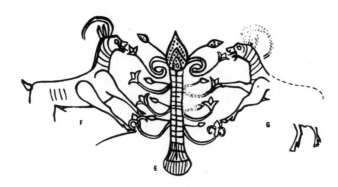

Abb. 70

Abb. 71

3.3.4 Zur Funktion monumentaler Architektur in der EZ II A

Der archäologische Befund scheint, akzeptiert man die traditionelle
Chronologie, zu bestätigen, daß monumentale architektonische
Herrschaftsrepräsentation in Israel in der EZ II A mit der Konsolidierung
monarchischer Herrschaft, möglicherweise in der Zeit Salomos, einsetzt.[355]
Erst in dieser Periode entsteht gleichzeitig mit der wachsenden Differenzierung
der Bevölkerung und der dadurch notwendigen Organisation eines zentralen
Verwaltungsapparates das Bedürfnis, Herrschaft monumental nach innen wie
nach außen zu repräsentieren. Die auffällige Uniformität der Stadtanlagen und
offiziellen Bauten in Israel und Juda unterstützen die These eines
großangelegten und geplanten Ausbaus in der EZ II A.[356] Die Entstehung
einer zentralen Verwaltung und einer Beamtenschaft geht somit mit dem
Beginn monumentaler Herrschaftsrepräsentation parallel.[357] Es steht zu
vermuten, daß das notwendige know-how, insbesondere zur Errichtung von
Bauten nach dem *bit-hilani*-Typ und die *ashlar*-Bauweise, aus Phönizien und
Syrien importiert wurde.

Nach innen kommuniziert die monumentale Architektur zum einen den
Herrschaftsanspruch und das Segregrationsbedürfnis des monarchischen
Herrschers und der aufkommenden Beamtenelite gegenüber einer wesentlich
bäuerlich strukturierten Gesellschaft, zum anderen aber auch die Verpflichtung
der neuen Eliten gegenüber der Bevölkerung, diese zu schützen.[358] Der
Herrschaftsanspruch dieser neuen Eliten zeigt sich insbesondere in den
Anlagen von Palast 6000 und 1723 in Megiddo. Palast 6000 kontrolliert den
Eingang zur Stadt und trägt dem administrativen Anspruch der neuen Eliten
Rechnung. Palast 1723, möglicherweise die Residenz des Gouverneurs,[359]
strukturiert gleichzeitig die Gesellschaft: Der Bereich der Elite ist durch eine
festungsartige Mauer nach außen abgeschlossen und nur durch ein
monumentales Vier-Kammer-Tor zugänglich. Der Zugang zur Sphäre der Elite
unterliegt also der Kontrolle durch diese selbst. Das Gebäude 1723 ist nach
Süden zurückgesetzt, sodaß Besucher erst den Hof überqueren müssen. Diese
Abstandsbetonung realisiert in besonders augenfälliger Weise die
Hierarchisierung der Gesellschaft. Im weiteren ist diese Sphäre der

---

[355] So auch Barkay, Iron Age II-III, 310; Dietrich, Frühe Königszeit, 160. Fritz,
Monarchy, 195 stellt fest: „*Accordingly biblical Tradition has presented Solomon as
a great builder; this he certainly was, according to evidence based on archaeological
research.*"

[356] Vgl. Weippert, HdA, 427; Herzog, Settlement, 247ff.; Fritz, Monarchy, 195.

[357] Denselben Mechanismus hat Assmann, Stein und Zeit, für Ägypten beobachtet.

[358] So auch Whitelam, Symbols of Power, 168.

[359] Vgl. Yadin, Megiddo, 95.

administrativen Elite wiederum abgegrenzt durch die Anlage von Palast 1723 im Süden des Tells direkt an der Mauer, fern vom Getriebe des Torareals im Norden. Gleichzeitig ist das Tor in seiner Achse direkt auf den Palast hin orientiert. Volutenkapitelle dienen als Markierung einer Schwelle zwischen den gesellschaftlichen Sphären und kommunizieren den Anspruch des Königtums auf die Sicherung der Lebenskraft und Prosperität. Auf dem Tell ed-Duwēr trägt insbesondere die massive Plattform zur monumentalen Wirkung bei, wobei sich das Palastgebäude beherrschend über die Ansiedlung erhoben hat. Die zentrale Position in der Mitte der Stadtanlage symbolisiert gleichzeitig die Orientierung der Gesellschaft auf das administrativ-militärische Zentrum hin. Gegenüber der flächig-horizontalen Abgrenzung der herrschaftlichen Sphäre in Megiddo tritt hier ein vertikaler Aspekt, der die gesellschaftliche Hierarchie betont.[360] Eine ähnlich monumentale Wirkung muß die fast quadratische Zitadelle in Arad mit ihren vermutlich 12 Türmen gehabt haben. Assmann hat für die Funktion monumentaler Architektur weiterhin geltend gemacht, daß diese eine neue Identität stiftet: *„Monumentalität ist (...) die Ausdrucksform einer kollektiven Identität, die über die naturwüchsigen Größenordnungen von Stämmen und Siedlungsgemeinschaften hinausgeht und auf der Ebene politischer Organisationsformen neue Verbände ganz anderer Größenordnung stiftet ...“*[361] Für den noch in der Formierungsphase befindlichen Staat und für die nachfolgenden Teilstaaten Juda und Israel darf dies um so mehr gelten: In monumentaler Architektur manifestiert sich der Herrschaftsanspruch des dynastischen Königtums und stiftet, auch durch die gemeinsame Anstrengung beim Bau und Ausbau der Stadt-, Zitadellen- und Palastanlagen, eine neue, nationale Identität, die sich von der der Stammes- und Sippenverbände bzw. vom *chiefdom* absetzt.[362] Darüber hinaus reflektiert die Durchführung öffentlicher Bauten die Fähigkeit des Königtums, menschliche Arbeit zu kontrollieren und zu konzentrieren.[363] Nach außen kommuniziert die Monumentalarchitektur die ökonomische, politische und militärische Kraft des Königtums und läßt den Anspruch auf Herrschaft im umfassenderen Sinn architektonisch Gestalt annehmen.[364] Aspekte religiöser Herrschafts-legitimation im Kontext der Monumentalbauten der EZ II A sind explizit bislang nur in Arad greifbar: Die Inkorporation eines Tempels in die Festungsanlage weist hier auf eine enge Bindung von Staatskult und Verwaltung hin. Ein genereller Zusammenhang von offizieller Bautätigkeit

---

[360] Auf diesen vertikalen Aspekt als Kennzeichen der Monumentalarchitektur weisen auch Weippert, HdA, 534 und Herzog, Archaeology, 276 hin.

[361] Assmann, Stein und Zeit, Anm. 5.

[362] So auch Ahlström, Administration, 37.

[363] Vgl. hierzu Jamieson-Drake, Scribes, 86.

[364] So auch Whitelam, Symbols of Power, 169.

und Staatskult[365] ist hieraus jedoch nicht ableitbar. Insbesondere für Jerusalem kann ein solcher Zusammenhang vermutet werden, jedoch fehlt hier jeglicher archäologische Befund.[366] Implizit ist jedoch eine -im weiteren Sinne - religiöse Botschaft in der Dekoration der Monumentalbauten durch die Volutenkapitelle greifbar. Auch dem Tor als Ort kultischer Handlungen und repräsentativer Akte des Herrschers und seiner Eliten kommt eine gewisse religiöse Funktion zu. Diese ist jedoch situativ und ebenfalls nicht zu verallgemeinern.

3.4 Zusammenfassung des Befundes

Keel/Uehlinger haben den überaus schmalen ikonographischen Befund für die EZ II A folgendermaßen prägnant zusammengefaßt: *„Wir stehen damit vor dem Paradox, daß für die religionsgeschichtliche Interpretation einer Periode, die der Überlieferung als kulturelle Blütezeit gilt und formative, ja geradezu paradigmatische Bedeutung zumindest für das religiöse Selbstverständnis Judas hat, fast ausschließlich Objekte der nicht staatlich kontrollierten Kleinkunst zur Verfügung stehen."*[367] In der Tat sind in dieser Periode ikonographische Belege für die Selbstrepräsentation und damit für das Selbstverständnis des Königtums äußerst selten. Es kann daher vermutet werden, daß die Strukturen, die der herrschaftlichen Repräsentation bedurften, nur wenig ausgeprägt und ausgesprochene Luxusgüter aus dem Kontext der herrschaftlichen Repräsentation daher wenig vertreten waren. Niemann u.a. vermuten sogar, daß der Herrschaftsapparat nur die Sippe des Königs und einen kleinen Beraterstab umfasst habe.[368] Der geringe Bestand an Zeugnissen aus der Kleinskunst mag jedoch im Fundzufall begründet liegen. Im Bereich der architektonischen Herrschaftsrepräsentation sind - die ‚klassische' Chronologie vorausgesetzt - die Befunde jedoch aussagekräftiger: Offizielle Bauten in Quaderbauweise spiegeln das Bedürfnis wieder, Herrschaft in monumentaler Weise zu repräsentieren und kulturelle Identität zu schaffen oder zu befestigen. Die Volutenkapitelle in den Eingangsbereichen offizieller Gebäude haben eine Schwellenfunktion, die gleichzeitig die Aspekte sozialer Differenzierung, königlicher Machtentfaltung und der Sicherung der Prosperität durch das Königtum kommunizieren. Der Ausbau regionaler Verwaltungszentren setzt eine ausgeklügelte Logistik voraus, die von einem kleinem Beamtenstab kaum zu bewältigen war. Ausgehend vom

---

[365] So Ahlström, Administration, 40f.

[366] Kenyon, Royal Cities, 51, weist in diesem Zusammenhang richtig darauf hin, daß nichts darauf hinweist, daß Tempel und Palast in Jerusalem einen gemeinsamen Komplex gebildet haben.

[367] Keel/Uehlinger, GGG, § 81.

[368] Vgl. u.a Niemann, Herrschaft, 27ff.; Soggin, Königtum, 87.

architektonischen Befund, darf der Umfang der Verwaltungseliten in der EZ II A daher nicht allzu klein veranschlagt werden. Hierbei stellt sich jedoch wiederum das Problem, daß in der Architektur ein entfaltetes Symbolsystem vorhanden ist, das in der zeitgenössischen Glyptik fehlt und erst in der EZ II B greifbar wird. Der extrem uneinheitliche Befund mit der starken Diskrepanz zwischen den architektonischen Relikten in einer maximalistischen Wertung auf der einen und der Kleinkunst auf der anderen Seite findet in der Herabdatierung der Herrschaftsarchitektur in Megiddo durch Finkelstein zwar eine glatte Lösung, vermag aber insgesamt aufgrund der ebenso unsicheren Prämissen nicht zu überzeugen. Es steht zu hoffen, daß die erneuten Grabungen auf dem Tell el-Mutesellim die widersprüchlichen Befunde zu klären vermögen.

Obwohl die archäologischen Befunde zum gegenwärtigen Zeitpunkt nicht hinreichend geklärt sind, lassen sich jedoch einige allgemeine Aussagen über die Symbolik der Herrschaftsrepräsentation in der EZ II A treffen. Die in der EZ II A belegten Motive korrespondieren mit den drei wesentlichen Komponenten der Herrschaftsideologie im vorderorientalischen Kulturraum des 1. Jt.:

a.) Motiv 1 a: König thronend symbolisiert seine Hoheit in einem sehr allgemeinen Sinne und realisiert den Anspruch auf Herrschaft durch das Thronattribut.

b.) Motiv 2.1. a: Gefangener realisiert den Aspekt der militärischen Dominanz, der Überwindung chaotischer Mächte und damit das Inkrafthalten der göttlichen Ordnung.

c.) Motivgruppe 2.2: Volutenkapitell und Palmette symbolisieren die Sicherung der Prosperität durch das Königtum.

Trotz des relativ schmalen ikonographischen Befundes zeigt das herrschaftliche Symbolsystem der EZ II A in seiner Gesamtheit - insbesondere aber in der Architektur - enge Verbindungen nach Phönizien und Syrien. Die Herausbildung von Formen herrschaftlicher Repräsentation scheint somit im kulturellem Großraum Syrien-Palästinas parallel mit der Formierung neuer territorialstaatlicher Strukturen im 10. Jh. - im syrischen Binnenland insbesondere der Aramäerstaaten und in Nordsyrien der „neo-hethitischen" Staaten[369] - einher zu gehen. Eine besondere Rolle scheint hier den phönizischen Küstenstädten zuzukommen, die kulturelle Traditionen an die in Entstehung befindlichen Staaten im syrischen Binnenland und in Palästina

---

[369] Vgl. zu dieser Entwicklung Klengel, Syria, 191ff.

weitervermittelt haben dürften. In diesem Kontext erscheint die in 1 Kön 5, 15-32 geschilderte Vermittlung phönizischen *know-hows* bei der Durchführung offizieller Bautätigkeit historisch durchaus plausibel. Die Gemeinsamkeiten in der Symbolsprache der Kleinkunst und Architektur Syrien-Palästinas sprechen daher für eine Herausbildung von eng miteinander verwandten Herrschaftskonzepten in einem kulturellem Großraum.

Kapitel 4
Bildhafte Herrschaftsrepräsentation in der Glyptik und Kleinkunst der Eisenzeit II B (925-720/700)

Die Eisenzeit II B ist gekennzeichnet durch die Konstituierung der beiden Nationalstaaten Israel und Juda. Die Etablierung eines (mehr oder weniger) dynastischen Königtums im Nord- und Südreich und die damit verbundene weitere Differenzierung von Verwaltungsapparat und militärischen Strukturen schaffen die Voraussetzung zur Herausbildung bzw. Weiterentwicklung des Symbolsystems im Kontext der Herrschaft.

4.1 Darstellungen des Königs
4.1.1 Thronender König (Motiv 1 a)

Abb. 72 a-b zeigt eine der Wandmalereien aus Kuntilet 'Aǧrūd.[370] Das Fragment zeigt einen sitzenden Mann, dessen offenbar bartloser Kopf im Umriß in roter Farbe ausgeführt ist. Augen, Stirnhaar und eine auf die Schulter herabfallende Locke sind in schwarzem Farbauftrag ausgeführt. Über den Schultern liegt ein Halskragen mit vier roten Bändern und mit schwarzen Punkten. Die Figur sitzt auf einem Thron mit Rückenlehne. Dieser ist ebenfalls mit roter Farbe ausgeführt und mit schwarzen Punkten dekoriert. Am unteren rechten Rand ist in gelbem Farbauftrag der untere Abschluß eines langen Gewandes von gelber Farbe in roter Umrandung zu erkennen. Hinter dem Sitzenden scheint sich eine weitere Figur in rotem Farbauftrag mit zum Thron hin ausgestreckter Hand befunden zu haben. In der Rekonstruktion (Abb. 72 b) fraglich ist das Objekt, das der Thronende zum Mund führt. Beck, Keel/Uehlinger u.a. rekonstruieren es als Lotusblüte.[371] Das Sujet des Thronenden, der eine Lotusblüte zum Gesicht hin führt, ist in der zeitgenössischen Glyptik belegt[372] und hat daher einige Wahrscheinlichkeit für sich. Die regelmäßige Struktur des Objekts könnte jedoch auch darauf hindeuten, daß es sich um einen Becher handelt, der zum Mund geführt wird. Szenen mit Bechern sind aus der EZ I u.a. vom Ahiram-Sarkophag[373] und von der Darstellung einer Triumphszene mit kultischem Mahl von den Megiddo-

---

[370] Beck, Drawings, Fig. 21. Bei der zweiten Umzeichnung Abb. 72 a wurden die Ergänzungen vom Autor entfernt.

[371] Beck, Drawings, 54f.; Keel/Uehlinger, GGG, § 145.

[372] Vgl. Keel/Uehlinger, GGG, Abb. 238b.

[373] Vgl. Pritchard, ANEP, 456.

Elfenbeinen[374] her bekannt. Zeitgenössisch ist das Sujet in Syrien weit
verbreitet, u.a. auf Orthostaten aus Zinçirli, Maraş und Karatepe.[375] Die
Attribute, Becher bzw. Lotusblüte, lassen keinen Zweifel zu, daß es sich um
die Darstellung eines thronenden Herrschers handelt.[376] Wie bei den genannten
Parallelen dürfte es sich auch hier um eine kultisch-höfische Szene gehandelt
haben. Szenen, die den thronenden König mit Lotusblüten zeigen, sind
zeitgenössisch sowohl aus Samaria (s. u. Abb. 73) und Nimrud[377] bekannt. Es
ist übereinstimmend festgestellt worden, daß hier eine Arbeit vorliegt, die
stark vom phönizischen Kunsthandwerk geprägt ist.[378] Die phönizische
Prägung und der Fundort haben dazu geführt, daß die Signifikanz des
Materials aus Kuntilet ʿAǧrūd für Juda in Frage gestellt worden ist.[379] Die
Sichtung des übrigen zeitgenössischen Materials wird diese Frage vielleicht
beantworten können.

Die engste zeitgenössische ikonographische Parallele ist das Fragment einer
Elfenbeineinlage aus Samaria (Abb. 73):[380] Der Thron ist hier kastenförmig
ausgeführt. Hinter dem Thronenden findet sich eine Lotusstaude und Kopf und
Füße einer stehenden Figur. Die Figur hinter dem Thron trägt eine eng
anliegende Kappe oder einen Helm, wohingegen der thronende eine
Kurzhaarfrisur mit Stirnband zu tragen scheint.[381] Gesichtsschnitt und Tracht
entsprechen den Konventionen der phönizisch-palästinischen ikonographischen Koine, die ihre typische Ausprägung in den bereits besprochenen
Elfenbein-Paneelen aus Megiddo gefunden hat und sich fast unverändert in der
EZ II B fortsetzt. Auch hier handelt es sich um eine nicht mehr
rekonstruierbare rituelle oder höfische Szene. Das Sujet könnte aus der
rituellen Sicherung des Lebens für oder durch den König stammen, wie es u.a.

---

[374] Vgl. Loud, Ivories, Pl. 4, 2a,b (= Abb. 27).

[375] Vgl. Orthmann, Untersuchungen T. 18, 19; 46, 1; 66 a.

[376] So auch Beck, Drawings, 60; Keel/Uehlinger, GGG, § 145: *„Sehr offiziellen
Charakter hat auch die Darstellung eines thronenden Fürsten mit Lotusblüte...“*

[377] Mallowan, Nimrud II, Fig. 400; 408.

[378] Beck, Drawings, 61f.; Keel/Uehlinger, GGG, § 146.

[379] Keel/Uehlinger, GGG, § 146 *„.... das ikonographisch und epigraphisch
feststellbare Nebeneinander von Elementen (syro-) phönizischer und israelitischer
Kultur weisen übereinstimmend darauf hin, daß die Karawanserei von Kuntilet
ʿAǧrut keine judäische, sondern eine mit phönizischen Know-how angelegte, aber von
Israeliten kontrollierte Niederlassung ohne lokale Verwurzelung war, die kaum
länger als eine Generation in Betrieb gewesen ist."*

[380] Crowfoot/Crowfoot, Early Ivories, Pl. XI, 1 (Umzeichnung: Keel/Uehlinger,
GGG, Abb. 239).

[381] Crowfoot/Crowfoot, Early Ivories, 26, deuten die Frisur ebenfalls als
enganliegende Kappe.

von syrischen Elfenbeinarbeiten des 8. Jh. aus Nimrud belegt ist (Abb. 71) und
die möglicherweise auch für die späteren Königsdarstellungen der EZ II C aus
Rāmāt Rāḥēl kennzeichnend war. Die fragmentarische Lotusstaude hinter der
Herrscherfigur läßt auch hier auf eine enge Verbindung der Herrschafts-,
Regenerations- und Fruchtbarkeitssymbolik schließen. Denkbar ist es, daß der
König von zwei derartigen Stauden flankiert war.

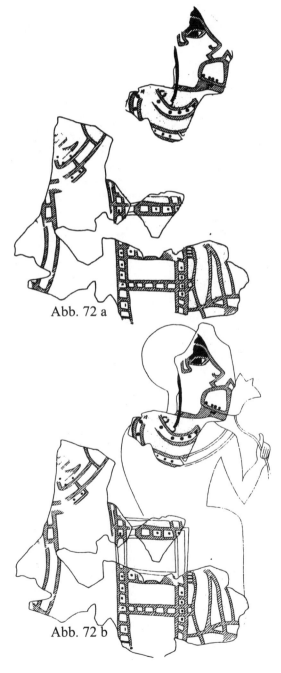

Abb. 72 a

Abb. 72 b

Abb. 73

Signifikant für die bisher diskutierten Darstellungen der Motivgruppe 1 a in der EZ II B ist, daß sie in Sujet und Ausführung der phönizisch-palästinischen Koine in der Tradition der SBZ folgen und keinerlei aramaisierende (wie die „syrische" Gruppe aus Nimrud) oder assyrisierende Elemente zeigen. Der Befund der Glyptik der EZ II B zeigt jedoch einen massiven Einfluß assyrischer Ikonographie (s.u.), der Erklärungsbedarf schafft: Es steht zu vermuten, daß die Glyptik, wie Keel vielfach herausgestellt hat, weitaus empfindlicher auf Zeitentwicklungen reagierte, als andere Bereiche der Kunst. Die Malerei und Elfenbeinschnitzerei der EZ II B besaß gegenüber der Glyptik offenbar größere Beharrungskräfte und folgte streng den Konventionen der phönizisch-palästinischen Koine, die schon - wie die Megiddo-Elfenbeine zeigen - über eine lange Tradition mit gewissen Konventionen verfügte: Die Kopfgestaltung des Thronenden von Samaria und seines Dieners entspricht den Gestaltungen der Megiddo-Elfenbeine aus dem Übergang der SBZ zur EZ. Die Beharrungskräfte dieser Koine sind zwar auch noch in der palästinischen Glyptik der EZ II C deutlich wahrnehmbar, weniger jedoch im explizit offiziellen Bereich, dessen bildhafte Repräsentation sich massiv an assyrische Vorbilder anlehnt oder andere Sujets bevorzugt. Wie unter 1.4.2 dargestellt, gilt dies ebenso für die syrische Reliefkunst des 1. Jt. Die offensichtliche phönizische Prägung dieser Arbeiten hat die Frage aufgeworfen, ob es sich hier um phönizische Arbeiten handelt.[382] Es ist zwar möglich, daß phönizische Kunsthandwerker diese Objekte im Auftrag angefertigt haben oder daß diese - sofern es sich um Elfenbeinarbeiten handelt - von Phöniziern angekauft wurden. Wie bereits mehrfach festgestellt, steht die Herausbildung des herrschaftlichen Symbolsystems in engem Zusammenhang, wenn nicht sogar in Abhängigkeit von Phönizien. Es spricht daher nichts dagegen, den thronenden König als eine originär judäische Arbeit im Koine-Stil zu werten. Die Auswertbarkeit des Materials aus Kuntilet 'Aǧrūd für die Repräsentation von Herrschaft kann daher nicht pauschal in Abrede gestellt werden. Festzuhalten ist, daß diese Gruppe den thronenden König als zentralen Aktanten in einer rituellen Handlung vermutlich im Kontext der Sicherung der Fruchtbarkeit zeigt. Insofern zeigen die Herrscher Israels und Judas ihre enge Verbindung zum kulturellen Milieu Phöniziens. Die Herrschaftsikonographie der israelitisch-judäischen Herrscher betont in der Kleinkunst die Rolle der rituellen Sicherung der Fruchtbarkeit durch und wohl auch für den König, die durch diesen wiederum seinem Land zuteil wird. Auch wenn die Darstellung des thronenden Königs aus Kuntilet 'Aǧrūd keine Auftragsarbeit von offizieller Seite darstellen sollte, so reflektiert sie doch die Vorstellung, durch die Darstellung des Herrschers an der numinosen Kraft des Königtums und seiner rituellen Realisierung des Wohlergehens für Land und Untertanen teilzuhaben.

---

[382] So Keel/Uehlinger, GGG, § 146.

4.1.2 Der König mit Stab (Motiv 1 b)
4.1.2.1. Assyrisierende Darstellungen des Königs mit Stab

Häufiges Motiv in der Glyptik der EZ II B ist die Darstellung eines schreitenden Mannes mit einem Stab in der Hand: Abb. 74 zeigt ein heute im Louvre aufbewahrtes doppelseitiges Siegel aus dem Handel.[383] Die Vorderseite bildet in einer doppelten ovalen Umrandung mit Punktdekor einen schreitenden bärtigen[384] Mann mit einer in drei dicken Locken auf den Rücken herabfallenden Frisur[385] in einem reich verzierten Gewand ab, der in der linken Hand einen T-förmigen Stab hält und die rechte erhoben hat. Vertikal zu der Figur findet sich die Beischrift *lšbnyhw*. Die Rückseite zeigt in derselben Umrandung vier durch zwei einfache Linien geteilte Register. Das obere Register ziert eine der Form des Siegels angepaßte Flügelsonne mit herabhängenden Flügeln. Die beiden mittleren Register tragen die Inschrift *lšbnyhw ʿbd ʿzyw* und weisen den Inhaber des Siegels als Beamten des judäischen Königs Usija (773-735) aus. Das untere Register enthält eine weitere Flügelsonne mit horizontalem oberen Abschluß, deren unteres Gefieder wiederum dem unterem Rand angepaßt ist. Wegen der unmittelbaren Nähe von Namensinschrift und Figur auf der Vorderseite wird der Schreitende von Keel/Uehlinger als Inhaber des Siegels gedeutet.[386]

Eine fast identische Darstellung mit einem nach rechts schreitenden Mann zeigt der fragmentarische Abdruck des Siegels des *ykm[yhw] ṣ[...]* aus der Y. Sasson Collection in Jerusalem (Abb. 75)[387]. Der rechte Arm ist in einem ähnlichen Gestus wie in Abb. 74 erhoben. Da die Arme durch die Beschriftung auf der rechten Seite geschnitten werden, sind der Gestus und mögliche weitere Attribute nicht mehr zu erkennen, evtl. könnte die Figur ähnlich wie Abb. 74 und 76 einen Stab gehalten haben.

Ähnlich, aber von geringerer handwerklicher Qualität ist das Siegel mit der Beischrift *lywzn b[n ...] ʿd* (Abb. 76).[388] Das Gewand ist ähnlich dem Siegel

---

[383] Keel/Uehlinger, GGG, Abb. 263 a, b; Avigad/Sass, Corpus, 3.

[384] Die Umzeichnung bei Keel/Uehlinger, GGG (263a), zeigt ihn bartlos. Die Verdickung unterhalb der Nase ist m.E. jedoch als Bart zu deuten. Die hier wiedergegebene Umzeichnung trägt dem Rechnung.

[385] Keel/Uehlinger, GGG, § 155 deuten den Abschluß des Kopfes als rudimentäre ägyptische Doppelkrone. Wegen der recht flachen Ausführung ist jedoch eine Deutung als Frisur vorzuziehen, wie es auf der hier präsentierten Umzeichnung wiedergegeben ist.

[386] Keel/Uehlinger, § 155. Avigad/Sass, Corpus, bezeichnen ihn als „worshipper" (3).

[387] Avigad/Sass, Corpus, 528 (Umzeichnung Sass, Hebrew Seals, 133).

[388] Avigad/Sass, Corpus, Nr. 189.

des *šbnyhw* durch horizontale Kerben stilisiert. Die Figur schreitet nach links, wobei der linke Arm herabhängt und der rechte einen Stab hält.

Die Ikonographie der beschriebenen Gruppe verrät zum einen nordsyrisch-aramäischen, zum anderen aber auch deutlich assyrischen Einfluß, insbesondere was Haltung, Stilisierung der Gewänder, Gestus und Attribute anbetrifft.[389] Die syrisch-aramäische Prägung zeigt sich besonders im Fehlen einer elaborierten Muskulatur. Die Gewandformen ähneln im großen und ganzen den in Syrien weitverbreiteten einfachen Hemdgewändern (teils mit Fransensaum)[390] und dem assyrischen halblangen Hemd,[391] weisen aber in der horizontalen und vertikalen Gliederung eigenes Gepräge auf. Dies unterscheidet sie auch von den Hemden mit Fransensaum und geschlungenem Gürtel, die Jehu und Sua auf dem Schwarzen Obelisken tragen.[392] In der Haar- und Barttracht ist das assyrisierende Element dominant: Die Dargestellten tragen eine den assyrischen Konventionen folgende Frisur mit längeren Haaren und Bart als in Syrien und Phönizien. Stilistisch handelt es sich somit um einen nach Syrien weisenden, aramaisierenden Stil mit starken assyrischen Elementen.

Als Attribut ist den schreitenden Männern auf Abb. 74-76 in der Regel ein mannshoher Stab beigegeben; lediglich auf Abb. 74 trägt er einen T-förmigen Stab, wohl eine Adaption des *w3s*-Szepters. Der mannshohe Stab ist ein Attribut, das in Assyrien Göttern und Königen beigegeben ist und Symbol ihres Hirten-Herrscheramtes ist. Im Falle des Königs ist der *šibirru*-Stab Kennzeichen der *bēlūtu* des Herrschers und Zeichen seiner Dominanz über die Unterworfenen.[393] Bei den assyrisierenden Siegeln des 8. Jh. steht zu vermuten, daß der Stab in der Hand der Schreitenden als Herrschaftsattribut zu deuten ist und den Dargestellten als König kennzeichnet. Die Identifizierung der Schreitenden mit Beamten[394] oder nicht-offiziellen Betern[395]

---

[389] So auch Ornan, Mesopotamian Influence, 68ff.

[390] Vgl. Pritchard, ANEP, 456, 458 (Ahiram-Sarkophag); Barrakib mit Schreiber: Abb. 7 (Zinçirli). Moortgat, Tell Halaf III, T. 14b, 16, 3132, 34 (mit Fransensaum); Mallowan, Nimrud II, 402.

[391] Vgl. Hrouda, Kulturgeschichte, T. 1,5.

[392] Vgl. Börker-Klähn, Bildstelen, 152 A1/A2; Pritchard, ANEP, 35.

[393] Vgl. Magen, Königsdarstellungen, 21; Hrouda, Kulturgeschichte, 105.

[394] So Keel/Uehlinger, GGG, § 155.

[395] Ornan, Mesopotamian Influence, 68ff., deutet den Gestus der Handausstreckung als Adorationsgestus. Tatsächlich handelt es sich bei dem Großteil seines Materials um einen Adorationsgestus mit zwei erhobenen Händen. Die Herrschaftsinsignien auf den hier besprochenen Objekten sprechen jedoch für eine Identifikation des Schreitenden als König.

dürfte in Hinblick auf das assyrische Vergleichsmaterial daher kaum zutreffend
sein.[396] Das Fehlen einer Krone ist kein Nachweis dafür, daß Beamte und keine
Könige dargestellt werden:[397] Magen weist darauf hin, daß Szepter oder Stab
als Mindestausstattung des Königs genügen.[398] Tatsächlich finden sich
zahlreiche Darstellungen assyrischer Herrscher, die zwar ein Szepter oder
einen Stab tragen, aber keine Tiara.[399] Das innerhalb der assyrisierenden
Komposition auf dem Siegel des *šbnyhw* seltsam anmutende *w3s*-Szepter
rekurriert hier sicher nicht auf eine Adaption ägyptischer Herrschaftskonzeptionen, sondern ist der konventionellen ägyptisierenden Motivik der
palästinisch-phönizischen Koine entlehnt.

Der Gestus der erhobenen Hand entspricht dem assyrischen Gestus der
Handausstreckung (*tiriṣ qāti*). Magen sieht diesen bei Göttern und Menschen
positiv besetzten Gestus im Zusammenhang mit *karābu* (segnen) und deutet
ihn dementsprechend als grüßend/segnend/weihenden Akt.[400] Auf assyrischen
Darstellungen sind es häufig Würdenträger, die diese huldvolle Zuwendung
aus der Hand des Königs erhalten (Abb. 77).[401] Da auf den Siegeln kein
weiterer Aktant erscheint, dürfte sich der Gestus auf den Träger des Siegels
selbst beziehen. Dieser versichert sich somit zum einen den Empfang seiner
Autorität durch die Hand des Königs und zum anderen seinen bleibenden
Segen.

4.1.2.2 Ägyptisierende Gruppe mit Stab

Neben der assyrisierenden Gruppe gibt es eine erhebliche größere Gruppe von
Stempelsiegeln, die ein ähnliches Sujet in ägyptisierendem Koine-Stil
darbieten.[402] Die Gruppe umfaßt neben hebräischen auch phönizische,
aramäische, ammonitische und moabitische Siegel. Der Schreitende trägt hier
in der Regel eine ägyptische Königstracht mit kurzem Kilt. Der von dieser
Gruppe dargestellte Gestus dürfte im Rahmen der Gesamtkomposition eher
den ägyptischen Adorationsgestus wiedergeben als den Gestus der *tiriṣ qāti*-
Handausstreckung. Einige Siegel zeigen auch den Gegenstand der Adoration:
Auf den phönizisch-aramäischen Siegeln Abb. 78, 79 und 80[403] ist es der

---

[396] Assyrische Beamte tragen nie einen Stab: Vgl. Watanabe, Seals, Fig. 5-8, 10ff.

[397] So Bordreuil, Inscriptions; Gubel, Iconography,118ff.

[398] Vgl. Magen, Königsdarstellungen, 21.

[399] Vgl. Magen, Königsdarstellungen, T. 14, 1,2; Pritchard , ANEP 1955, 451.

[400] Vgl. Magen, Königsdarstellungen, 39.

[401] Vgl. Magen, Königsdarstellungen , T. 17. Abb: T. 17, 8.

[402] Vgl. hierzu Gubel, Iconography, 118ff.

[403] Avigad/Sass, Corpus, 741, 1096, 1099. Umzeichnungen Gubel, Iconagraphy, 44,
54, 45.

Pavian des Gottes Thot. Der Großteil der Figuren trägt einen Pschent, der in einigen Fällen jedoch auch eine einfache mittellange Frisur darstellen bzw. von den Siegelschneidern als solche interpretiert worden sein könnte. Einen Schreitenden ohne Krone mit mittellanger Frisur zeigt ein Siegel aus Nablus Abb. 81.[404] Der Kronentypus ist unspezifisch; fast alle ägyptischen Kronentypen sind vertreten, am häufigsten die Doppelkrone (Abb. 78-80), die Atef-Krone (Abb. 82)[405] und auch die gehörnte Sonnenscheibe (Abb. 83).[406] Als weiteres Attribut tragen die Figuren in der Regel ein $w3\underline{d}$- und in einem Fall ein $w\underline{h}$-Szepter. Dieses ist eigentlich kein typisches ägyptisches Königsattribut, sondern ein Götterszepter,[407] das im Kontext der Regeneration zu deuten ist.[408]

Die Gruppe der ägyptisierenden hebräischen, aramäischen, phönizischen und ostjordanischen Siegel folgen in ihrer Ikonographie den Konventionen der palästino-syro-phönizischen Koine und bilden den „König" in einer hochgradig stilisierten Form ab. Anders als bei den assyrisierenden Siegeln erschwert das häufige Vorkommen diese Motivs im gesamten syro-palästinischen Raum die Interpretation. Eine direkte Verbindung zur Herrschaftsrepräsentation der israelitischen, judäischen, phönizischen etc. Herrscher verbietet sich m.E., da keines dieser Siegel definitiv einem staatlichen Würdenträger gehört hat und auch nicht ohne Zweifel Herrscher erwähnt. Dasselbe gilt für die von Bordreuil erwähnten Objekte:[409] Die Identifikation der Siegelinhaber *'bjb 'l*,[410] *ḥnn*[411] und *mzrj*[412] mit den bekannten Königen Abibaal von Šamsimuruna, Hanunu von Gaza und Muzuri von Moab bleibt hypothetisch. Es handelt sich wohl eher um eine Motivgruppe, die auf dem Siegelmarkt frei und in großer Zahl erhältlich war und daher keinerlei offiziellen Charakter trägt. Die hier besprochenen Objekte spiegeln somit keine offizielle Königsideologie wieder, wie Keel/Uehlinger, Gubel und Bordreuil

---

[404] Galling, Bildsiegel, Nr. 133. Vgl. hierzu Keel/Uehlinger, GGG, § 155.

[405] Gubel, Iconography, Nr. 59.

[406] Gubel, Iconography, Nr. 48.

[407] Vgl. Pritchard, ANEP, 470, 472 (Ägypten NR), 477 (Byblos 5.-4. Jh.). Vgl. hierzu auch Kapory, Zepter, 1374.

[408] Vgl. Keel, Corpus, § 463.

[409] Die von Bordreuil, Seal of Peqah, 54 angeführten Belege nennen nur Namen, jedoch keine Titel. Dieselbe These für diese Gruppe vertritt auch Gubel, Iconography, 118ff.

[410] Vgl. Galling, Bildsiegel, Nr. 133.

[411] Vgl. Avigad/Sass, Corpus, 1084.

[412] Avigad/Sass, Corpus, 1093.

vermuten.[413]   Es muß in Betracht gezogen werden, das der Träger die
ägyptisierende Königssymbolik überhaupt nicht oder nur sehr rudimentär
verstand und daß diese außerhalb des Heimatlandes in anderer Weise
konnotiert wurde.[414] Syrische, phönizische und israelitisch/judäische Herrscher
trugen, wie die Ikonographie des 1. Jt. eindeutig belegt, keine ägyptische
Tracht und keine ägyptischen Kronen.[415] Warum sollten syro-palästinische
Herrscher sich auf Siegeln in ägyptischer Manier darstellen lassen, wenn sie es
auf den repräsentativen Werken der Großplastik nicht taten? Ägyptische
Kronen, insbesondere die weiße Krone und die Atef-Krone sind, wie u.a.
Terrakotten und die Balua-Stele zeigen, Göttern vorbehalten, dasselbe gilt für
das *w3s*- Szepter.[416] Auch in der ammonitischen Plastik tragen die Götter Atef-
Kronen.[417] Ein phönizisches Siegel des 8.-7. Jh. zeigt eine sitzende Gottheit in
ähnlicher Tracht wie der oben beschriebenen mit Atef-Krone und Lotusszepter
und einem Verehrer mit Opfertier (Abb. 82)[418]. Die Ikonographie und die
Einförmigkeit des Motivs sowie seine weite Verbreitung lassen darauf
schließen, daß nicht der reelle König dargestellt wird, sondern eine durch
Tracht und Attribute aus der profanen Sphäre herausgehobene Segensmacht,
möglicherweise ein Genius oder eine Gottheit. Darstellungen ikonographisch
vergleichbarer Genien mit Doppelkrone und gehörnter Sonnenscheibe sind in

---

[413] Vgl. Keel/Uehlinger, GGG, § 155; Gubel, Iconography, 118ff.: *„Some of these
examples possibly bear the names of comtemporary kings mentioned as rulers of the
coast in the Assyrian annals..."* (121); Bordreuil, Seal of Peqah, 54.

[414] Auch das Verständnis für bestimmte Einzelmotive dieser Gruppe muß in Frage
gestellt werden: So ist für Syrien und Palästina durchaus wahrscheinlich, daß der
göttliche Charakter des Pavians nicht verstanden werden konnte, wofür die seltsame
Anordnung des Affen hinter dem Adoranten spricht.

[415] Die Syrer/Phönizier und König Jehu auf dem schwarzen Obelisken Salmanasser
III. tragen alle die typische phönizische „Zipfelmütze" (Pritchard, ANEP 351-353);
König Ahiram von Byblos ist ohne Kopfbedeckung (ebd., 458); Barrakib und
Kilumawa tragen eine Variation der Zipfelmütze (Abb. 7-8); so auch der König auf
dem Relief aus Ivriz: Orthmann, Untersuchungen, Pl. 14e. König Yehamilk trägt eine
flache Kappe, die Herrin von Byblos jedoch das ägyptische Kuhgehörn mit
Sonnenscheibe (ebd. 447); der König auf der Balua-Stele trägt zwar ein ägyptisch
beeinflußtes Gewand aber eine nach hinten weisende, flach abschließende Kappe, die
aufgrund ihrer Form auch nicht mit der blauen (Kriegs-)Krone zu identifizieren ist;
die beiden Götter tragen die rote (links, männlich mit *w3s*-Zepter) und die Atef-
Krone (rechts, weiblich mit ʿ*nḫ*); die Königsstatuette aus Amman (Abb. 10 = ANEP
64; Abou-Assaf, Untersuchungen, Nr. IX) weist ein sehr eigentümliches Gewand mit
über den Rücken geschlagener Stola auf. Den Kopf ziert ein Diadem. Zur Atef-Krone
als Götterattribut in Palästina allgemein: Abou-Assaf, Untersuchungen, 77f.

[416] Vgl. Kaplony, Zepter. Auch wenn der ägyptische König das *w3s*-Zepter hält, so
gilt es als Göttergeschenk und nicht als primäres Herrschaftsattribut (ebd., 1374).

[417] Vgl. Abou-Assaf, Untersuchungen, 77ff.

[418] Avigad/Sass, Corpus, Nr. 716.

der phönizisch geprägten Glyptik reich vertreten (Abb. 84-87).[419] Der offiziellen Herrschaftsrepräsentation ist dieses Motiv demnach nicht zuzurechnen.

4.1. 3 König mit anderen Herrschaftsinsignien (Motiv 1 c)

Abb. 88 zeigt eine fragmentarische Elfenbeinarbeit aus dem Hortfund aus Samaria.[420] Dargestellt ist ein stehender Mann ohne Schuhwerk in einer langen, in zwei Zipfeln endenden Robe mit weiten Ärmeln und senkrecht verlaufendem Faltenwurf. Darüber scheint er einen Umhang oder Schal zu tragen, dessen Faltenwurf horizontal verläuft und sich unterhalb des angewinkelten rechten Armes fortsetzt. Robe und Umhang sind durch ein Kästchenmotiv aus blauer Einlegearbeit verziert. Um die Schultern liegt ein breiter Halskragen. Von der weggebrochenen Kopfpartie ist nur ein eckig durch zwei Felder stilisierter Bart zu erkennen. Der rechte Arm ist vor der Brust angewinkelt und die Hand hält eine Geißel, der linke Arm fällt seitlich herab und in der Hand ist der Rest eines ʿnḫ-Zeichens zu erkennen.

Die Ausgräber vermuten, bei dem Dargestellten könne es sich aufgrund der Symbole (ʿnḫ, Geißel und Bart) um den ägyptischen Gott Osiris handeln.[421] Dagegen spricht jedoch zum einen, daß die Figur keine Mumienform aufweist und zum anderen, daß die Barttracht nicht dem gebogenen, schmalen Zeremonialbart entspricht. Die Tracht ähnelt stark der syrischen Tracht, wie sie auf ägyptischen Kunstwerken der XX. Dynastie erscheint.[422] Zeitgenössische Parallele, jedoch ohne den zipfelartigen Saum, ist das assyrische Schalgewand Nr. 1.[423] Eine gewisse Ähnlichkeit besteht auch zu dem Gewand des Königs auf der Balua-Stele, jedoch ohne den bis auf den Rocksaum herabfallenden Schal.[424] Insbesondere aufgrund der Gewandform sollte die ägyptische Komponente hier nicht überinterpretiert werden: Die Arbeit folgt den Konventionen der ägyptisierenden phönizischen Koine und benutzt daher ägyptische Elemente mit großer Selbstverständlichkeit. Anhand der vorhandenen Königsdarstellungen des 8. Jh. ist auch der hier Dargestellte als König zu identifizieren, dem ägyptische Herrschaftsinsignien beigegeben wurden. Sicher ist hier nicht ein individueller König dargestellt, sondern eine symbolische Verdichtung des Herrschers im Glanz seiner Hoftracht und Insignien.

---

[419] Gubel, Iconography, 64-66.

[420] Crowfoot/Crowfoot, Early Ivories, Pl. II.1 (Umzeichnung de Mertzenfeld, Ivoires, Pl. VIII, 38).

[421] Crowfoot/Crowfoot, Early Ivories, 14.

[422] So auch Crowfoot/Crowfoot, Early Ivories, 14. Vgl. Pritchard, ANEP 53 u. 54.

[423] Vgl. Hrouda, Kulturgeschichte, T. 1, 6-7.

[424] Vgl. Pritchard, ANEP, 488.

Abb. 74　　　　　　　　　　Abb. 75

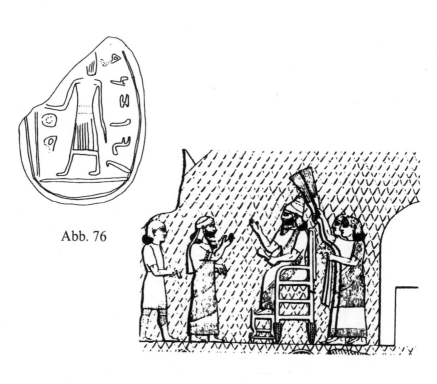

Abb. 76

Abb. 77

Abb. 78

Abb. 79

Abb. 80

Abb. 81

Abb. 82

Abb. 83

Abb. 84

Abb. 85

Abb. 86

Abb. 87

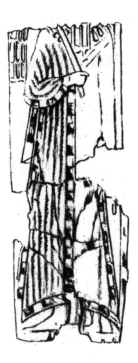

Abb. 88

4.1.4 König oder Krieger den Feind schlagend oder führend (Motiv 1 c)

Das Motiv des Herrschers bzw. Kriegers, der einen bereits gefangenen Feind vor sich hertreibt, erscheint auf zwei Bullen aus dem Kunsthandel. Die Bulle Abb. 89[425] zeigt - leider nur schemenhaft zu erkennen - im Bildfeld links eine Person in Kilt mit hoch über dem Kopf geführter Waffe. Die Muskulatur scheint - soweit sich dies noch erkennen läßt- betont ausgeführt zu sein. Mit der linken Hand packt er den Kopf einer zweiten - möglicherweise nackten - Figur, deren Hände vor dem Bauch gefesselt zu sein scheinen. Die Legende liest Lemaire *lmlk* - dem König gehörig.[426] Die zweite Bulle aus der Gegend von Samaria zeigt ebenso schemenhaft eine Figur mit erhobener Waffe, der einen gefesselten Gefangenen, hier in gleicher Laufrichtung wie der Krieger, vor sich hertreibt (Abb. 90).[427] Die Legende ist hier zweifelsfrei *lsr* (dem Kommandanten/Gouverneur) zu lesen, was indirekt die Lesung der ersten Bulle bestätigt. Parallel zu den beiden israelitischen Bullen erscheint dasselbe Motiv noch einmal auf einem stark abgenutzten Siegelabdruck aus Ashdod (Abb. 12), dessen Legende ebenso *lmlk* gelesen werden kann.[428]

Die Überwindung des Feindes ist als Motiv in der ägyptisch geprägten Glyptik der SB und EZ I gut belegt,[429] sodaß an eine eigenständige Fortsetzung dieser Bildtradition gedacht werden könnte. Keel/Uehlinger haben demgegenüber geltend gemacht, daß in der ägyptischen Tradition der König mit weit ausholendem Schritt und der geschlagene Gegner kniend am Boden dargestellt wird. Daher muß eher an assyrische Vorbilder gedacht werden.[430] Da in der assyrischen Glyptik jedoch direkte Vorbilder fehlen, wird mit einer lokalen Bildkonstellation gerechnet.[431] Assyrische Palastreliefs und Siegel zeigen i.d.R. tatsächlich andere Bildkonstellationen, sofern der König involviert ist: Bei der Unterwerfung des Feindes mit der Waffe liegt dieser am Boden und der König richtet seinen Speer auf ihn, der König präsentiert den Geschlagenen vor der Gottheit [432] oder hält knieende Feinde mit einem Strick an Nasenringen.[433] Assyrische Königsdarstellungen scheiden somit als Vorlage

---

[425] Avigad/Sass, Corpus, Nr. 400; Umzeichnung des Verfassers. In der Gruppe „undifined Seals" führen Avigad/Sass ein weiters Stück mit unklarer Lesung an (1183-lśr) auf.

[426] Lemaire, Nouveaux sceaux, 313.

[427] Avigad/Sass, Corpus, Nr. 401. Umzeichnung: Sass, Hebrew Seals, 145.

[428] Avigad/Sass, Corpus, Nr. 1065. Vgl. hierzu auch Sass, Hebrew Seals, 237.

[429] Siehe hierzu oben unter 2.1 und 2.3.

[430] So auch Sass, Hebrew Seals, 337.

[431] Vgl. Keel/Uehlinger, GGG, § 156.

[432] Vgl. Magen, Königsdarstellungen, T. 21, 4; T. 22,1.

[433] Vgl. Börker-Klähn, Bildstelen, Abb. 219.

aus. Dennoch weist insbesondere die Betonung der Muskulatur auf assyrische Vorbilder. Es ist m.E. sehr wahrscheinlich, daß Darstellungen assyrischer Krieger, die gefangene Feinde vor sich hertreiben, als stilistische Vorlage gedient haben könnten: Ein neuassyrisches Siegel mit einer Schlachtdarstellung (Abb. 91)[434] zeigt beide Konstellationen der oben beschriebenen Bullen in einer Szene, wobei zwei assyrische Krieger mit hoch über den Kopf erhobenen Waffen einen unbewaffneten Mann niederschlagen. Ähnliche Sujets sind auch in der assyrisch beeinflußten Reliefkunst Syriens belegt.[435] Text und Bild korrespondieren (die Lesung *lmlk* vorausgesetzt) auf allen drei Bullen in hervorragender Weise: Die Darstellungen realisieren die völlige Unterwerfung und wohl auch die Vernichtung der Feinde durch den König oder Statthalter. Das kommunikative Interesse dieser Konstellationen liegt in der Beschwörung der militärischen Potenz des Königtums. Die assyrisierende Ikonographie läßt darauf schließen, daß die Art und Weise der Assyrer Krieg zu führen, insbesondere deren Verfahren mit Gefangenen, auch in Israel und Philistäa Eindruck gemacht hat und adaptiert wurde. Neben der Evozierung des Aspekts der militärischen Potenz kommuniziert das Motiv des gepackten Feindes auch die Überwindung der chaotischen Mächte und der Etablierung der kosmischen Ordnung.

Ein verwandtes Motiv zeigt das in Nablus gekaufte Siegel des *pqḥ* (Abb. 92):[436] Das Bildfeld zeigt einen stehenden Mann mit mittellangem, in drei Strähnen auf die Schultern herabfallendem Haar, der mit einer Art Schalgewand bekleidet ist vor einem Kultgerät, das entweder als Standarte, wahrscheinlicher jedoch als Kultständer, zu interpretieren ist. Ein Arm ist erhoben und führt eine nicht mehr eindeutig zu identifizierende Schlagwaffe. Bordreuil möchte den Inhaber mit dem nachmaligen israelitischen König Pekach identifizieren; das Siegel falle in die Zeit vor seiner Usurpation.[437] Keel/Uehlinger sehen diese Interpretation zwar mit einiger Skepsis, vertreten aber die Position, daß solche Siegel im Hinblick auf die Darstellung eines schreitenden mit Szepter (Motiv 1b) im Nordreich als Beamtensiegel Verwendung fanden.[438] Problematisch bleibt jedoch, daß die Legende dieses Siegels und die fehlende Titulatur keine Rückschlüsse auf den Status des Besitzers zulassen. Darüber hinaus ist die Zuordnung zur Gruppe der

---

[434] Frankfort, Cylinder Seals, Pl. XXXV, 1 (Umzeichnung des Verfassers). Keel/Uehlinger, GGG, § 155 und Sass, Hebrew Seals, 237 irren damit in der Annahme, es habe keine assyrischen Vorbilder gegeben.

[435] Vgl. Orthmann, Untersuchungen, T. 58 a (Karkemisch).

[436] Avigad/Sass, Corpus, Nr. 1170 (Umzeichnung Keel/Uehlinger, GGG, 263c)

[437] Vgl. Bordreuil, Seal of Peqah, 54f.

[438] Keel/Uehlinger, GGG, § 155.

israelitischen Siegel und seine Echtheit überhaupt fraglich.[439] Die bisher unparallelisierte Ikonographie, technische Ausführung und Schriftform deuten m.E. stark auf eine Fälschung hin.

Ganz der ägyptischen Tradition verpflichtet sind die Darstellungen des Königs den Feind schlagend auf Elfenbeinarbeiten aus Samaria. Beide Stücke sind in vertiefter Arbeit ausgeführt, die Einlagen sind verloren.[440] Abb. 93[441] zeigt die kanonische Konzeption des „Niederschlagens der Feinde". Der König mit Doppelkrone trägt ein durch Vertiefungen angedeutetes Gewand mit leicht flügelartigen Ärmeln, das hinter dem Rücken bis unter Kniehöhe herabfällt. Mit der Linken packt er den um Gnade flehenden Feind beim Schopf und holt mit der Rechten zum Schlag aus. Hinter dem König ist eine stilisierte Lotusblüte zu erkennen. Das Motiv ist im phönizisch-syrischen Kunsthandwerk häufig vertreten und findet sich u.a. in der phönizischen Gruppe der Elfenbeine aus Nimrud.[442] Die Funktion dieser Arbeiten im Kontext des Palastes ist unzweideutig: Die Bildkonstellationen realisieren zum einen die Macht und Stärke des Königtums, den Triumph über die Feinde und evozieren gleichzeitig die Sicherung der Fruchtbarkeit durch das eng mit dem Königtum verbundene florale Motiv.[443]

---

[439] Vgl. hierzu Avigad/Sass, Corpus, Nr. 1170: Das Stück wurde von den Autoren unter „undifined seals" katalogisiert. *„If the seal is genuine ... it does not lend itself to ‚national' classification within our corpus."* Vgl. auch Sass, Hebrew Seals, 231 und Anm. 87.

[440] In den Vertiefungen fanden sich Reste von blauer Fritte. Siehe Crowfoot/Crowfoot, Early Ivories, 31.

[441] Crowfoot/Crowfoot, Early Ivories, Pl. XIV, 1.

[442] Vgl. Mallowan, Nimrud Ivories, Fig. 25

[443] So auch Keel/Uehlinger, GGG, § 154.

Abb. 89

Abb. 90

Abb. 91

Abb. 92

Abb. 93

4.2 Königliche Symbole
4.2.1 Streitwagen (Motiv 2.1b)

Darstellungen des Königs im Wagen im Stil der ramessidischen Massenware waren in der EZ I außerordentlich häufig. Mit dem endgültigen Ende der ägyptischen Vorherrschaft verschwand dieses Motiv fast völlig. In der EZ II B taucht das Motiv mit bisher drei Belegen im Nordreich wieder auf. Zeitgenössische Exemplare aus dem Südreich fehlen bislang.[444] Ein Abdruck auf einem Krughenkel aus Hazor (Tell Waqqāṣ) zeigt umrißhaft einen Streitwagen mit flügelartig stilisiertem Wagenkorb und einem Mann Besatzung im Stillstand bzw. langsamen Trab (Abb. 94).[445] Die Räder des Wagens verfügen über acht Speichen. Ein Siegel vom Tel Dan (Tell el-Qāḍī) zeigt einen Streitwagen mit einem hohen Wagenkorb in voller Fahrt (Abb. 95).[446] Das Muster des Wagenkorbes könnte auf eine Konstruktion aus Geflecht schließen lassen. Dieser hat ebenfalls Räder mit acht Speichen und drei Mann Besatzung. Der erste Krieger trägt eine Lanze, die vorne über den Wagenkorb herausragt. Ob die Krieger Helme tragen, ist nicht mehr zu erkennen. Ein weiteres Siegel aus Gezer zeigt eine fast identische Darstellung eines Streitwagens mit drei Mann Besatzung in voller Fahrt (Abb. 96).[447] Auch dieser Wagen verfügt über acht Speichen. Die Lanze wird hier neben dem Wagenkorb geführt.

Die Ikonographie der drei beschriebenen Siegel unterscheidet sich deutlich von der älteren ägyptischen Tradition, ägyptische Stilelemente fehlen völlig. Auch die hier abgebildeten Wagen unterscheiden sich deutlich von denen der SBZ II und EZ I: Das Gefährt erscheint insgesamt erheblich größer und trägt im Falle des Siegels vom Tel Dan drei Mann gegenüber ein-bis höchstens zwei in der SBZ. Einen Streitwagen mit drei Mann Besatzung zeigt auch eine Elfenbeinarbeit der syrischen Gruppe aus Nimrud.[448] Hatten die Wagen der SBZ und EZ I vier bis sechs Speichen, so weisen die größeren Räder der israelitischen Wagen der EZ II B acht Speichen auf.[449] Der hier repräsentierte Wagentyp entspricht dem schwereren assyrischen Typ, der jedoch, ebenso wie die nordsyrischen und neohethitischen Wagen, in der Regel über Räder mit

---

[444] Zu den Streitwagensiegeln der EZ III vgl. Uehlinger, Strong Persianisms, 166ff.

[445] Yadin u.a., Hazor III-IV, Pl. CXCVI, 27.

[446] Biran, Tel Dan, Pl. 37c, ders, Biblical Dan, Fig. 210.

[447] Macalister, Gezer III, Pl. CCIX, 12. Das Siegel wird von Macalister, Gezer II, 328, in die hellenistische Zeit datiert. Stilistisch gehört es jedoch deutlich in die EZ II.

[448] Vgl. Mallowan, Nimrud Ivories, Fig. 53.

[449] Zu den sbz Streitwagen vgl. Yadin, Warfare, 86ff.; Weippert, Pferd und Streitwagen, 252. Die sieben Speichen des judäischen Siegels sind möglicherweise auf die Nachlässigkeit des Siegelschneiders zurückzuführen.

sechs Speichen verfügt. Jedoch sind für Assyrien und Nordsyrien auch achtspeichige Wagen gut bezeugt.[450] Die Abbildungen erbeuteter judäischer Wagen auf den Lachish-Reliefs zeigt entsprechend den Siegeln aus dem Nordreich Räder mit acht Speichen.[451] Es steht für die Streitwagensiegel daher zu vermuten, daß auch hier die assyrische Glyptik Pate gestanden haben könnte,[452] in der sich dieses Motiv großer Beliebtheit erfreute.[453] Stilistisch weisen die Darstellungen jedoch deutlich Züge auf, die nach Nordsyrien weisen, insbesondere zu den Streitwagendarstellungen aus Zinçirli (Abb. 97)[454] Tell Halaf, Karkemisch und in der phönizischen Kleinkunst.[455] Der stark kastenförmig stilisierte Wagen auf den israelitischen Siegeln findet seine Entsprechung auf den Orthostatenreliefs vom Tell Halaf und Zinçirli ebenso wie die Stoßlanze als Waffe. Die Streitwagendarstellungen des Nordreiches gehören somit deutlich zum kulturellen Milieu Syriens.

Der Streitwagen war schon in der SBZ ein machtvolles Herrschaftssymbol, welches die Überlegenheit des Herrschers und den Triumph über die Feinde symbolisierte. Auch wenn im Gegensatz zum Repertoire der ramessidischen Massenware hier nicht der König selbst im Mittelpunkt steht, so repräsentiert der Streitwagen doch die militärische Macht des Herrschers und in diesem Falle die militärische Potenz des israelitischen Königtums. Die Darstellung bezeugt darüber hinaus die prominente Rolle der Streitwagentruppe in der Kriegführung, wie sie auch die Tel Dan-Stele bezeugt. Es kann daher vermutet werden, daß Siegel mit derartigen Darstellungen offiziellen Charakter trugen und - was im Falle des Krughenkelabdrucks aus Hazor nahe liegt - Proviant der Streitwagentruppe kennzeichnen könnte. Denkbar ist auch, daß Soldaten des Streitwagencorps ein solches Siegel zum privaten Gebrauch führten. In diesem Falle symbolisiert die Darstellung den gesellschaftlichen Status des Trägers und zeigt seine Zugehörigkeit zu einer militärischen Elite. Da jedoch keines der drei bekannten israelitischen Streitwagensiegel eine Namenslegende trägt, ist ein offizieller Gebrauch m.E. wahrscheinlicher.

---

[450] Vgl. dagegen Yadin, Warfare, 298f.; 366f. Weippert, Pferd und Streitwagen, 252. Der Kommandowagen Sanheribs und ein Standartenwagen vor Lachish verfügen ebenso über acht Speichen: Vgl. Ussishkin, Conquest, Fig. 90. Ebenso ein Streitwagen von einem der Orthostaten aus Tell Halaf: Moortgat, Tell Halaf III, T. 42a.

[451] Vgl. Ussishkin, Conquest, Fig. 69 u. 90.

[452] So auch Schroer, Bilder, 295; Ornan, Mesopotamian Influence, 54.

[453] Vgl. Porada, Corpus, 659-663, Brentjes, Siegelkunst, 151; Collon, First Impressions, Nr. 733.

[454] v. Luschan, Sendschirli III, Abb. 102.

[455] Vgl. Moortgat, Tell Halaf III; T. 41, 42a; Orthmann, Untersuchungen, 398ff. (mit Belegen).

Abb. 94   Abb. 95

Abb. 96

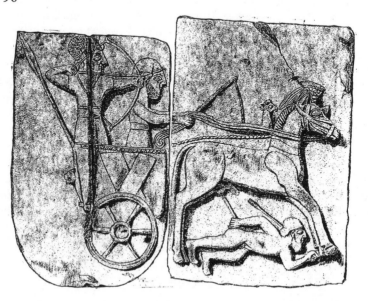

Abb. 97

4.2.2 Volutenkapitelle (Motiv 2.2 a)

Eines der auffälligsten Symbole in der Glyptik der EZ II B ist das Voluten-bzw. proto-äolische[456] Kapitell: Wie bereits unter 3.4.3 erläutert, geht das Volutenkapitell auf eine Stilisierung des Palmettenbaumes zurück, dessen Tradition sich in der Kleinkunst Palästinas seit der MBZ findet und in hohem Stilisierungsgrad als Motiv der Megiddo-Elfenbeine erscheint.

Zur Zeit sind drei Siegel und drei Abdrücke zweier Siegel mit dem Motiv 2.2. a bekannt: Das Siegel des *nryhw bn hmlk* (Abb. 98)[457] zeigt im unteren Register ein Volutenkapitell mit prominent ausgeführten Voluten ohne Abakus, das Siegel des *pdyhw bn hmlk* (Abb. 99)[458] zeigt ein Volutenkapitell mit Punktdekor an der Basis und einem Oval in der Mitte anstelle des Dreiecks, das Siegel des *bnyhw n'r ḥgy* (Abb. 100)[459] zeigt ein Kapitell mit prominent ausgeführten Voluten mit zentralen Dreieck. Alle drei Siegel weisen einen ähnlichen Aufbau mit einem Bildfeld und zwei Schriftfeldern auf. Die Siegel des *'zryhw bn pdyhw* (Abb. 101)[460] und des *mtn b[n] plṭy[hw]* (Abb. 102)[461] zeigen eine zentrale Säule mit Volutenkapitel (Motiv 2.2.b), die Namensinschrift verläuft vertikal zu den Säulen. Im ersten Fall ist eine Kannelierung der Säule durch vertikale Linien angedeutet und das Kapitell weist insgesamt sechs Voluten auf, das zweite zeigt eine Säule mit Baumdekor und ein Kapitell mit vier Voluten mit zentralem Dreieck.

Volutenkapitelle als Herrschaftssymbol sind in der Glyptik des Vorderen Orients bisher ohne Parallele und scheinen ein Spezifikum israelitisch/judäischer Herrschaftsikonographie zu sein. Die Verwendung des Voluten-kapitells oder der Säule mit Volutenkapitell auf Stempelsiegeln läßt ein kommunikatives Interesse vermuten, das dem der herrschaftlichen Architektur entspricht: Das Volutenkapitell kennzeichnet ein Gebäude als „königlich", der Sphäre des Herrschers zugehörig und kommuniziert den Herrschaftsanspruch des Königs sowohl nach innen, in Richtung der Beamtenschaft und der lokalen Eliten, wie nach außen in Richtung der breiteren Bevölkerung.[462] Analog kommuniziert das isolierte Kapitell bzw. die isolierte Säule auf dem Siegel den

---

[456] Shiloh, Capital, 90.

[457] Avigad/Sass, Corpus, 17.

[458] Avigad/Sass, Corpus, 19. In 1. Chr. 3,17 erscheint ein Pedaja als dritter Sohn König Jojakims. Eine Identifizierung des Besitzers des Siegels mit diesem Pedaja ist jedoch unwahrscheinlich, da die gesamte Gruppe eher in das 8.-7. Jh. zu datieren ist.

[459] Avigad/Sass/Corpus, 24.

[460] Avigad/Sass, Corpus, 598.

[461] Avigad/Sass, Corpus, 567.

[462] Gegen Whitelam, Symbols, 172.

Anspruch des Trägers, teilzuhaben an der königlichen Macht und dem Heilswalten des Herrschers. Sein Gebrauch steht somit synonym mit dem Palast; für eine Interpretation hinsichtlich einer Tempelsymbolik liegen keine Belege vor.[463] Dies wird dadurch bestätigt, daß die drei mit Volutenkapitellen dekorierten Siegel Söhnen des Königs gehören oder Beamtenstempel sind. Obwohl die Abdrücke der Siegel mit Säulen nur ein Patronym und keinen Titel enthalten, könnte aufgrund der Motivik vermutet werden, daß auch sie in den Kontext des Palastes gehören. Auf jeden Fall rekurrieren sie auf die numinosen Qualitäten von Palast und Königtum. Motivgruppe 2.2a ist somit im wesentlichen nur einer bestimmten und begrenzten Schicht zuzuweisen, die sich durch das monarchische Symbol ausweisen und die Zugehörigkeit zum Palast bezeugen konnte oder wollte. Das Volutenkapitell-Symbol kommuniziert so den Herrschaftsanspruch des Palastes und seiner Funktionäre nach außen in großer Breite: Es legitimiert nicht nur gegenüber der Beamtenschaft und den lokalen Eliten, sondern potentiell auch gegenüber allen möglichen Personen, die eines Siegelabdrucks ansichtig werden konnten.

4.2.3 Palmetten und Palmettenbäume (Motiv 2.2 b)

Auf offiziellen Siegeln ist das Motiv der Palmette in einem Fall belegt: Die Bulle des *g'lyhw bn hmlk* zeigt über den beiden unteren Registern mit der Legende eine stilisierte Palmette mit nach oben eingerollten Voluten flankiert von zwei Punkten (Abb. 103).[464] Auf Privatsiegeln ist das Palmetten-Motiv im Gegensatz zum Volutenkapitell häufiger vertreten.[465] Für die offiziellen Siegel können zwei symbolische Ebenen unterschieden werden: Einmal die Legitimation des Trägers durch das königliche Symbol und zweitens die performative Realisierung der Prosperität sowohl für den Träger als auch für die Allgemeinheit. Bei den Privatsiegeln mit Motiv 2.2 b steht zu vermuten, daß der Aspekt der Sicherung der Prosperität in Verbindung mit der Teilhabe an der königlichen Macht, Fruchtbarkeit herbeizuführen und zu sichern im Vordergrund gestanden hat.

---

[463] Gegen Uehlinger, Seals 274f.

[464] Avigad/Sass, Corpus, Nr. 413.

[465] Vgl. Avigad/Sass, Corpus, Nr. 119, 166, 173, 231, 247, 272, 335 (?), 348, 351, 434, 483, 497, 526, 584, 593.

Abb. 98

Abb. 99

Abb. 100

Abb. 101

Abb. 102

Abb. 103

4.3 Tiersymbolik und Mischwesen
4.3.1 Löwendarstellungen (Motiv 3 a)

Der Löwe kann insbesondere in der glyptischen Herrschaftsrepräsentation bereits auf eine lange Vorgeschichte sowohl in der ägyptischen, der lokalen Rezeption derselben und in der syrischen und mesopotamischen Glyptik zurückblicken.[466] Es verwundert daher nicht, dieses Motiv auch auf einem offiziellen Siegel des Nordreiches zu finden: Das Siegel des *šmʿ ʿbd yrbʿm* vom Tell el-Mutesellim zeigt unter der Namenslegende *lšmʿ* einen in sehr hochwertiger modellierter Arbeit ausgeführten Löwen (Abb. 104).[467] Das Stück gehörte einem Beamten Jerobeam II. und ist in die Zeit zwischen 784-748 zu datieren.[468] Der nach links schreitende Löwe hat das Maul weit aufgerissen, sodaß die Fangzähne sichtbar sind. Die Mähne ist sorgfältig ausgeführt, ebenso wie die Muskulatur der Vorder- und Hinterbeine. Der Schwanz ist hochgestellt und leicht nach vorn eingerollt. Ein möglicherweise offizieller Stempel des Südreichs mit der Darstellung eines Löwen, der einen Ibex reißt, fand sich auf dem Henkel eines Vorratsgefäßes vom *lmlk*-Typ aus Rāmāt Rāḥēl (Abb. 105).[469] Der modellierende Stil weist auch hier nach Assyrien: Es verwundert daher nicht, daß das Löwenmotiv auf offiziellen assyrischen Siegeln erscheint (Abb. 106).[470]

Das Motiv des brüllenden Löwen erfreute sich sowohl in Israel als auch in seiner Umwelt überaus großer Beliebtheit,[471] insbesondere auf phönizischen[472] und aramäischen,[473] aber auch auf ammonitischen[474] Siegeln und zahlreichen Stempeln unsicherer Zuweisung.[475] Die Häufigkeit des Motivs auf Privatsiegeln erschwert aber gerade seine Deutung auf dem offiziellen Siegel des *šmʿ ʿbd yrbʿm*: Reifenberg möchte der symbolischen Bedeutung des

---

[466] Vgl. Tufnell, Studies I, 133f., Studies II, Pl. XL; Keel, Corpus I, § 536;

[467] Avigad/Sass, Corpus, Nr. 2 .

[468] Zur Datierung vgl. Avigad/Sass, Corpus, Nr. 2.

[469] Aharoni, RR II, Pl. 40,7 (Umzeichnung Sass, Hebrew Seals, Abb. 111). Zur offiziellen Funktion des Stempels siehe Barkay, Stamped Handles, 150f.; Sass, Hebrew Seals, 222.

[470] Brentjes, Siegelkunst, 47 (Zeit Adadnirari III.).

[471] Siehe hierzu Keel/Uehlinger, GGG, § 118.

[472] Vgl. Avigad/Sass, Corpus, Nr. 738;

[473] Vgl. Avigad/Sass, Corpus, Nr.770,782, 829, 843.

[474] Vgl. Avigad/Sass, Corpus, Nr. 888, 903, 942, 964. Hübner, Repertoire, 149 ist der Ansicht, dieses Motiv fehle in der ammonitischen Glyptik..

[475] Vgl. Avigad/Sass, Corpus, Nr. 1098, 1104, 111, 1129, 1135, 114, 1146, 1157, 1160, 1168, 1169

Löwen daher keine allzu große Bedeutsamkeit zumessen.[476] Sass äußert sich zur Bedeutung der Löwenmotivik ebenfalls vorsichtig: „*It is not at all clear whether these solitary lions represent just their own natural, or apotropaic might as guardian lions, or whether they stand for the king, or a deity.*"[477] Keel/Uehlinger unterscheiden zwei Funktionen: Zum einen erscheint der Löwe in der (in Palästina seltenen) Großplastik und in Ritzzeichnungen als Wächtertier[478] und zum anderen setzt die Darstellung des Löwen auf einer Gruppe von nichtbeschrifteten judäischen Knochensiegeln die mbz-sbz Tradition des Löwen als Bild des Königs fort (Abb. 107a-b, 108).[479] Daß mit diesen Darstellungen die königliche Symbolik ägyptischer Tradition verbunden ist, steht zwar außer Frage, aber eine offizielle Rezeption ägyptischer Symbolik und eine offizielle Verwendung dieser doch sehr grob gearbeiteten Stücke kann nicht daraus geschlossen werden. Ornan vertritt im Hinblick auf mesopotamisches Material die Ansicht, der Löwe stehe, wenn allein dargestellt, als Symbol einer Gottheit.[480] Da für die EZ II B entsprechendes palästinisches Material fehlt, das diese für Syrien und Mesopotamien mögliche Konstellation bezeugt, muß davon ausgegangen werden, daß im Palästina der EZ II (im Unterschied zur SBZ) der Löwe nicht als Symboltier einer Gottheit angesehen wurde.

Das Problem der Deutung des Löwen allein aus der glyptischen Evidenz läßt sich nicht lösen. Daher wird zunächst das weitere Material konsultiert werden müssen, bevor eine Synthese gewagt werden kann.

Aus dem Palast in Samaria ist eine Anzahl von Elfenbeinarbeiten mit Löwendarstellungen bekannt: Dies sind u.a ein paar vollplastisch ausgeführte kauernde, brüllende Löwen (Abb. 109),[481] wahrscheinlich die Füße eines Thrones oder anderen Möbels,[482] drei Fragmente von Paneelen mit der Darstellung hockender Löwen (Abb. 110)[483] und ein weiteres Paneel mit der Darstellung eines Löwen, der ein Rind schlägt, indem er ihm von unten her in die Kehle beißt, sowie ein Paneel mit einem Löwen, der ein Rind von oben

---

[476] Vgl. Reifenberg, Seals, 24.

[477] Sass, Hebrew Seals, 222.

[478] Vgl. Keel/Uehlinger, GGG, § 118.

[479] Vgl. Keel/Uehlinger, GGG, § 158 u. Abb. 268 a-c.

[480] Vgl. Ornan, Influence, 63.

[481] Crowfoot/Crowfoot, Early Ivories, Pl IX, I , I a-b (Umzeichnung nach de Mertzenfeld, Ivoires, Pl. IX, 119,120).

[482] Vgl. Crowfoot/Crowfoot, Early Ivories, 24.

[483] Crowfoot/Crowfoot, Early Ivories, Pl. IX, 2-4 (Umzeichnung nach de Mertzenfeld, Ivoires, Pl. IX, 129.

her anfällt (Abb.111-112).[484] Ähnliche Applikationen von königlichen Gebrauchsgegenständen und Möbeln stammen aus Arslan Tash und Nimrud.[485] Die Löwendarstellungen auf Möbeln werden von Keel/Uehlinger als Apotropaikon,[486] von Mittmann, Weippert und Schroer hingegen als Symboltier der Gottheit gedeutet.[487]

Großplastische Löwen sind in der EZ II mit einem Exemplar vom Tell Bēt Mirsim belegt (Abb. 113).[488] Ursprünglich wohl ein Paar, diente dieser Löwe ursprünglich als Laibungstier in einem offiziellen Gebäude oder Tempel (s.u.).[489]

Löwendarstellungen erscheinen in der Kleinkunst und der Großplastik also überwiegend auf Objekten aus dem Kontext von Königtum und Palast. Dies reflektiert auch das alte Testament, wenn es in 1 Kön 10, 19-20 über den Thron Salomos heißt:

> 19 Sechs Stufen führten zum Thron hinauf. An seiner Rückseite war der Kopf eines Jungstieres und zu beiden Seiten des Sitzes befanden sich Armlehnen. Zwei Löwen standen neben den Lehnen
> 20 und zwölf zu beiden Seiten der sechs Stufen.

Für das Südreich kann aus dem literarischen Befund und der späteren Bildtradition[490] sogar geschlossen werden, daß der Löwe als Symboltier der Davididen-Dynastie verstanden worden ist:

Gen 49, 9-10

> 9 Ein junger Löwe ist Juda./ Vom Raub, mein Sohn, wurdest du groß. /Er kauert, liegt da wie ein Löwe, / wie eine Löwin. Wer wagt, sie zu scheuchen?
> 10 Nie weicht von Juda das Zepter, / der Herrscherstab von seinen Füßen ...

---

[484] Crowfoot/Crowfoot, Early Ivories, Pl. X, I u. II. (Umzeichnung nach de Mertzenfeld, Ivoires, Pl. IX 118, 121.

[485] Vgl. Thureau-Dangin u.a. Arslan Tash Atlas, Pl. XLIII, 89-91; Mallowan, Nimrud II, u.a. 541 und die Jagdszenen 416-417.

[486] Vgl. Keel/Uehlinger, GGG, §118.

[487] Vgl. Mittmann, Amos 3, 12-15, 166; Weippert, Amos, 17; Schroer, Bilder, 77.

[488] Umzeichnung nach Keel/Uehlinger, GGG, 201.

[489] Vgl. hierzu Amiran, Lion Statue, 39.

[490] So z.B. David als „Löwe von Juda" in der Synagoge von Dura-Europos: Kraeling, Dura-Europos 8,1, Pl. XXXIV (3. Jh.); David als Harfner mit Löwe in der Synagoge von Gaza: Levine, Ancient Synagogues, Pl. 3 (byzantinische Zeit).

Die Löwendarstellungen aus dem Kontext des Palastes, insbesondere ihre
exponierte Anbringung auf Thronen, spricht für eine enge Verbindung von
Königtum und Löwensymbolik. Der Löwe könnte somit, wie es die ältere
(ägyptische) glyptische Tradition bezeugt, als Symboltier der Macht und Kraft,
aber auch der aggressiven Potenz des Königtums verstanden werden. Eine
bloße apotropäische Funktion ist im Hinblick auf die Darstellungen des
Mensch und Tier schlagenden Löwen im Kontext des Palastes wohl
auszuschließen, obwohl dieser Aspekt immer mitschwingt. Es kann daher
vermutet werden, daß die zahlreichen Löwendarstellungen auf Privatsiegeln
dahingehend zu deuten sind, daß sich der Träger der positiven, durch den
Löwen symbolisierten Machtaspekte des Königtums versichern wollte. Dies
muß jedoch hypothetisch bleiben, auch wenn diese Interpretation für die MBZ-
SBZ stimmt. M.E. sollten daher die Löwendarstellungen aufgrund ihrer
offenkundigen Ambivalenz kontextuell interpretiert werden: Im Kontext des
Palastes und auf offiziellen Siegeln, im speziellen in Juda, liegt eine
Interpretation als Königstier nahe, das die aggressive Potenz des Königtums
symbolisiert, auf Privatsiegeln hingegen kann ein allgemeiner Kraft- und
Machtaspekt oder auch einfach eine apotropäische Funktion vermutet werden.

Abb. 104   Abb. 105

Abb. 106

Abb. 107a   Abb. 107b   Abb. 108

Abb. 109

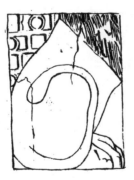

Abb. 110

Abb. 111

Abb. 112

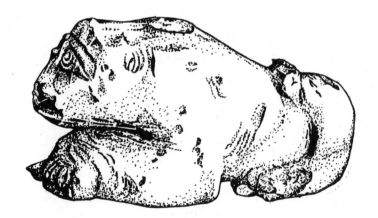

Abb. 113

4.3.2 Pferde (Motiv 3 b)

G. Barkay hat auf eine Gruppe von sechs Siegelabdrücken mit Pferdedarstellungen, vermutlich alle aus dem 8. Jh., hingewiesen. Die Stücke stammen aus Jerusalem, Tel Goren bei En-Gedi, Azekah (Abb. 114), Tell el-Ǧudēde (unpubliziert), aus dem Kunsthandel und vom Tell en-Naṣbe.[491] Alle Abdrücke gehen auf dasselbe Siegel zurück, das von hoher handwerklicher Qualität gewesen ist.[492] Die Abdrücke zeigen innerhalb eines runden Bildfeldes ein nach links galoppierendes Pferd in naturalistischer Ausführung mit ausgeprägter Muskulatur. Bei den gesiegelten Gefäßen handelt es sich durchweg um *lmlk*-jars, die Abdrücke dürften daher offiziellen Charakter haben.[493] Barkay vertritt die Auffassung, es handele sich bei den Abdrücken um das Siegel eines hochrangigen judäischen Beamten, wobei die Darstellung des Pferdes eine piktographische Wiedergabe seines Namens sein könnte.[494] Zwar sind in der Tat Namenssiegel bekannt, auf die diese Vermutung zutreffen könnte,[495] doch es spricht m.E. mehr dafür, das Siegel nicht auf eine Person zu beziehen, sondern eher auf eine militärische Einheit, möglicherweise der Kavallerie oder, was wahrscheinlicher ist, auf eine Streitwageneinheit. Die Rolle des Pferdes als „Ausnahmetier" in fast ausschließlich militärischer Verwendung spricht jedenfalls gegen den Bezug auf eine bestimmte Person. Ein weiteres Siegel mit der Legende *l'šyhw 'bd hmlk* (Abb. 115)[496] und der Darstellung eines Pferdes in vollem Galopp bestätigt diese Interpretation. Die Siegelung offizieller Gefäße mit einem Truppensymbol würde auch die Streuung der Abdrücke von Abb. 114 besser erklären. Die *lmlk*-jars hätten somit zur Versorgung der Streitwagentruppen gedient. Die Pferdesymbolik kommuniziert wie die oben bereits verhandelte Streitwagensymbolik primär die militärische Kraft und Stärke des Königtums, hier symbolisiert durch das

---

[491] Barkay, Horse, Fig. 1; McCown, Tell en-Nasbeh I, Fig. 36,6; Bliss/Macalister, Excavations, Pl. 56,33 = Keel, Corpus 1, Aseka 5 (Umzeichnung). Barkay, Horse, Fig. 3; Reuben und Edith Hecht-Museum, Haifa.

[492] So auch Barkay, Horse, 127.

[493] So auch Sass, Hebrew Seals, 225.

[494] Vgl. Barkay, Horse, 128.

[495] Vgl. Avigad/Sass, Corpus, Nr. 310 mit der Darstellung einer Heuschrecke und Filiation *hgbh* („Heuschrecke"); Nr. 84, Siegel des *'nyhw* mit der Darstellung eines Schiffes. Nicht in Frage kommt nach Avigad/Sass, Nr. 693, das Siegel des *'rb* („Rabe") mit der Darstellung einer Taube, nicht jedoch eines Raben (so Barkay, Horse, 128). Fraglich bleibt auch, warum auf dem Siegel keine schriftliche Nennung des Namens wie auf Corpus Nr. 310 und 84 erfolgte.

[496] Deutsch/Heltzer, Inscriptions, No. 21 (Umzeichnung); Avishur/Heltzer, Studies, Fig. 208

muskulös ausgeführte Pferd im Galopp.[497] Offensichtlich handelt es sich bei diesem Motiv um eine judäische Eigenentwicklung, obwohl die Abdrücke und das Siegel Abb. 115 stilistisch durch die Betonung der Muskulatur nach Assyrien weisen, wo das Pferd auf Stempelsiegeln im Kontext mit dem König erscheinen konnte (Abb. 116 - hier offenbar mit erigiertem Glied als Zeichen der Potenz).[498]

Abb. 114   Abb. 115

Abb. 116

---

[497] Wenig überzeugend erscheint die von Schroer, Bilder, 298f. im Hinblick auf 2 Kön 23,11 vorgetragene These, das Pferd gehöre in den Kontext der Sonnensymbolik. Die hier besprochenen Exemplare zeigen keinerlei Sonnensymbolik und auch der übrige Befund der EZ II B-C läßt keine solaren Konnotationen des Pferdes erkennen.

[498] Herbordt, Neuassyrische Glyptik, T. 20, 2.

4.3.3 Greife und Sphingen (Motive 4 a-b)

Darstellungen von Greifen (4 a) und Sphingen (4 b) sind in der ez Glyptik Israels und Judas sowie ihrer Anrainer überaus häufig,[499] auf offiziellen Siegeln ist es m.W. nur in einem Fall (*lḥlṣyhw bn hmlk*- Abb. 117) belegt[500] und in dieser Kleinkunstgattung daher eher unspezifisch. Dieser Befund kontrastiert mit der prominenten Rolle dieser Mischwesen in den Elfenbeinarbeiten aus Samaria: Sphingendarstellungen sind auf 17 Elfenbeinarbeiten erhalten.[501] Hiervon zeigen drei Arbeiten den Sphinx mit Menschenkopf und Doppelkrone im Papyrus- bzw. Lotusdickicht (Abb. 118),[502] eine vierte antithetische Widdersphingen vor bzw. zwischen Palmettenbaum (Abb. 119),[503] eine weitere Sphinx mit niedergeworfenem Menschen (Abb. 120).[504] Dieses Objekt läßt trotz des nur sehr fragmentarischen Erhaltungszustandes den Sphinx erkennen, der die linke Pranke auf den Kopf eines unterworfenen Gegners legt. Stilistisch ist dieses Motiv den ägyptischen Vorbildern sehr nahe, doch weisen die Proportionen und die für Ägypten unübliche Kombination mit floralen Motiven auf levantinische Herkunft.[505] Die übrigen Darstellungen zeigen den Sphinx ohne szenischen Kontext oder dieser ist aufgrund des fragmentarischen Erhaltungszustandes nicht mehr rekonstruierbar. Darstellungen von Greifen finden sich in drei Fragmenten, von denen zwei den Greif am sakralen Baum zeigen (Abb. 121).[506] Die Motivgruppe 4 a-b ist neben den Elfenbeinen aus Samaria in Nimrud, Arslan Tash und andernorts auf phönizischen Elfenbeinen

---

[499] Vgl. Avigad/Sass, Corpus, Nr. 37, 44, 85, 116, 135, 143, 160, 168, 182, 190, 193, 198, 325, 345, 396, 711 (Hebräisch, vgl. auch Sass, Hebrew Seals, 226.); 713, 734, 736, 740, 745, 747 (Phönizisch, vgl. auch Gubel, Iconography, 107f u.ö.); 780, 819, 839 (Aramäisch, vgl. auch Bordreuil, Répertoire, 83); 893, 925, 940, 956, 965, 982 (Ammonitisch, vgl. auch Hübner, Repertoire, 144ff); 1019, 1023, 1038 (Moabitisch, vgl. auch Timm, Repertoire, 172f.), 1049, 1056 (Edomitisch) 1069 (vermutlich philistäisch). Unter dieser Gruppe befindet sich mit der Nr. 1049 nur ein offizielles Siegel, das des Qaušgabri, des Königs von Edom.

[500] Vgl. Avishur/Heltzer, Studies, 68 u. Fig. 176; Deutsch/Heltzer, Windows, 49f., No. 101. Das Stück wird von den Autoren in das 8. Jh. datiert.

[501] Vgl. Crowfoot/Crowfoot, Early Ivories, 20ff. u. Pl. V-VII; Pl. XIV, 5-7.

[502] Crowfoot/Crowfoot, Early Ivories, Pl. V, 3a.

[503] Crowfoot/Crowfoot, Early Ivories, Pl. VI, 2.

[504] Crowfoot/Crowfoot, Early Ivories, Pl. XIV, 7.

[505] So auch Winter, Ivory Carving, XXX; Keel/Uehlinger, GGG, § 154.

[506] Crowfoot/Crowfoot, Early Ivories, Pl. XIII, 4; XIV, 3 (Abb.), 4.

belegt.[507] Greif und Sphinx können in der Tradition phönizisch-kanaanäischer Elfenbeinarbeiten - trotz einer wohl durch den Fundzufall bestimmten Traditionslücke - auf eine längere Tradition zurückblicken, wie entsprechende Arbeiten aus Megiddo, Byblos und dem übrigen Levanteraum zeigen.[508]

Der Sphinx ist bereits seit der MBZ II B in der palästinischen Glyptik belegt.[509] Dasselbe gilt für den Greif, der ebenso seit der MBZ II B auf ägyptischen Siegelamuletten in Palästina erscheint.[510] Die symbolischen Konnotationen beider Mischwesen sind jedoch schon in Ägypten deutlich unterschieden. Der Sphinx repräsentiert den König und ist eine Manifestation seiner überweltlichen Qualitäten, wohingegen der Greif ein Ungeheuer chaotischer Bereiche, insbesondere der Steppe, ist. Wie in der gesamten vorderorientalischen Tradition des 1. Jt. ist der Sphinx jedoch von seiner ursprünglichen königlichen Konnotation abgekoppelt und fungiert als apotropäischer Genius. In der syrischen Plastik erscheint er u.a. in Zinçirli als unheilabwehrendes Laibungstier.[511] Auf den Elfenbeinarbeiten haben Sphingen und Greife, analog zu ihrer Funktion in der syrischen Großkunst die Aufgabe, Unheil vom König fernzuhalten und diesen zu schützen.

4.3.4 Geflügelter Skarabäus (Motiv 4 c)

In einer Abfallgrube auf der Akropolis von Samaria fanden sich insgesamt neun Abdrücke eines anepigraphischen Siegels mit der Darstellung eines vierflügeligen Skarabäus mit je einer Sonnenscheibe zwischen den Vorder- und Hinterbeinen (Abb. 122).[512] Fundkontext und Anzahl der Bullen könnten hier auf eine offizielle Funktion hindeuten. Das Motiv des vierflügeligen Skarabäus aus Samaria ist daher mit den judäischen *lmlk*-Stempeln (ausführlich hierzu in Abschnitt 5.4), die dasselbe Motiv tragen, in Verbindung

---

[507] 1.) Sphinx: Mallowan, Nimrud II, Ill.424, 483, 484 (Widdersphinx), 442, 477, 479, 506 (im Lotusdickicht), 522, 525 u.ö.; Thureau-Dangin ua., Arslan Tash-Atlas, Pl. XXVII (antithetischer Widdersphinx, nahezu identisch mit Crowfoot/Crowfoot, Early Ivories, Pl. VI, 2), Pl. XVIII-XXXI; de Mertzenfeld, Ivoires, Pl. CI, 1119, 1120, Pl. CII-CV (Khorsabad). 2.) Greif: Mallowan, ebd., 427, 428,475 486, 508; de Mertzenfeld, ebd., CXXVIII, 1103 (Kunsthandel, Metropolitan Museum), CXXXII, 1159 (Zinçirli).

[508] Vgl. Loud, Ivories, Pl. 9, 32 a, b (Greif); Pl. 2, 7 (Sphinx); Barnett, Ancient Ivories, Pl. 19 c (Byblos); Pl. 29, 31, 33 d a-c (mykenisch). Zur Rezeption des Motivs in Syrien-Palästina vgl. Schroer, Bilder, 126f.

[509] Siehe hierzu Tufnell, Studies II, Pl. XLI; Keel, Corpus, § 544-550.

[510] Siehe Tufnell, Studies II, Pl. XLI; Keel, Corpus, § 551.

[511] Vgl. Orthmann, Untersuchungen, 339ff. mit zahlreichen Belegen.

[512] Crowfoot/Crowfoot/Kenyon, Samaria-Sebaste III, 88; Pl. XV, Nr. 29 a, b.; Schmitt, Skarabäusmotiv, Kat. Nr. 303.

gebracht worden: Tushingham vertritt daher die Auffassung, daß die neun Abdrücke und ein ähnliches Siegel unsicherer Herkunft, den israelitischen Königen als offizielles Siegel gedient haben.[513] Die Verbindung mit den judäischen *lmlk*-Stempeln und damit die Deutung der Samaria-Bullen als spezifisch israelitisches Königssymbol ist jedoch in mehrfacher Hinsicht problematisch: 1.) Die judäischen *lmlk*-Stempel mit vierflügeligem Skarabäus sind überwiegend in das 7. Jh. zu datieren, 2.) das Motiv des zwei-bis vierflügeligen Skarabäus ist im syro-palästinischen Kulturraum so häufig, daß eine spezifische Verbindung zum Königshaus nicht eben nahezuliegen scheint. Die Darstellungen des vierflügeligen Skarabäus in der phönizischen Bildtradition lassen eher darauf schließen, daß es sich um einen solar konnotierten Schutzgenius handelt.[514] Dennoch muß die Tatsache, daß das Motiv auf den späteren *lmlk*-Stempeln und dem Siegel des Königs Hiskia (Abb. 151) als königliches Signum erscheint, in die Interpretation miteinbezogen werden. Dies wird bei der Besprechung der *lmlk*-Stempel noch näher erörtert werden.

4.3.5 Anthropomorphe Genien (Motiv 4 d)

Anthropomorphe Genien sind in der israelitischen Glyptik zwar verhältnismäßig gut belegt,[515] jedoch nicht auf offiziellen Siegeln. Wie die Motivgruppe 4a-b erscheinen sie jedoch auf den Samaria-Elfenbeinen: Die Genien - in der Regel mit zwei gespreizten Flügeln - erscheinen, soweit rekonstruierbar, im Kontext floraler Motive, insbesondere Lotusstauden (Abb. 123-129).[516] Auch dieses Motiv ist in der Elfenbeinkunst phönizischer und syrisch-aramäischer Prägung weit verbreitet. Geflügelte Genien erscheinen auf Elfenbeinarbeiten zumeist in drei Konstellationen, einmal bei der Tötung von Ungeheuern, meistens Greife, im Kontext floraler Motive bzw. des heiligen Baumes, mit den Flügeln etwas schützend oder separat stehend. Insbesondere die Arbeiten der assyrischen und der syrischen Gruppe aus Nimrud zeigen geflügelte Genien am heiligen Baum oder im Befruchtungsgestus (Abb. 130-

---

[513] Vgl. Tushingham, Royal Israelite Seal, 71ff. Das Fehlen einer Inschrift wird dahingehend gedeutet, daß es keinen Grund gäbe, das bekannte Siegel des Königs noch mit dessen Namen zu gravieren. Die gleichzeitige Verwendung des Symbols auf Privatsiegeln wird mit der Freiheit der Steinschneider in der Motivauswahl erklärt.

[514] Vgl. hierzu Schmitt, Skarabäusmotiv, 111ff.; Sass, Hebrew Seals, 214ff.; Keel/Uehlinger, GGG, § 151.

[515] Vgl. Avigad/Sass, Corpus, Nr. 112, 159 (Skorpionmensch) 173, 185, 320.

[516] Crowfoot/Crowfoot, Early Ivories, Pl. IV 3a, XIV, 2, 8-10.

131).[517] Einen ähnlichen vierflügeligen Genius am sakralen Baum aus Hazor zeigt Abb. 67. Eine weitere Arbeit aus Samaria zeigt zwei antithetische weibliche zweiflügelige Figuren, wohl Isis und Nephtys in phönizischer Rezeption, die mit ihren Flügeln einen zentralen _dd_-Pfeiler schützen (Abb. 129).[518] Die genannten Bildkonstellationen verweisen auf die zentralen Funktionen dieser Numina: Zum einen die Überwindung der durch das Untier symbolisierten chaotischen Mächte und damit die ikonographische Vergegenwärtigung der Sicherung der Weltordnung und zum anderen die Sicherung der Fruchtbarkeit, die durch den Schutzgestus gegenüber dem sakralen Baum und dem Tragen der Blüten realisiert wird. Die Geniendarstellungen transponieren somit wesentliche Aufgaben des Königtums in die kosmische Sphäre und realisieren diese in durativen Sinne. Da die Elfenbeinappliken sehr wahrscheinlich zu Möbelstücken gehören, die im Gebrauch des Königs, seiner Familie oder anderen Hofpersonals waren, kommt der realisierend-durativen Funktion im Hinblick auf Fruchtbarkeit und Sicherung der Weltordnung auch noch der Aspekt des himmlischen Schutzes für den Herrscher[519] und ein legitimatorischer Aspekt hinzu, als die Genien in kosmischer Überhöhung das Heilswalten des Königs präfigurieren. Die Konnotationen der Motivgruppe 4 d zum Königtum sind durch den Fundkontext zwar klar, eine generelle Verbindung von Geniendarstellungen zum Königtum[520] ist m.E. jedoch nicht evident zu machen, sondern kontextuell bestimmt: Im Kontext der Herrschaftsrepräsentation reflektieren diese Motive Elemente der Herrschaftsideologie, im Kontext der Privatsiegel hingegen liegt eine Interpretation hinsichtlich einer allgemeineren Schutzfunktion näher, zumal nicht nachzuweisen ist, ob die durch phönizische Rezeption vermittelten Attribute, insbesondere die Doppelkrone, in Palästina mit dem Königtum assoziiert worden sind oder eher als Götterattribut verstanden werden müssen.[521] Problematisch ist m.E. die solare Konnotation der Geniendarstellungen: Die Geniendarstellungen zeigen zwar stilistisch ägyptische Elemente,[522] wie die Sonnenscheibe auf Abb. 129, die

---

[517] Vgl. Barnett, Ancient Ivories Pl. 37 c (Abb. 127-Umzeichnung des Verfassers) Mallowan, Nimrud II, Ill. 384 (Abb. 128); 455-456 (Genius tötet Greif), 466, 474, 493 u.ö (floraler Kontext); Thureau-Dangin u.a., Arslan-Tasch-Atlas, Pl. XIX-XXIII (antithetisch mit Harpokrates), XXV (antithetisch mit sakralem Baum).

[518] Crowfoot/Crowfoot, Early Ivories, Pl. III, 1 (Umzeichnung nach de Mertzenfeld, Ivoires, Pl. 39/40).

[519] So auch Keel/Uehlinger, GGG, § 148-152.

[520] So Keel/Uehlinger, GGG, § 152 mit einer kurzen Diskussion anderslautender Positionen, die die religiöse Bedeutung dieses Symbolsystems generell in Frage stellen.

[521] Vgl. Keel/Uehlinger, GGG, § 152.

[522] So Keel/Uehlinger, GGG, § 152.

Motivkonstellationen entstammen jedoch der semitischen Vorstellungswelt und gehören in den Kontext des himmlischen Schutzes und der Sicherung der Prosperität.

Abb. 117

Abb. 118

Abb. 119

Abb. 120   Abb. 121

Abb. 122

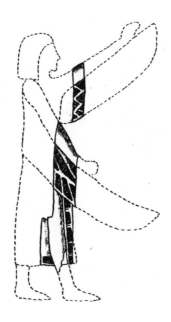

Abb. 123

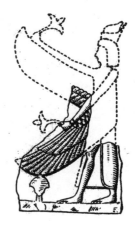

Abb. 124

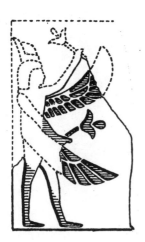

Abb. 125

Abb. 126

Abb. 127

Abb. 128

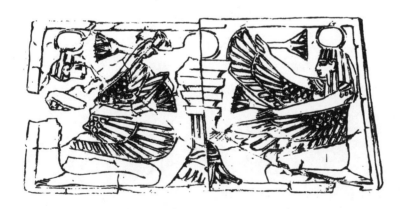

Abb. 129

Abb. 130

Abb. 131

4.4 Monumentale Herrschaftsrepräsentation in der EZ II B
4.4.1 Die Residenzen in Samaria und Jezreel

Ihren monumentalen Ausdruck findet der Herrschaftsanspruch der omridischen Dynastie vor allen Dingen in den monumentalen Residenzbauten in Samaria und Jezreel (*Ḥirbet Zerʿīn*), aber auch in den lokalen Zentren Hazor und Megiddo, auf die sich die Darstellung im folgenden konzentrieren möchte.[523]

Die nach der Grundform eines Rechtecks im Verhältnis von 2:1 angelegte israelitische Akropolis in Samaria (Abb. 132)[524] verfügt über eine Ausdehnung von 178 x 89 m. Die zuerst einfache, dann zu einer Kasemattenmauer erweiterte Umfassungsmauer ist durchweg in Läufer-Binder-Technik *(ashlar-masonry)* ausgeführt. Ein solider quadratischer Block von 16 x 12 m scheint das Fundament für einen Turm gebildet zu haben.[525] Die Ausführung der Bauten mit Ashlar-Blöcken und die Verwendung von Volutenkapitellen zeugt von der herausgehobenen Qualität der Bauten.[526] Die Bauphasen I-III lassen sich dem keramischen Befund nach den Regierungsjahren Omris bis Jehus zuschreiben. Die monumentale Kasemattenmauer wird heute der Regierungszeit Jehus zugeschrieben.[527] Vom eigentlichen Palast im Südwesten des Tells ist ein zentraler Bauteil von ca. 24 x 27 m erhalten, der - soweit feststellbar - nicht den *bit-hilani*-Typ repräsentiert, sondern dem Grundriß sbz Palastanlagen im Stil eines Hofhauses zu folgen scheint.[528]

Handelt es sich bei der Akropolis in Samaria schon um eine für die Größe des Staates monumentale Anlage, so wird diese von Jezreel (Ḥirbet Zerʿīn) an Monumentalität noch bei weitem übertroffen. Die quadratische, durchgehend von einer Kasemattenmauer umschlossene Anlage (Abb. 133)[529] mißt 289 x 157 m (wiederum im Verhältnis 2:1) und ist mit monumentalen quadratischen Türmen an den Ecken ausgestattet. Zusätzlichen Schutz bietet ein z.T. in den anstehenden Kalkstein geschlagener, bis zu 10 m breiter und 5 m tiefer Graben mit Glacis, der 150 m an der östlichen, 320 m an der südlichen und 200 m an der westlichen Seite der Mauer entlangläuft.[530] Ein monumentales Sechs-Kammer-Tor mit einem anschließenden Gebäude von 23 x 15 konnte im

---

[523] Vgl. hierzu auch Finkelstein, Omride Architecture.

[524] Herzog, Settlement, Fig. 14.

[525] Vgl. Avigad, Art. Samaria, 1302ff.

[526] Vgl. Avigad, Art. Samaria, 1303.

[527] So Avigad, Art. Samaria, 1303.

[528] So Weippert, HdA, 537; Mazar, Archaeology, 408.

[529] Ussishkin/Woodhead, Tel Jezreel 1994-96, Fig. 4.

[530] Vgl. Ussishkin/Woodhead, Tel Jezreel 1992-93, 44ff.

Südwesten freigelegt werden.[531] Das direkt an das Tor anschließende Gebäude diente wohl auch hier im wesentlichen administrativen Zwecken.[532] Zwar wurde in Jezreel von massiver *ashlar*-Architektur weniger Gebrauch gemacht als in Samaria,[533] aber dennoch ist die Monumentalität der Anlage unbezweifelbar. Insbesondere der logistische Aufwand muß für einen relativ kleinen Staat wie Israel enorm gewesen sein: Eine Fläche von 45 ha (11 acres) mußte planiert und   mindestens 26.800 m³ Gestein   aus dem Graben ausgehoben werden.[534] Leider sind bis auf geringe Reste einer größeren Struktur in Areal D die eigentlichen Palastanlagen innerhalb der Stadt nicht mehr greifbar, sodaß kein Vergleich mehr mit den zeitgenössischen Anlagen in Samaria, Megiddo und Hazor möglich ist. Tempelanlagen konnten innerhalb der Residenzen in Samaria und Jezreel nicht nachgewiesen werden. Dieser Befund korrespondiert mit den in der Glyptik beobachteten Legitimationsstrategien einer im wesentlichen militärisch geprägten Selbstrepräsentation. Das Fehlen von Kultstätten in den Residenzen selbst ist jedoch nicht auf derartige „säkular" wirkende Legitimationsstrategien zurückzuführen, sondern - ähnlich wie bei den nordsyrischen Residenzen in Zinçirli und Guzāna[535] - auf die Existenz separater Kultzentren in Bet-El und Dan. Die Anlage von Samaria und Jezreel in Form eines Rechtecks im Seitenverhältnis 2:1 ist in Palästina selbst - sieht man von den nur hypothetisch erschlossenen Grundrissen von Tell el-Fūl und Gezer in der EZ II A ab - ohne direkte Vorläufer. Auch in Syrien gehört die rechteckige Anlage nicht zur lokalen Bautradition.[536] Es ist daher denkbar, daß die Omriden sich beim Bau ihrer Residenzen an der rechteckigen Anlage assyrischer Residenzstädte orientiert haben.

4.4.2 Exkurs- Zum Bildprogramm der Elfenbeinarbeiten aus Samaria
Die Einzelmotive der Samaria-Elfenbeine sind oben bereits innerhalb der einzelnen Motivgruppen verhandelt worden. Im Kontext der samarischen Herrschaftsarchitektur erscheint es m.E. jedoch notwendig, die Elfenbeinarbeiten unter der Fragestellung nach ihrer generellen Funktion und ihrem Bildprogramm noch einmal als Gesamtcorpus zu betrachten. Die Massierung der Funde von Elfenbeinen in Palastbereichen (u.a. Arslan Tash, Nimrud, Khorsabad) zeigt die enge Beziehung der Fundgattung zu den Herrschern des 1. Jt. Die repräsentative Funktion des Elfenbeins ist aufgrund seines Wertes offensichtlich und sein Besitz wird gerne herausgestellt: 1 Kön

---

[531] Vgl. Ussishkin/Woodhead, Tel Jezreel 1994-96, 12ff.

[532] Vgl. Herzog, Stadttor, 161.

[533] Vgl. Ussishkin/Woodhead, Tel Jezreel 1992-93, 46.

[534] Vgl. Ussishkin/Woodhead, Tel Jezreel 1992-93, 46.

[535] Vgl. hierzu Novák, Herrschaftsform, 391.

[536] Siehe hierzu Novák, Herrschaftsform, 377.

22,39 erwähnt ausdrücklich das Elfenbeinhaus des Ahab und Tiglatpileser III. rühmt sich des als Tribut eingebrachten Elfenbeins aus Syrien.[537] Gegen diese Herausstellung königlichen Wohlstands durch die samarische Dynastie polemisiert auch Amos 3,15: *„Ich zerschlage den Winterpalast und den Sommerpalast, / die Elfenbeinhäuser werden verschwinden und mit den vielen Häusern ist es zu Ende - / Spruch Jahwes."* Elfenbein zu besitzen und diesen Besitz zu zeigen, ist sicher ein Privileg des Hofes und der Eliten des Staates, von denen Amos 6,4 sagt, sie lägen nur müßig auf ihren Elfenbeinbetten. Der Besitz dieser Ware kommuniziert Prosperität und wird von den Eliten entsprechend eingesetzt. Dem Elfenbein kam somit, neben der symbolischen Ebene der Motive, wohl auch *materialiter* eine Funktion der Objektivierung der Prosperität des Hofes und analog dazu auch des Gesamtstaates zu. Neben dieser generellen Funktion für den Hof darf jedoch die symbolische Komponente nicht vernachlässigt werden, die wesentliche Aspekte der Herrschaftsideologie kommuniziert.

Unter den Elfenbeinarbeiten aus Samaria erscheinen nach der hier benutzten Typologie folgende Motive:

Gruppe 1 Darstellungen des Königs
1 a: König thronend
1 c: König mit anderen Insignien
1 f: König den Feind schlagend

Gruppe 2.2 Herrschaftsymbole aus dem vegetabilen Kontext
2 .2 a: Volutenkapitel
2.2 b: Palmetten und Heiliger Baum

Gruppe 3 Tiere
3 a: Löwe
3 d: Sonstige Vierbeiner

Gruppe 4 Mischwesen und Genien
4 a: Greif
4 b: Sphinx
4 d: Anthropomorphe Genien

Gruppe Göttersymbole im Kontext von Herrschaft
5 b: Rosette/Sonnenscheibe

---

[537] Pritchard, ANET, 282, Z. 150-157.

Die Frage nach einem Bildprogramm der samarischen Elfenbeine liegt nahe, da die Mehrzahl der Objekte aus demselben Areal stammt.[538] Problematisch bei der Frage nach dem Bildprogramm ist jedoch, daß der ursprüngliche Zusammenhang der Arbeiten nicht mehr erkennbar ist, zumal die Einzelstücke nach Form und Größe stark differieren. Hinzu kommen die stilistischen Unterschiede des gesamten Komplexes mit zwei unterschiedlichen Gruppen stark ägyptisierender Ikonographie,[539] eine Gruppe im Koine-Stil mit Genien und Mischwesen,[540] die stilistisch recht einheitlichen Tierdarstellungen,[541] die Königsdarstellung (plus ähnliche Fragmente) im traditionellen phönizischen Stil,[542] eine Gruppe von Einlegearbeiten mit Lotusmotiv[543] und drei Gruppen (reliefiert, geritzt, durchbrochen) von Palmetten und Voluten.[544] Trotz der technischen und stilistischen Unterschiede innerhalb der Gruppe der Samaria-Elfenbeine gehört der gesamte Fundkomplex in die phönizische Schule der Elfenbeinproduktion des 8. Jh., die sowohl in Mesopotamien (insbesondere Nimrud), aber auch im ganzen Levanteraum und sogar in der Ägäis weit verbreitet war.[545] Die Samaria-Elfenbeine sind, dies ist Konsens in der Forschung, kein lokales Produkt, sondern Importe.[546] Die Positionen in der Forschung zur religionsgeschichtlichen Relevanz der Elfenbeinarbeiten gehen jedoch weit auseinander: Zum einen wird ihre Aussagekraft in Richtung auf eine rein dekorative Funktion relativiert oder ganz bestritten,[547] andere

---

[538] Vgl. Crowfoot/Crowfoot, Early Ivories, 3: Qd, Qc, Qk, Qn. Ob sich Ahabs „Elfenbeinhaus" tatsächlich in diesem Areal befunden hat, wie von vielen geäußert, muß jedoch hypothetisch bleiben.

[539] Dies sind die Hapokrates-Darstellungen (Pl. 1, 1-3), die Hah-Figuren (Pl. II, 2), Isis und Nephtis (Pl. III, 1) und das Horusaugen-Paneel (Pl. III, 2a-b) als eine geschlossene Gruppe, die Einlege-Arbeiten mit der Feinderschlagung und den Mischwesen und Genien (Pl. XIV), wobei die zweiflügeligen Genien stärker das phönizische-Koine-Element erkennen lassen.

[540] Crowfoot/Crowfoot, Early Ivories, Pl. IV-VII.

[541] Crowfoot/Crowfoot, Early Ivories, Pl. VIII-X.

[542] Crowfoot/Crowfoot, Early Ivories, Pl. XI)

[543] Crowfoot/Crowfoot, Early Ivories Pl. XV.

[544] Crowfoot/Crowfoot, Early Ivories, Pl. XVI-XXII mit reliefierten, durchbrochenen und geritzten Arbeiten.

[545] Zu Stilmerkmalen und Distribution vgl. Barnett, Ancient Ivories, 46ff.; Winter, Ivory Carving, Fig, 1 u. 2.

[546] Die von Winter, South Syrian Stile, 125 geäußerte Vermutung, die Samaria-Elfenbeine gehörten seiner eigenen süd-syrischen Tradition mit Damaskus als Zentrum an und seien womöglich doch lokal gefertigt, bleibt hypothetisch, zumal eine damaszener „Stilrichtung" aufgrund fehlender ikonographischer Zeugnisse nicht evident gemacht werden kann.

[547] So Uberti, Ivory Carving; Mazar, Archaeology, 507.

wiederum äußern sich vorsichtig oder eher schwankend.[548] Keel/Uehlinger plädieren für eine Interpretation innerhalb ägyptischer Symbolik, insbesondere in ihrer solaren Komponente,[549] wohingegen Barnett und andere die Auffassung vertreten, daß die Arbeiten der phönizischen Schule semitische Ideen in ägyptisierender Gestalt reflektieren.[550] Da die Elfenbeinarbeiten offensichtlich ein hoch komplexes religiöses Symbolsystem reflektieren und eine „Säkularisierung" religiöser Motive im antiken Vorderen Orient m.E. nicht denkbar ist, scheidet diese Interpretationsmöglichkeit mit großer Wahrscheinlichkeit aus. Die Argumentation im Rahmen ägyptischer Symbolik hat ebenso wenig Evidenz, da es zum einen fraglich ist, ob die hochkomplexe ägyptische Sonnentheologie in Phönizien überhaupt verstanden worden ist und zum anderen die Rezeption und eigenständige Verwandlung der ägyptischen Symbolik in Phönizien - dies zeigen die eingangs besprochen Objekte der Megiddo-Elfenbeine - auf eine Tradition zurückgreifen kann, die bis in die SBZ zurückreicht. Evident erscheint daher der Ansatz Barnetts, die Elfenbeinarbeiten im Kontext semitischer Religiosität zu sehen. Die ikonographischen Themen der Samaria-Elfenbeine reflektieren als Gesamtheit daher am wahrscheinlichsten Elemente der syro-palästinischen Königs-theologie, wie sie in der Einleitung umrissen wurden. Hierbei realisieren die Elfenbeinarbeiten zwar kein geschlossenes Programm der Königsideologie, wie es bei den älteren Arbeiten aus Megiddo deutlich hervortritt, sondern jeweils Einzelaspekte, die in der Zusammenschau jedoch ein durchaus konsistentes Bild ergeben. Die Motive können den drei wesentlichen Funktionsbereichen des Königtums zugeordnet werden: a.) Legitimation des Herrschers und Schutz durch die Götter (Motivgruppe 4, Motiv 5b), b.) Sicherung der göttlichen Ordnung (Motiv 1 f, Motivgruppe 3 und Motiv 4 d; hier jedoch ohne Motive aus dem militärischen Kontext wie in Megiddo), c.) Sicherung der Prosperität (Motiv 1 a, Motivgruppe 2; 4 d). Auch wenn die Samaria-Elfenbeine kein durchgängiges, szenisches Bildprogramm zeigen, realisieren die Einzelobjekte so doch jeweils typische Funktionsebenen des syro-palästinischen Königtums und hier der omridischen Dynastie in Samaria und ihrer Nachfolger. Im Kontext des Palastes kommunizieren die Elfenbeine, ob als Möbel- oder Wandapplikationen, diese Aspekte primär an eine höfische Audienz und die Benutzer selbst und realisieren bildhaft im Sinne einer magischen Sicherung die Funktionsebenen des Königtums.

---

[548] So Mallowan, Nimrud II, 482.
[549] So Keel/Uehlinger, GGG, § 148ff.
[550] Vgl. Barnett, Ancient Ivories, 47.

4.4.3 Provinzielle Zentren im Nordreich

In Megiddo ist nach der Zäsur des Scheschonq-Feldzuges 922 in der EZ II B
(Str. IV B, 9. Jh-Abb. 134 a[551]) erneut intensive Bautätigkeit zu beobachten:
Gegenüber Stratum V A nehmen die offiziellen Gebäude in Str. V B nun fast
80 % der Stadtfläche ein. Die ursprüngliche Kasemattenmauer ist durch eine
massive *inset-offset*-Mauer ersetzt worden. Der sog. Palast des Gouverneurs
(Gebäude 338)[552] wurde in den Westen des Tells verlegt: Der ca. 16 x 18 m
große Bau mit unregelmäßigem Grundriß ist ähnlich dem Palast in Lachisch
(s.u.) auf ein Podium gebaut, welches zum Teil mit *ashlar*-Blöcken errichtet
ist. Dem Gebäude konnten 5 proto-äolische Kapitelle zugewiesen werden, die
vermutlich im Eingangsbereich angebracht waren.[553]   Das Gebäude ist
umgeben von einer Umfriedung, die durch ein Vier-Kammer-Tor zugänglich
war. Im Nordwesten schloß sich direkt an den Palast ein aus drei Blöcken
bestehender Hallenkomplex bestehend aus 12 der typischen *pillared buildings*
an.[554] Der Südosten des Tells wird von einem weiteren Komplex aus fünf
pillared buildings dominiert, an die sich nach Norden hin ein quadratischer
Hof mit einem zentralen Becken und zwei einschiffigen Hallen im Westen
anschließen. Die Gesamtanlage mißt 64 x 65 m. Einen ungefähren Eindruck
von der monumentalen Wirkung dieser Anlage in Ausdehnung und Höhe
vermittelt Abb. 134 b.[555] Im Westen des südlichen Komplexes steht noch das
Gebäude 1482 aus dem Vorgängerstratum, jedoch nur noch im Umfang eines
Viertels seiner ursprünglichen Größe.[556] Schumacher und May interpretierten
das Gebäude 338 aufgrund dreier in seiner Umgebung gefundener
Räucheraltäre und Fragmenten von Terrakottaschreinen als Tempel bzw. als
„Tempelburg".[557] Da das Gebäude im Grundriß der üblichen Palastarchitektur
folgt und im Zusammenhang mit den *pillared buildings* gesehen werden muß,
diente es wohl primär säkularen Zwecken.[558] Daß im Bereich des Palastes
jedoch auch kultische Handlungen vorgenommen wurden ist ein Hinweis auf
die enge Verbindung der administrativen Komplexe zum Kult. Die
Kombination der administrativen Sphäre mit der Kultausübung hat auch eine

---

[551] Plan nach Herzog, Settlement, 254, Fig.16.

[552] Vgl. Lamon/Shipton, Megiddo I, 47ff., Fig. 49 u. 50.

[553] Siehe Lamon/Shipton, Megiddo I, 55ff.

[554] Vgl. Lamon/Shipton, Megiddo I, 41ff. u. Fig. 49. Zur Diskussion um deren
Funktion vgl. Weippert, HdA, 521ff.; Herzog, Administrative Structures, 223ff mit
Lit.

[555] Nach Lamon/Shipton, Megiddo I, Fig 43.

[556] Vgl. Lamon/Shipton, Megiddo I, 32ff. u. Fig. 34. Vgl. dazu auch Weippert, HdA,
522f.; Herzog, Administrative Structures, 225ff.; Barkay, Iron Age II-III, 314ff.

[557] Vgl. Schumacher, Tell el Mutesellim I, 110ff.; May, Megiddo Cult, 4ff.

[558] Vgl. hierzu Zwickel, Tempelkult, 257f.

legitimierende Funktion, indem die rituellen Akte in diesem Bereich scheinbar monopolisiert wurden. Dem monumentalen Konzept omridischer Herrschaftsarchitektur ist auch das Heiligtum auf dem Tel Dan (Tell el-Qādī) verpflichtet, indem bei der Errichtung der Bama die Prinzipien der *ashlar*-Bauweise verwendet worden sind.[559] Ein Zusammenhang zwischen administrativen Bauten und Kultplatz ist hier bislang jedoch nicht nachgewiesen.

Die Funktion der *pillared buildings* ist in der Forschung seit ihrer Entdeckung lang und kontrovers diskutiert worden: Handelt es sich um Pferdeställe (Lamon/Shipton, Albright, Yadin, Barkay, Davies),[560] Kasernen (Fritz)[561] oder Lagerhallen (Aharoni,Weippert, Herzog)[562]? Daß die Hallenbauten offiziellen Charakter tragen und durch zentral gelenkte Maßnahmen errichtet worden sind, ist Konsens. Eine ausführliche Erläuterung des Problems kann hier zwar nicht geliefert werden, dennoch erscheint mir eine im weitesten Sinne militärische Nutzung, sei es als Kaserne, sei es zur Vorratshaltung am wahrscheinlichsten.[563] Eine militärische Nutzung dieser ausgedehnten Anlagen korrespondiert sehr gut mit dem bereits oben behandelten Charakter der Herrschaftsikonographie, die stark auf militärische Motive rekurriert.

Die durchweg sehr sorgfältig und aufwendig ausgeführten Komplexe der Hallenbauten sind aufgrund ihrer Größe und der deutlichen Trennung von den Wohnquartieren als Bestandteil der monumentalen Herrschaftsarchitektur zu bezeichnen. Die Anlage der Hallenkomplexe in Megiddo strukturiert wie die Palastanlagen die Gesellschaft in eine Gruppe, die Zugang oder ihren Lebensraum in den Umfriedungen hatte, eine militärische oder administrative Elite und in eine Gruppe, die keinen oder restringierten Zugang hatte. Berücksichtigt werden muß hier weiter der Kontrast zu den erheblich weniger sorgfältig ausgeführten, kleineren und flacheren Wohnquartieren. Palastanlagen und Hallenbauten kommunizieren den herrschaftlichen Anspruch in der vertikalen durch ihre Höhe und in der horizontalen durch ihre große Ausdehnung.

---

[559] Vgl. hierzu Biran, Biblical Dan, 165ff.

[560] Lamon/Shipton, Megiddo I, 41ff.; Albright, Archäologie 122; Yadin, Megiddo Stables 120*; Davies, Solomonic Stables, 140; Barkay, Iron Age II-III, 314f.

[561] Fritz, Einführung, 153f.; ders., Stadt, 77.

[562] Vgl.Aharoni, Land, 315; Herzog, Adminstrative Strctures, 225f.; Weippert, HdA 542f.

[563] Die Pferdestall-Hypothese dürfte auszuschließen sein, da ein Pferd in den Boxen kaum Platz findet. Eine von Ussishkin veranlaßte Phosphor-Analyse zum Nachweis von Exkrementen brachte kein Ergebnis. Vgl. Ussishkin, Tel Lachish 1978-1983, 153.

In Hazor Stratum VIII (Abb. 133)[564] befindet sich die Zitadelle aus der 1. H. des 9. Jh. auf der Westspitze des Tells. Auch hier handelt es sich um einen aus mehreren Gebäuden zusammengesetzten Komplex:[565] Das überaus massiv gebaute Hauptgebäude von 25 x 21,5 m verfügt über eine Mauerstärke von bis zu 2 m und wird flankiert von zwei kleiner dimensionierten Nebengebäuden. Die zwischen den Gebäuden liegenden Eingänge waren vermutlich ebenso von proto-äolischen Kapitellen geschmückt. Von den Nebengebäuden zweigen die Kasemattenmauern nach Osten ab. Die gesamte Anlage mißt ca. 50 x 21 m. Die von Megiddo und Samaria abweichende Bauform ist durch die Lage der Zitadelle auf der Westspitze des Tells zu erklären. Durch die Wahl dieser exponierten Position fiel den Gebäuden der Zitadelle gleichzeitig die Funktion des westlichen Abschlusses der Stadtmauer zu. Das Zentralgebäude muß aufgrund seiner größeren Mauerstärke eine höhere Oberstruktur als die anschließenden Gebäude besessen haben. Monumentale Wirkung wird hier hervorgerufen durch die treppenförmige Staffelung der Gebäude und die Wahl des Bauplatzes, der den ganzen Tell überragt.

Der Befund aus Samaria, Jezreel, Megiddo und Hazor zeigt sehr klare Konturen der monumentalen Herrschaftsrepräsentation der omridischen Dynastie. Gemeinsame Charakteristika omridischer Herrschaftsarchitektur sind nach Finkelstein 1. Podien (insbesondere Samaria und Jezreel), 2. *casemate compound* (Samaria, Jezreel, Hazor, Gezer, Megiddo,) 3. Vier-Kammer-Tor, (Hazor, Gezer, Jezreel), 4. Rechteckige Anlage, 5. *bīt ḫilāni*-Palast.[566] Die Monumentalität der Festungsanlagen symbolisiert den Machtanspruch der Omridendynastie nach innen und nach außen: Die innenpolitisch fragile und außenpolitisch zuerst durch die Aramäer und dann durch die Assyrer bedrohte Dynastie mußte sich gegen innere und äußere Gegner schützen und militärische Stärke durch Fortifikationen und Repräsentationsbauten bisher unbekannter Größe demonstrieren.[567] Gegenüber dem Palastbereich 1723 in Megiddo (ca. 2500 m^2) bedeutet die Akropolis in Samaria (17.444 m^2) eine Vergrößerung der Fläche um das 7-fache, in Jezreel (45.373m^2) gar um das 18-fache. In Megiddo selbst wurde die Fläche, die von öffentlichen Gebäuden genutzt wurde, von 20 % auf 80 % erhöht. Das Megiddo der EZ II B ist keine Wohnstatt mehr, sondern ein administrativ/fiskalisch/militärisches Zentrum, in dem die offiziellen Gebäude dominieren. Die bereits in der EZ II A zu beobachtende Strukturierung der Stadtanlagen in Wohnbereiche und Bereiche der administrativen und militärischen Eliten wird von den Omriden mit großer Konsequenz weitergeführt. Die Zunahme der administrativ bzw.

---

[564] Plan nach Yadin, Art. Hazor, 602.

[565] Vgl. Yadin, Art. Hazor, 602f.

[566] Vgl. Finkelstein, Omride Architecture, 211f.

[567] So auch Finkelstein, Omride Architecture, 133.

militärisch genutzten Flächen läßt eine weitergehende Differenzierung und Strukturierung der Gesellschaft in eine breiter werdende administrativ-militärische Elite und eine davon separierte Wohnbevölkerung erkennen. Dieser Entwicklung trägt die Differenzierung der Ansiedlungen in Wohnstädte und Städte mit überwiegend administrativ-militärischer Funktion sowie Residenzstädte Rechnung.

Inwieweit es sich bei der Akropolis von Samaria und Jezreel um Elemente eines monumentalen Diskurses gegenüber Jerusalem handelt, ist leider nicht mehr zu entscheiden, fällt aber in den Bereich des Möglichen. In diesem Falle kommunizieren die monumentalen Anlagen Jezreels und Samarias die Überlegenheit des Nordstaates gegenüber Juda. Gleichzeitig dürfen die omridischen Monumentalbauten im Kontext der Konkurrenz mit Aram-Damaskus, dem direkten politischen Gegenspieler des Nordreiches, gestanden haben.[568] Evident scheint mir jedoch zu sein, daß die Bautätigkeit der Omridendynastie nicht nur ein zweckrationaler Ausbau zur militärischen Sicherung ihrer Städte gewesen ist, sondern daß die Dynastie, insbesondere ihr Begründer Omri, sich ein „monumentales Gedächtnis" zu schaffen trachtete. Die bisher unbekannte Monumentalität der Bauten, der Gebrauch sorgfältig gearbeiteter *ashlar*-Blöcke und die Verzierung insbesondere der Eingangs-bereiche mit Volutenkapitellen sichert der Dynastie auf der symbolischen Ebene Bestand, Macht und Fortdauer. Gerade im Hinblick auf die nicht unbestrittene Usurpation des Thrones durch Omri legitimierte diese Dynastie ihren Herrschaftsanspruch bevorzugt monumental und brachte somit ihre politische und wirtschaftliche Potenz zum Ausdruck. Jezreel kommt hierbei, nach Williamson, eine Funktion als *„symbol of the Omri dynasty par excellence"* zu.[569] Der hierbei waltende logistische Aufwand mit dem gleichzeitigen Einsatz von im Verhältnis zur Bevölkerungszahl Israels großer Mengen von Arbeitskräften dürfte einiges zur Bildung einer kulturellen Identität des Nordreich beigetragen haben. Diese kulturelle Identität kann im Hinblick auf den Ursprung der Dynastie und ihre Repräsentation in Bild und Architektur als eine primär militärisch bestimmte verstanden werden. Der Aspekt der Fähigkeit, große Bauvorhaben durch Zwang zu Fronarbeit

---

[568] So auch Finkelstein, Omride Architecture, 133.

[569] Williamson, Tel Jezreel, 50. Williamson interpretiert diese Bedeutung für die Omriden jedoch durchweg negativ, da dieser Ort für die repressive Politik der Omriden gestanden hätte und daher auch nach dem Jehu-Putsch aufgegeben wurde. Der genaue Zeitpunkt der Aufgabe Jezreels ist jedoch ungewiß und die negative Wertung durch 1 Kön 16, 21ff. (Omri und Ahab trieben es schlimmer als ihre Vorgänger) vorgegeben. Es ist dem archäologischen Befund nach gut möglich, daß die Anlage - möglicherweise aus Kostengründen - nicht fertiggestellt werden konnte und deshalb außer Nutzung kam. Zu den assyrischen Residenzbauten als programmatisches Symbol des Königtums vgl. Novák, Herrschaftsform, 385 u.ö.

realisieren zu können, darf ebenfalls nicht vernachlässigt werden. Sollte die oben geäußerte Vermutung einer Entlehnung des rechteckigen Grundrisses aus der assyrischen Herrschaftsarchitektur richtig sein, so künden Samaria und Jezreel nicht nur von der ökonomisch-militärischen Potenz der Omriden, sondern auch - analog zu dem Symbolismus assyrischer Residenzen - von ihrem Anspruch auf Herrschaft über die vier Weltgegenden mit der Residenz als Symbol der kosmischen Ordnung im Zentrum.

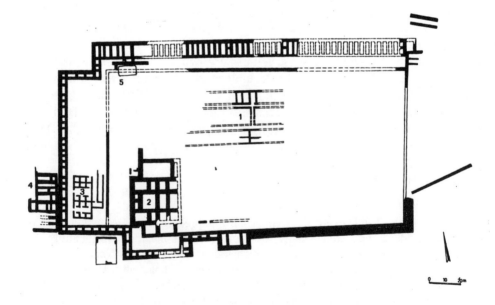

Abb. 132

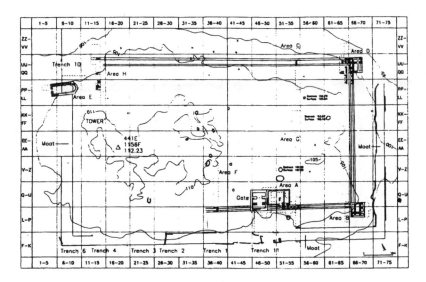

Abb. 133

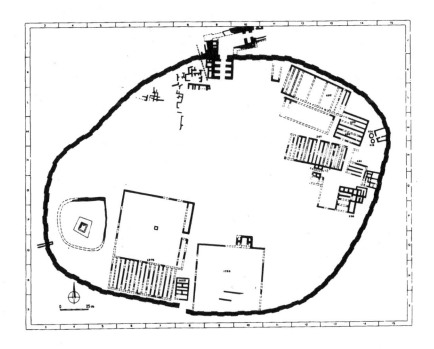

Abb. 134 a

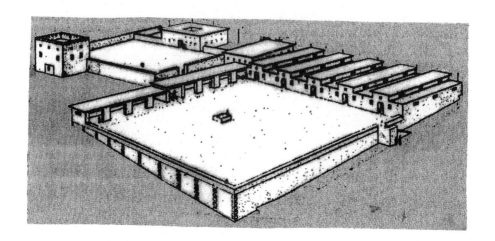

Abb. 134 b

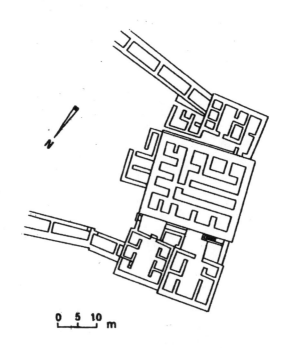

Abb. 135

4.4.4 Monumentale Herrschaftsrepräsentation in Juda

Helga Weippert hat insbesondere im Blick auf Lachish Str. V darauf hingewiesen, daß die städtebaulichen Prinzipien des 9. Jh. in Israel und Juda im wesentlichen identisch sind.[570] Sowohl in Israel als auch in Juda bestehen die Zitadellen der Städte in der Regel aus einer quadratischen Umfassungsmauer mit einer zentralen oder an eine Mauer angelehnten Palastanlage, ergänzt durch *pillared buildings*. Der Befund für Juda sei hier an einigen Beispielen kurz erläutert:

Auf dem Tell ed-Duwēr wird das bestehende Palast-Podium der EZ II A im Zentrum der Stadt auf eine Größe von 32 x 76 m vergrößert (Palace B, Abb. 136).[571] Die monumentale Wirkung des ursprünglich quadratischen Podestes wird damit noch in der Horizontalen verstärkt. Palace B ist somit das größte aus Israel und Juda bekannte Gebäude dieser Art. Die Anlage ist im Nordosten und Osten von einer Mauer von ca. 70 x 106 m umgeben. Im Nordwesten schließen sich an das Podium ein Komplex mit langen, schmalen Räumen an, im Südosten ein Komplex aus je zwei Hallengebäuden, die ein Sechs-Kammer-Tor flankieren. Die Gesamtanlage umfaßt 106 x 130 m. Auffallend ist die zentrale Position der Festung im Zentrum der Stadt, um die sich die Wohngebäude herum gruppieren. Diese Anordnung kommuniziert die Zentrierung der Gesellschaft auf das administrativ-militärische Zentrum hin. Die Funktion von Lachish als provinzielles Zentrum spiegelt sich somit in der Stadtanlage mit der horizontal und vertikal dominierenden Palast-Festung in der Mitte und symbolisiert die staatliche und kosmische Ordnung mit dem König als ordnendem Prinzip.

In Arad wird nach der Zerstörung der Festung aus Stratum XI in Stratum X eine neue Zitadelle in fast identischer Größe mit einer massiven Mauer mit *insets* erbaut. Der von zwei massiven Türmen geschützte Eingang wird in die Mitte der Mauer im Westen verlegt. Das 15 x 19 m große Heiligtum wird ebenso rekonstruiert.[572] Auch in der EZ II B bleibt die Tempel-Zitadelle in Arad der einzige Beleg für den Zusammenhang von monumentaler Herrschaftsrepräsentation und Staatskult in Juda.

In Kadesh Barnea (Tell el-Qedērat) entstand nach einer längeren Siedlungslücke an der Stelle der ovalen Festung der EZ II A eine völlig neue Anlage: Die neue Festung in Form eines Rechtecks mißt 40 x 60 m mit einer

---

[570] Vgl. Weippert, HdA, 525.

[571] Vgl. Ussishkin, Tel Lachish 1978-1983, 147ff. u. Fig. 23 (Abb.).

[572] Vgl. Herzog u.a., Israelite Fortress, 8ff.; Aharoni, Art. Arad, 82f.

Mauerstärke von 4 m (Abb.137).[573] Die Anlage verfügt über acht vorkragende Türme, vier an den Ecken und je einer an den Längsseiten. Den Mauern vorgelagert ist eine Erdrampe, die wiederum von einem 4 m breiten und 2,5 m tiefen Graben umgeben ist. Die Monumentalität der Anlage erschließt sich auch dem heutigen Betrachter durch die noch auf fast bis 2 m Höhe anstehenden Grundmauern. Im Inneren der Festung befand sich eine breite Straße in Ost-West-Richtung mit flankierenden Gebäuden und schmaleren Zugangswegen. Im Südwesten befand sich eine große Zisternenanlage mit einem Fassungsvermögen von ca. 180 m³ Wasser.[574] Auffallend am Gesamtplan der Festung ist, daß er, wenn auch in verkleinertem Maßstab, dem von Jezreel gleicht: Beide verfügen über einen rechteckigen Grundriß, Ecktürme, Erdrampe und Graben. Die Unterschiede beider Anlagen, massive Mauer in Kadesh-Barnea und Kasemattenmauer in Jezreel, ergeben sich aus ihrer unterschiedlichen Funktion: Während Jezreel als monumentale Residenz geplant wurde, ist Kadesh Barnea eine überaus stark gesicherte Grenzfestung. Ähnlich, aber in kleineren Dimensionen ist die Anlage von Kuntilet ʿAǧrūd mit 25 x 15 m und vier vorspringenden Türmen (Abb. 138).[575] Die Lage des Gebäudes auf einer Kuppe und die festungsartige Architektur sprechen hier mehr für eine primär militärische Nutzung als für eine merkantile oder religiöse.[576] Einen vergleichbaren Grundriß mit sechs vorspringenden Türmen weist auch die Festung in Aseka auf, jedoch ist deren Datierung unsicher.[577]

In ihrer Monumentalität stehen die judäischen Anlagen in den regionalen Zentren wie Lachish denen des Nordreichs nur wenig nach. Der ähnliche Grundplan der Befestigungsanlagen von Kadesh Barnea und Jezreel läßt weitgehende Übereinstimmungen in der Militärarchitektur erkennen. Ebenso läßt sich an den Stadtanlagen Judas eine Differenzierung in der Funktion und der Gesellschaft ablesen, die der im Nordreich zu entsprechen scheint: Während Lachisch ein administrativ-militärisches Zentrum wie Megiddo dargestellt, so scheint der nur wenige km südlich gelegene Tell Bēt Mirsim hingegen, trotz seiner durchaus monumentalen Befestigungsanlagen,[578] primär

---

[573] Cohen, Kadesh Barnea, 844.

[574] Vgl. Cohen, Kadesh Barnea, 844ff.

[575] Vgl. hierzu Meshel, Art. Teman, Ḥorvat, 1458ff.; Plan: 1458.

[576] Vgl. hierzu Meshel, Art. Teman, Ḥorvat, 1463f. Hadley, Kuntillet ʿAjrud, 115ff., weist sehr richtig darauf hin, daß die bemalten Pithoi noch kein ausreichender Hinweis auf ein Kultzentrum darstellen und argumentiert ebenfalls aufgrund der Parallelität der Anlage zu Kadesh Barnea für eine Interpretation als befestigte Wegstation. Auch Finkelstein, Living, 151 mag sich der Theorie der Kultstätte nicht anschließen.

[577] Vgl. Stern, Art. Azekah, 124.

[578] Vgl. hierzu Albright, TBM III, § 40ff.; ders.; Art. Beit-Mirsim Tell, 179ff.

eine Wohnstadt gewesen zu sein. Eine Mittelstellung scheint in Juda Beersheba/Tell es-Seba' einzunehmen, der eine dichtbesiedelte Wohnstatt gewesen ist, aber aufgrund einer Gruppe von *pillared buildings* auch eine administrativ-militärische Funktion hatte.[579] Beispiel für eine von vornherein streng durchgeplante Wohnstadt mit Straßen in Schachbrettmuster ist Timnah/Tel Batash.[580] Von einem allgemeinen Nord-Süd-Gefälle kann somit kaum die Rede sein.[581] Es ist indes nicht von der Hand zu weisen, daß die omridische Dynastie ihren Herrschaftsanspruch in den Residenzen Samaria und Jezreel auf besondere Weise monumental realisierte und hierzu auch auf größere ökonomische Ressourcen zurückgreifen konnte. Ob vergleichbar monumentale Anlagen in der Hauptstadt des Südreiches bestanden haben, ist bekanntermaßen nicht mehr zu erheben. Es steht aber zu vermuten, daß Zitadelle und Palastanlage der Hauptstadt, wenn man 1 Kön 7,1-12 Glauben schenken darf, die der provinziellen Zentren bei weitem übertroffen haben dürfte.[582]

---

[579] Vgl. hierzu Fritz, Stadt, 92ff.

[580] Vgl. Mazar, Timnah, Fig. 53. Die Existenz administrativer Gebäude ist bisher ungeklärt (ebd., 254), es wurde jedoch eine monumentale Toranlage freigelegt, die der in Lachish ähnelt (ebd., 257)

[581] So Weippert, HdA, 518; Herzog, Archaeology, 249. Es mag zwar ein demographisches Gefälle zwischen Israel (ca. 350.000 Einwohner nach Finkelstein, Environmental Archaeology) und Judah (ca. 110.000 Einwohner) gegeben haben, ein kulturelles Gefälle ist anhand des archäologischen Befundes m.E. kaum evident zu machen

[582] Möglicherweise handelt es sich bei einer nahe des Hulda-Tores gefundenen Struktur um ein großes, offizielles Gebäude, daß in direkter Beziehung zu dem anschließenden Stadttor steht. Vgl. Mazar, The Ophel, 56ff.; Mazar/Mazar, Excavations, 29ff.; 60.

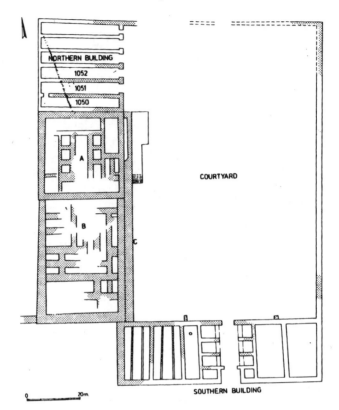

Abb. 136

Abb. 137

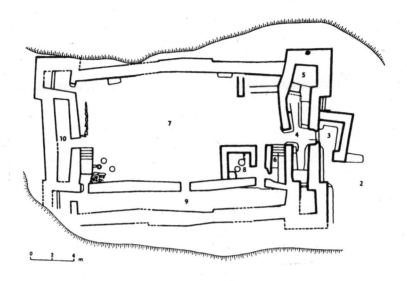

Abb. 138

4.4.5 Wandmalerei mit der Darstellung einer befestigten Stadt (Motiv 2.1 c)

Zum Kontext monumentaler Herrschaftsrepräsentation gehört eine Wandmalerei aus Kuntilet ʿAğrūd (Abb. 139):[583] Die in rotem Farbauftrag ausgeführte Arbeit von ca. 11,5 x 11 cm zeigt in einer dicken Umrandung eine stilisierte befestigte Stadt mit zwei zinnenbewehrten Türmen. In der Mitte sind zwei menschliche Figuren erkennbar, deren erste einen konischen Helm mit nach vorne fallendem Busch oder Band und scheinbar eine auf die Schultern herabfallende Frisur trägt.[584] Die zweite Figur scheint eine flache Kappe zu tragen.[585] Die Bögen vor den beiden Figuren können als Schilde interpretiert werden. Um eine Belagerungsszene dürfte es sich hier nicht handeln, da die Szene durch die breite Umrandung deutlich isoliert ist und keinen Raum für Belagerer bietet.

Übereinstimmend ist die große Nähe zu assyrischen Reliefs und Malereien festgestellt worden.[586] In der Tat entspricht die Art der Stilisierung einer Stadt durch zwei Türme mit dreieckigen bzw. gestuften Zinnen mit einem dazwischenliegenden Mauerabschnitt fast exakt assyrischen Vorbildern.[587] Auch die Form der Helme (Spitzhelm und Rundhelm) findet sich auf zeitgenössischen assyrischen Darstellungen.[588] Derartige Spitz- und Rundhelme sind jedoch kein assyrisches Proprium, sondern werden auf den Lachish-Reliefs auch von den judäischen Soldaten getragen.[589] Da eine direkte Ableitung von assyrischen Malereien auch hier eher unwahrscheinlich ist,[590] muß wiederum an Vorbilder aus der assyrischen Glyptik gedacht werden, wobei Szenen wie in Abb. 140 von einer Siegelabrollung aus Assur Pate gestanden haben könnten.[591]

---

[583] Beck, Drawings, Fig. 18.

[584] Vgl. hierzu Beck, Drawings, 49.

[585] Keel/Uehlinger, GGG, § 147 meinen, der Mann sei barhäuptig.

[586] So Beck, Drawings, 49; Schroer, Bilder, 189; Keel/Uehlinger, GGG, § 278.

[587] Vgl. Hrouda, Kulturgeschichte, T. 10-11.

[588] Vgl. Hrouda, Kulturgeschichte, T. 23, 1-3; 5-13 (Spitzhelm); 4, 21 (runder Helm).

[589] Vgl. Ussishkin, Conquest, Fig. 78. Die flache Kopfbedeckung der Judäer könnte aufgrund ihrer Struktur aber auch aus Leder oder Stoff sein.

[590] Die von Schroer, Bilder, 189, vorgetragene These assyrischer Wanderarbeiter kann kaum evident gemacht werden: Arbeiten in diesem flüchtigen Stil sind m.W. aus Assyrien bislang nicht bekannt.

[591] Herbordt, Neuassyrische Glyptik, T. 1, 8. Vgl. auch Frankfort, Cylinder Seals, Pl. XXXIV, j; Collon, First Impressions, Nr. 752, 753.

Die Funktion dieser Malerei liegt m.E. ohne Zweifel im Bereich königlich-militärischer Repräsentation. Keel/Uehlinger haben gegenüber anderslautenden Vermutungen[592] geltend gemacht, daß derartige Motive nicht ohne staatlichen Einfluß denkbar sind.[593] Dies bestätigt auch die Darstellung des Thronenden Herrschers aus Abb. 72. Wenn die Anlage, wie oben dargelegt, tatsächlich eine Grenzfestung gewesen ist, erfüllt die Malerei sehr sinnvoll eine Funktion in der staatlichen Repräsentation: Die befestigte Stadt mit den bewaffneten Männern auf der Mauer realisiert die Wehrhaftigkeit und militärische Potenz des judäischen Staates. Das Motiv muß daher in engem Zusammenhang mit der monumentalen Herrschaftsrepräsentation in Juda gesehen werden. Das äußere Erscheinungsbild einer Festung wie Kadesh Barnea und auch Kuntilet ʿAğrūd selbst dürfte hier eine bildhafte Realisation gefunden haben. Die Repräsentation militärischer Stärke in einem Außenposten wie Kuntilet ʿAğrūd hat sehr viel Evidenz für sich, da sie zum einen die eigene militärische Stärke für die Judäer kommuniziert und zum anderen den südlichen Nachbarn eine eindeutige bildhafte Botschaft überbringt, die unmißverständlich vor militärischen oder - was hier durchaus wahrscheinlich ist - vor räuberischen Übergriffen warnt.

---

[592] Beck, Drawings, 49, hält das Motiv für unspezifisch: *„Like so many of the motivs depicted at Ḥorvat Teiman, this one was douptlessly part of the stock-in-trade of the Phoenician artisans and was frequently executed on minor, mobile objects...“*

[593] Vgl. Keel/Uehlinger, GGG, § 145.

0 _____ 3cm.

Abb. 139

Abb. 140

4. 5 Zusammenfassung des Befundes

Es ist auffällig, daß der Beginn einer nennenswerten eigenen bildhaften Herrschaftsrepräsentation im Nordreich zeitlich in etwa mit der ersten Dynastiebildung durch Omri einhergeht. Die Dynastie der Omriden hat ihren Herrschaftsanspruch nicht nur in der monumentalen Architektur Gestalt verliehen und legitimiert, sondern auch in der Kleinkunst. Sowohl die Elfenbeinarbeiten als auch die Stempelsiegel kommunizieren auf vielschichtige Weise den Anspruch des Königtums: Die militärische Macht der Dynastie kommunizieren insbesondere die Siegel mit Streitwagendarstellungen, die offizielle oder zumindest doch halboffizielle Funktion hatten. Sie rekurrieren auf die stärkste Waffe des Nordstaates und beschwören gleichsam seine Schlagkraft. Nach außen dominiert somit im Nordreich eine Tendenz in der Herrschaftsrepräsentation, die dem militärischen Aspekt besondere Bedeutung zumißt. Dies bestätigt auch der architektonische Befund mit den ausgedehnten Anlagen in Hazor und Megiddo, die wohl primär militärischen Zwecken dienten.

Die Darstellungen des Königs auf offiziellen Siegeln fokussieren analog zur assyrischen Königsikonographie den herrschaftlichen Aspekt durch die Darstellung des Königs mit dem Stab der Herrschaft ohne weitere Attribute (Motive 1 b-c). Auffälligerweise fehlt in der Glyptik der EZ II B das Motiv 1 d: König vor Gottheit. Einzig die Bullen aus Samaria mit dem Motiv 3 e: Geflügelter Skarabäus können hinsichtlich einer Legitimation durch die solarisierte Reichsgottheit verstanden werden. In der herrschaftlichen Repräsentation nach außen dominieren in Israel die säkular-militärischen Symbole der Gruppen 2.1 b: Streitwagen; und 3 a: Löwe. Im Palastbereich selbst dominieren Motive aus dem Kontext der Sicherung der Prosperität (Voluten und Palmetten) und des Schutzes für den Herrscher, auch wenn Überwindungsmetaphern hier ebenso vertreten sind.

Der Befund für das Südreich entspricht im großen und ganzem dem des Nordreiches: Eine breite, in vielfältigen Kunstgattungen präsente Herrschaftsrepräsentation setzt erst im 8. Jh. ein. Wie im Nordreich spielt die monumentale Repräsentation auch im Südreich eine wichtige Rolle, wie die Verwendung der Volutenkapitelle in beiden Staaten zeigt. Auch in Juda scheint die militärische Symbolik wichtiger Bestandteil der Herrschaftssymbolik gewesen zu sein, wie die Pferdesiegel der Gruppe 3 b zeigen. Ebenso gehört die Darstellung einer von bewaffneten Kriegern bemannten Festung (Motiv 2.1 c) in die Sphäre militärischer Außen-repräsentation.

Die vorwiegend aus dem Kunsthandel stammenden Siegel mit der Darstellung des Herrschers mit Stab (1 b) und des Herrschers den Feind schlagend (1 f) lassen keine Differenzierung zwischen Israel und Juda zu. Es steht zu vermuten, daß die aramäisch-assyrisierende Ikonographie dieser Gruppe Kennzeichen für beide Staaten sowie für die Philister war. Neben der assyrisierenden Ikonographie des Königs zeigen die Darstellungen des thronenden Herrschers der Gruppe 1 a aus Samaria und Kuntilet ʿAǧrud eine zweite der phönizischen Bildtradition verpflichtete Linie. Die Herrschaftsikonographie der EZ II B zeigt, daß Israel und Juda zum kulturellen Milieu Phöniziens und Syriens gehören, aber ein eigenes „Sub-Milieu" bilden. Eine vorrangige Orientierung an der ägyptischen Herrschaftsikonographie ist nicht zu erkennen.[594] Neben der syro-phönizischen Prägung der Glyptik und Kleinkunst und ihrer konventionellen Motivik ist gerade in der Gestaltung der Königsdarstellungen massiver assyrischer Einfluß spürbar. Es steht zu vermuten, daß Juda und Israel im 8. Jh. mit der Übernahme von Elementen der assyrischen Herrschaftsikonographie auch deren Herrschaftsideologie, insbesondere was die Betonung der militärischen Potenz betrifft, adaptiert haben. Der Übernahme assyrischer Herrschaftsikonographie kommt im Sinne der in Abschnitt 2.5 verhandelten „elite-emulation" ebenso eine legitimatorische Funktion zu, indem das Königtum und seine Eliten ihren Herrschaftsanspruch über das Symbolsystem der kulturell überlegenen Großmacht kommuniziert haben. Auch die bereits in der EZ II A erscheinende Tendenz, in der Herrschaftsikonographie auf militärische Symbolik zu rekurrieren, wird durch den Kontakt mit den Assyrern weiter befruchtet. Die Reichstrennung hat nicht, wie die Untersuchung der Ikonographie und Architektur gezeigt hat, zur Herausbildung separater Symbolsysteme geführt. Israel und Juda bedienen sich derselben, vorwiegend kämpferisch-militärischen Herrschaftssymbolik, sodaß beide Staaten auch in der EZ II B durchaus als kulturelle Einheit anzusehen sind.

---

[594] So Keel/Uehlinger, GGG, § 154.

Kapitel 5
Bildhafte Herrschaftsrepräsentation in der
Glyptik und Kleinkunst der Eisenzeit II C (720/700-587)

Historisch ist der Einschnitt vom Übergang der EZ II B zur EZ II C durch das Ende der eigenstaatlichen Existenz des Nordreiches im Jahre 722 v. Chr. gekennzeichnet. Archäologisch ist diese neue Situation im Norden durch assyrische Bautätigkeit, insbesondere in Megiddo, greifbar.[595] Der Süden gerät politisch immer mehr in Abhängigkeit zu Assyrien. Die Schaukelpolitik der judäischen Könige, einerseits Unterwerfung unter das assyrische Joch, anderseits die vergeblichen Versuche, die assyrische Oberherrschaft abzuwerfen, führte zu Gebietsabtrennungen und schließlich zur Reduzierung Judas auf einen marginalen Reststaat. Die alttestamentliche Wissenschaft hat, entsprechend dem Bild der atl. Quellen von einer "assyrischen Krise" der israelitischen Religion gesprochen, die sich insbesondere in einer Astralisierung der himmlischen Mächte niederschlage.[596] Dieser Tendenz wird im folgenden nachzugehen sein.

5.1 Darstellungen des Königs
5.1.1 Der thronende König (Motiv 1 a)

Der bedeutendste Fund in diesem Zusammenhang ist ohne Zweifel die fragmentarische Darstellung eines sitzenden Mannes aus dem Palast in Rāmāt Rāḥēl (Ḥirbet Saliḥ) und ein weiteres Fragment, daß nur den Gewandsaum und den Unterschenkel einer sitzenden Person erkennen läßt. Das größere der beiden Fragmente von zwei verschiedenen Vorratsgefäßen in der Größe von 12,5 x 7,5 (Abb. 141) [597] bildet in braun-rötlichem und schwarzen Farbauftrag einen sitzenden Mann im Profil ab. Die Figur trägt ein langes Übergewand mit abschließenden Streifen an den Ärmeln mit einem durch zwei Streifen angedeuteten Gürtel, der auch eine Raffung darstellen könnte, über einem Untergewand, dessen längere Ärmel am rechten Arm sichtbar sind. Beide Arme weisen leicht angewinkelt vom Körper weg, wobei der rechte Arm bis zur Höhe des Gesichts erhoben ist. Die rechte Handfläche scheint, soweit erkennbar, ausgestreckt zu sein. Der Kopf ist etwa in Stirnhöhe weggebrochen,

---

[595] Vgl. hierzu Reich, Palaces, 214ff.

[596] Vgl. hierzu Spieckermann, Juda, 303ff.; Donner, Geschichte II, 329ff.; Albertz, Religionsgeschichte I, 321ff; Keel/Uehlinger, GGG, § 168ff; Schoors, Königreiche, 93ff.; Arneth, Sonne, insbes. 201ff.

[597] Aharoni, RR 1, Fig. 30,1 u. Pl. 28.

läßt aber noch deutlich die Physiognomie, Haar- und Barttracht des Dargestellten erkennen: Die Augen sind recht groß durch schwarzen Farbauftrag ausgeführt, die Nase ist prominent und nicht ganz gerade. Der schmale Mund ist durch ein leichtes Lächeln gekennzeichnet. Der am Ende leicht stumpf zulaufende Bart weist in einem Winkel von ca. 60° nach rechts unten. Die Frisur fällt in insgesamt fünf, im Nacken längeren, Strähnen herab; die drei längeren Strähnen liegen auf den Schultern auf. Die Person sitzt auf einem Thron mit hoher Rückenlehne. Über und unter der Sitzfläche befinden sich halbkreisförmige Streben.[598] Da der Thron recht hoch ist, wird übereinstimmend angenommen, daß die Füße ursprünglich auf einem Fußschemel ruhten, wie er von entsprechenden assyrischen Denkmälern bekannt ist.[599] Für die Ikonographie wurden bisher, mit jeweils guten Argumenten, sowohl syro-phönizischer Einfluß (Aharoni[600]), assyrisierender Stil mit einigen syrischen Komponenten (Matthiae[601]) oder - aufgrund des auffallenden Lächelns - griechischer Einfluß (Geva[602]) geltend gemacht. Augenfällig sind insbesondere die assyrisierenden Elemente: Die Gesamtkonzeption der Darstellung des Thronenden entspricht den entsprechenden neuassyrischen Konventionen in Malerei und Reliefplastik. Obwohl der Kontext der Szene nicht mehr erkennbar ist, stellt das Fragment - und hier ist sich die Forschung einig - den hoheitsvoll thronenden König als Zelebrant einer höfischen Szene oder eines Rituals dar. Entsprechend den assyrischen Darstellungen könnte der König ein Herrschaftsinsignium, etwa einen Stab oder aber, wie Matthiae meint, einen Becher als Ritualgerät in der linken Hand gehalten haben, wohingegen die rechte im rituellen Gestus der Handausstreckung erhoben ist und m.E. keinen Gegenstand mehr hält.[603] Das zweite, kleinere Fragment (8,3 x 4,8 cm) zeigt einen Gewandsaum mit Borte und einen Unterschenkel mit ähnlich betont ausgeführter Muskulatur (Abb. 142).[604] Da sich am linken Rand scheinbar ebenso ein Thron befindet, ist davon auszugehen, daß es sich um eine ähnliche Konzeption wie auf dem größeren Fragment gehandelt hat.

---

[598] Aufgrund dieser Bögen kommt Weippert, HdA, 673, zu dem Schluß, es handele sich um einen Mann in einem lederbespannten Wagen, der mit seinen ausgestreckten Armen Zügel halte. Die sitzende Position, die hohe Rückenlehne und das Fragment Aharoni, RR 1, Fig 30,2 sprechen jedoch entschieden gegen eine solche Deutung.

[599] So Aharoni, RR 1, 42; Matthiae, in: RR 2, 87.

[600] Vgl. Aharoni, RR 1, 43.

[601] Vgl. Matthiae, in: RR 2, insbes. 90ff.

[602] Vgl. Geva, Painted Sherd, 186ff.

[603] Die Hand ist gut genug erhalten, um sehen zu können, daß die Handfläche ausgestreckt ist.

[604] Aharoni, RR 1, Fig, 30, 2.

Insgesamt - hier ist Matthiae völlig recht zu geben - handelt es sich bei den Malereien aus Rāmāt Rāḥēl um Kompositionen, die starken assyrischen Einfluß aufweisen, aber - und dies betrifft die Gestaltung des Kopfes auf der größeren der beiden Scherben - lokale palästinisch-phönizische Gestaltungselemente aufweisen: Der nach vorne mehr oder weniger spitz zulaufende Bart mit rasierter Oberlippe ist in dieser Form in Palästina und Syrien seit der Mittelbronzezeit bekannt und auch in Phönizien und Palästina in der Eisenzeit gut belegt.[605] Die Frisur mit auf die Schulter fallenden Strängen von Locken entstammt derselben Tradition.

Aufgrund der eindeutigen ikonographischen Elemente, Haltung/Gestus, Kleidung, des Thronattributes und des Fundkontextes im Palast von Rāmāt Rāḥēl kann kein Zweifel daran bestehen, daß es sich bei vorliegenden Fragmenten um Darstellungen eines judäischen Königs handelt.[606] Ob es sich freilich um ein Abbild eines bestimmten Königs oder um eine konventionelle Repräsentation des Herrschers handelt, ist kaum zu entscheiden, jedoch sprechen Medium, Format und Stilisierung eher für letzteres.[607]

Die Fragmente gehören eindeutig Stratum V A an, das aufgrund der Keramik in das ausgehende 7.-6. Jh. v. Chr. datiert wird. Aharoni schlägt daher eine Datierung in die Zeit um 600 vor.[608] Matthiae hingegen möchte die Zeichnung noch in die Zeit vor der Josianischen „Reform" datieren, da seines Erachtens nach dieser „Reform" die bildliche Darstellung eines judäischen Königs unmöglich wäre.[609] Im Hinblick auf die fragliche Historizität, die unklaren

---

[605] Aus der MBZ die Darstellung palästinischer Tributäre aus Beni-Hassan: Pritchard, ANEP, 3 Ein sbz (?) Terrakottakopf aus Aqar Quf; Basmachi, Iraq Museum, 120; die Mkl-Stele aus Beth-Shean: ANEP, 485; Statue des Idrimi, ANEP, 452; „Blitz"-Baal aus Ugarit, ANEP, 490. In der EZ I: Darstellungen von Syrern in Medinet-Habu: ANEP, 346; in Theben: ANEP, 53. Gefangene *plšt* und *šrdn* in Medinet Habu: ANEP, 9. Der thronende Fürst von den Megiddo-Ivories, Loud, Ivories, Pl. 4. EZ II A: Figurenapplike eines Tonständers aus Jerusalem: Shiloh, City of David I, Fig. 23 (siehe oben Abb. 43). EZ II C: Die Darstellung Jehus auf dem Schwarzen Obelisken: ANEP, 355 (jedoch mit Oberlippenbart) sowie auf zahlreichen ez Siegeln: Avigad/Sass, Corpus, 402 (Investitur, Abb. 143) 777, (aramäisch, mit Herkules-Motiv) 1043 (moabitisch), 925 (Mischwesen, ammonitisch), 905 (ammonitisch) etc.

[606] Vgl. Aharoni, RR 1, 43; Matthiae, in: RR 2, passim; Keel/Uehlinger, GGG § 206.

[607] So auch Aharoni, RR 1, 43: „*We cannot, of course, know whether the artist's intention was to produce a portrait of his king, or whether this is merely a conventional representation of the Syro-Palestinian monarch of this period.*"

[608] Vgl. Aharoni in Matthiae, in: RR 2, 94.

[609] Matthiae, in: RR 2, 93f: „*... a terminus ad quem is set by the time of the reform of Josiah, which seems to have occured at the beginning of the king's majority; for it is difficult to understand, in an official residence of Judah, the representation,*

Konsequenzen einer solchen Reform und die Kontinuität ikonographischer Traditionen sind diese Überlegungen jedoch kaum evident zu machen und die Avigadsche Datierung zu bevorzugen.

Der assyrisierende Stil weist klar auf die assyrische Dominanz über Juda bzw. deren Nachwirkungen in der babylonischen Zeit hin und reflektiert gleichzeitig die Aufnahme von Elementen der assyrisch-babylonischen Herrschafts-ikonographie und damit auch Ideologie: Zentrum der Darstellungen dürfte ein ritueller oder höfischer Akt gewesen sein. Zu denken ist hier möglicherweise an ein rituelles Bankett oder eine Audienz bzw. Huldigungsszene wie sie auf dem bekannten Relief des Barrakib aus Zinçirli und vor allen Dingen auf assyrischen Reliefs reich bezeugt ist. Seinen typischen Ausdruck findet das Sujet des thronenden Königs auf dem Relief des thronenden Sanherib mit der vielsagenden Beischrift „*Sennacherib, king of the world, king of Assyria, sat upon a nîmedu-throne and passed in review the booty (taken) from Lachish.*"[610] Der Stil deutet m.E. stark darauf hin, daß es sich um eine Nachschöpfung assyrischer Königsdarstellungen handelt. Entsprechende Vorbilder finden sich auf Ritzzeichnungen und Wandreliefs in Nimrud vom Typus „König reinigt Waffen"[611] und insbesondere auf den Wandmalereien vom Til Barsip des Typs „König reinigt Armee" (Abb. 143-144).[612] Die Vermittlung derartiger Szenen sieht Matthiae über die assyrische Glyptik linearen Stils.[613] Dieses Sujet der Palastreliefs und Wandmalereien mit dem thronenden König ist in verkürzter Form jedoch in der assyrischen Glyptik nicht bezeugt, sodaß erwogen werden muß, daß die Darstellung doch direkt auf Vorbilder der Großkunst zurückgeht. Eine direkte Abhängigkeit von der stilistisch sehr ähnlichen neuassyrischen Malerei ist zwar aufgrund des Fehlens größerer Kompositionen bislang nicht nachweisbar, aber durchaus im Rahmen des Möglichen.

Mit dem Import assyrischer Symbolik - sei es durch das eine oder das andere Medium vermittelt - symbolisiert und kommuniziert der judäische Herrscher seinen eigenen Anspruch auf Herrschaft analog der seines Oberherrn. Der Gestus der erhobenen rechten Hand entspricht dem weihend/segnend/grüßenden assyrischen Gestus der Handausstreckung (s.o.). Der Adressat der Handausstreckung könnte ein vor dem König stehender Würdenträger gewesen sein. Sollte der judäische Herrscher einen Stab in seiner

---

after the reform, of a ritual act conceived according to Assyrian canons."

[610] Pritchard, ANEP, 371 u. S. 293.

[611] Magen, Königsdarstellungen, T. 16,1.

[612] Magen, Königsdarstellungen, T. 17, 6 und 7.

[613] Vgl. Matthiae, in RR 2, 88.

Hand gehalten haben, entspräche dies ebenso den assyrischen Vorbildern.[614] Wie oben unter 4.1.2.1 dargestellt, ist das Motiv des Königs mit Stab auch in der israelitisch-judäischen Glyptik gut belegt und bezeugt die Adaption assyrischer Herrschaftsideologie, in der der *šibarru*-Stab das Hirten-Herrscheramt des Königs bezeugt und engstens verbunden ist mit der Unterwerfung der Feinde.[615]

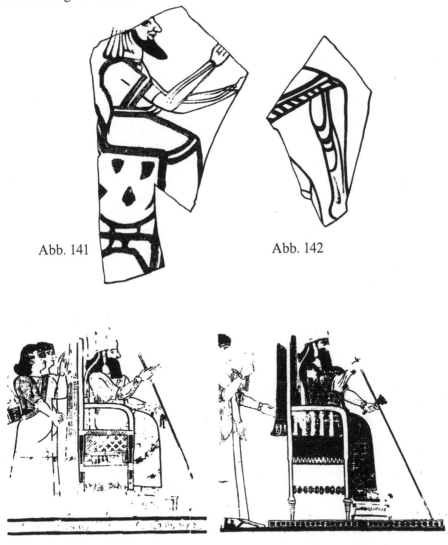

Abb. 141   Abb. 142

Abb. 143   Abb. 144

---

[614] Vgl. Magen, Königsdarstellungen, T. 17, 2,3,7,6.

[615] Vgl. Magen, Königsdarstellungen, 21.

5.1.2 König mit Würdenträger (Motiv 1 e)

Der bedeutendste Fund in diesem Zusammenhang sind die beiden Abdrücke des Siegels des *sr hyr* (Abb. 145)[616]: Die sich heute in Y. Sasson-Collection und dem Haaretz-Museum in Tel Aviv befindlichen Bullen aus dem Kunsthandel zeigen in einem Bildfeld mit einfacher Umrandung links eine Person über einer Standlinie in einem aufwendigen Gewand, dessen Oberteil durch Rautenschraffur, das Unterteil durch Kästchen stilisiert ist. Um die Hüften trägt die Figur einen Gürtel, in dem ein Schwert steckt. Die rechte Hand liegt auf dem Schwertknauf auf, die Linke hält einen Bogen mit drei Pfeilen in Höhe der Brust. Die Haare fallen in einer dicken Locke auf die Schultern; der Bart scheint - soweit erkennbar - spitz zuzulaufen. Ihm zugewandt ist eine zweite, kleinere Person in einem ähnlichem Gewand, über dessen Schultern gekreuzte Schulterriemen über einem schraffierten Brustteil, offenbar Bestandteil eines militärischen Ausrüstungsgegenstandes, möglicherweise eines Panzers oder Waffengurtes, laufen. Der rechte Arm ist zum Gruß oder zur Entgegennahme der Waffen erhoben, der linke Arm hängt hinter dem Rücken bzw. an der Seite herab. Haar- und Barttracht entsprechen der linken Figur. Unter der Figur wird die Standfläche durch eine ovale Kartusche mit der Legende *sr hyr* („Gouverneur der Stadt") unterbrochen.

Die linke Figur dürfte mit dem judäischen König zu identifizieren sein, der als Herrschaftssymbole Pfeil und Bogen in der Hand hält[617] und demonstrativ die Rechte auf den Knauf seines Schwertes legt. Bei der rechten Figur handelt es sich um den *sr hyr*, der grüßend bzw. huldigend vor dem Herrscher steht. In der Identifikation der beiden Personen herrscht in der Literatur Übereinstimmung.[618] Unterschiede ergeben sich jedoch in der Deutung: Barkay sieht hier eine Investitur des Stadtkommandanten durch den König mit der Übergabe der Herrschaftsinsignien.[619] Keel/Uehlinger sind der Auffassung, dies würde die Szene zu stark historisieren: *„Pfeil und Bogen sind Attribute der königlichen Herrschaft, die der König dem Stadtkommandanten hier kaum übergibt. Vielmehr unterstreicht die Darstellung gerade, daß die legitime Macht in der Hand des Königs liegt, wogegen der Beamte (...) in Loyalität zu seinem König nur eine ihm delegierte Macht ausübt."*[620] Eine mittlere Position

---

[616] Avigad/Sass, Corpus Nr. 402; Vgl. hierzu auch Avishur/Heltzer, Studies, 88 mit weiteren Belegen auf anikonischen Siegeln und Abdrücken. Umzeichnung nach Keel/Uehlinger, GGG, 346.

[617] Zur Vorgeschichte des Motivs vgl. Keel, Bogen.

[618] Vgl. Keel/Uehlinger, GGG, § 206; Sass, Hebrew Seals, 237f.

[619] Vgl. Barkay, Second Bullae.

[620] Vgl. Keel/Uehlinger, GGG, § 206.

nimmt Sass ein: „*... the scene may well have been intended to illustrate the delegation of authority to the official in question and to emphasize his loyalty to the crown....*"[621] Es kann kein Zweifel bestehen, daß die dargestellte Szene unmittelbar auf assyrische Vorbilder zurückgeht: Im oberen Register des schwarzen Obelisken hält Salmanasser III. in der erhobenen rechten Hand zwei Pfeile und in der linken den auf den Boden gestützten Bogen. Ein Relief aus Nimrud vom Typus IV d „König reinigt Waffen" zeigt Assurnasirpal zwischen Apkalle, die ihn mit einen Aspergillum besprengen (Abb. 4). Den Gestus der auf den Schwertknauf gestützten Hand zeigen sowohl Darstellungen hoher militärischer Funktionäre als auch die des Königs selbst.[622] Der Stadtgouverneur nimmt einen Gestus ein, wie er auch von assyrischen Darstellungen wohl bekannt ist.[623] Es ist daher denkbar, daß die judäischen Siegelschneider hier unmittelbar auf assyrische Vorbilder zurückgegriffen haben. Medium dieser Vermittlung sind jedoch eher assyrische Rollsiegel gewesen, weniger wohl die Orthostatenreliefs, die ein Judäer wohl kaum zu Gesicht bekam. Rituelle Szenen vom Typ der Waffenreinigung sind in der neuassyrischen Glyptik gut belegt.[624] Aus Palästina selbst stammen eine Anzahl importierter Rollsiegel, die den König mit dem Bogen als Herrschaftssymbol bei Kulthandlungen zeigen (Abb. 146-148),[625] sodaß die Vermittlung sehr wahrscheinlich über dieses Medium gelaufen ist.

Auf den assyrischen Darstellungen gibt der König die Waffen nicht aus der Hand, sondern sie sind deutlich Zeichen seiner Herrschaft und militärischen Potenz. Auch auf dem judäischen Siegel hält der König seine Insignien in der Hand. Es handelt sich somit nicht um eine Investiturszene mit Übergabe der Machtinsignien. Die deutliche Adaption der assyrischen Ikonographie auf diesem offiziellen judäischen Siegel zeigt wiederum den starken Einfluß der assyrischen Herrschaftsikonographie auf Juda. Ähnlich den assyrischen Darstellungen verdichtet die judäische Ikonographie den Anspruch des Herrschers auf die militärische Potenz, die symbolisch durch die Präsentation der Insignien vor dem Beamten übertragen wird. Die Macht der Königsherrschaft bleibt in der Hand des Königs selbst, die Autorität wird jedoch durch den Präsentationsgestus an den Untergegebenen übertragen. Damit kommt ein zentraler Aspekt der Königsherrschaft zum Tragen, nämlich die Delegierung zentraler Macht und deren Anspruch auf allgemeine Anerkenntnis. Das Siegel kommuniziert somit zum einen die Autorität des

---

[621] Sass, Hebrew Seals, 237.

[622] Vgl. Magen, Königsdarstellungen, T. 17, 5.u. 6; T. 14, 6 etc.

[623] Vgl. u.a. Magen, Königsdarstellungen, T. 17, 3, 5, 6 u.ö.

[624] Vgl. Moortgat, Rollsiegel, T. 79.

[625] Keel/Uehlinger, GGG, Abb. 280a, 280b, 281. Vgl. dazu ebd. § 168.

Herrschers selbst, aber auch diejenige des *sr hyr*, der seine Amtsautorität direkt vom König ableitet und sich selbst legitimiert. Im Gegensatz zu den bisher besprochenen Beamtensiegeln, die sich durch ein königliches Symbol wie das Volutenkapitel legitimierten, scheint die Stellung des *sr hyr* eine explizite Legitimation durch den bildhaft präsenten König im Glanz seiner Machtinsignien gefordert zu haben.

Abb. 145

Abb. 146

Abb. 147

Abb. 148

5.2. Tiersymbolik

Überraschenderweise ist die elaborierte Tiersymbolik in der Herrschaftsrepräsentation der EZ II B in Juda zur EZ II C nicht belegt. Im Hinblick auf
den Fortbestand dieser Motivik auf offiziellen Stempeln der späteren
persischen Provinz Yehud[626] wird man dies einerseits dem Fundzufall
zuschreiben müssen, anderseits aber der prozentualen Zunahme reiner
Schriftsiegel.

5.2.1. Hahn (Motiv 3 c)

In der Glyptik und Kleinkunst der EZ II B erschien der Löwe als Königstier
schlechthin. Offizielle Siegel der EZ II C zeigen hingegen auf den ersten Blick
eher unscheinbare Tiere: Das Siegel des *yhw'ḥz bn hmlk* (entweder ein Sohn
Jothams aus 2 Kön 16, 1 oder ein Sohn Josiahs aus 2 Kön 23,30)[627] aus dem
Kunsthandel zeigt im unteren Register einen Hahn mit aufgestellten Kamm
und geöffnetem Schnabel in Angriffsposition nach rechts laufend (Abb.
149).[628] Sehr ähnlich ist das Siegel des *y'znyhw 'bd hmlk* () vom Tell en-Naṣbe
in Abb. 150.[629] Der Hahn ist fast identisch wie in Abb. 149 ausgeführt, läuft
jedoch nach links.[630] Die Wahl des kämpfenden Hahnes als einzigem
Bildmotiv auf offiziellen judäischen Siegeln ist mit ihrem fast
sprichwörtlichen Stolz, der Farbenpracht ihres Gefieders und vor allen Dingen
mit der Aggressivität dieser Tiere und ihrer Ausdauer im Kampf zu erklären.
In vielen Kulturen ist die Pflege des Hahnenkampfes ein ausgesprochener
Männer-"Sport". Es verwundert daher nicht, daß ein Hahnenkampfmotiv auch
auf einem Privatsiegel belegt ist.[631] Dennoch muß das Motiv des
Hahnenkampfes von dem einzelnen angreifenden Hahn unterschieden
werden,[632] der die aggressive Potenz des Siegelträgers symbolisiert und
realisiert. Da die Funktion beider Personen, sowohl des Königssohnes als auch
des Beamten, im militärischen Bereich zu suchen ist, passt der Hahn als
Symbol der Angriffslust und Wehrhaftigkeit vorzüglich. Das Symbol des
Hahns kommuniziert somit in erster Linie militärische Potenz und Heldenmut.
Stilistisch weist der lineare Stil der Motivgruppe nach Assyrien, obwohl dort

---

[626] Siehe Stern, Material Culture, 209ff.

[627] Vgl. Hierzu Avigad/Sass, Corpus, Nr. 13.

[628] Avigad/Sass, Corpus, Nr. 13 (Umzeichnung des Verfassers).

[629] Avigad/Sass, Corpus, Nr. 8 (eine Identifikation mit dem in 2 Kön 25,23 genannten
Offizier ist erwogen worden (ebd.).

[630] Die große Ähnlichkeit beider Siegel läßt darauf schließen, daß sie vom selben
Siegelschneider angefertigt worden sind.

[631] Avigad/Sass, Corpus, Nr. 1142.

[632] So auch Avigad/Sass, Corpus, zu Nr. 1142.

Darstellungen kämpfender und angreifender Hähne m.W. nicht belegt sind.[633]
Das Motiv selbst scheint daher originär judäisch zu sein.

Abb. 149   Abb. 150

---

[633] Vgl. aber Moortgat, Rollsiegel, 755: Hahn und Henne als Symbol der Fruchtbarkeit.

5.3 Zwei- und vierflügeliger Skarabäus (Motiv 4 c)

Aus dem Kunsthandel stammt eine Bulle, die mit einem zweiflügeligen Skarabäus mit Sonnenscheibe zwischen den Flügeln dekoriert ist und die Inschrift *lḥzqyhw 'ḥz hmlk* trägt (Abb. 151).[634] Es besteht kein Zweifel daran, daß es sich um das Siegel des Königs Hiskia von Juda handelt.[635] Ein weiteres Siegel aus dem Kunsthandel mit zweiflügeligem Skarabäus trägt die Legende *lmnšh bn hmlk* (Abb. 152).[636] Eine vierflügelige Variante zeigt ein nur schlecht erhaltener Abdruck des Siegels des *šbnyhw bn hmlk* aus Lachish (Abb. 153).[637] Da das Motiv des geflügelten Skarabäus auch auf den zeitgenössischen *lmlk*-Stempeln erscheint, wird unter 5.4.1 auf diese Objekte noch einzugehen sein.

5.4 Die *lmlk*-Stempel

Die zwei Gruppen der *lmlk*-Stempel (Skarabäus-, und Flügelsonnensymbol), mit den wesentlichen Fundorten Rāmāt Rāḥēl, Tell en-Naṣbe, El Gib, Tell ed-Duwēr, Tell el-Ġudede und 'Ēn Šemš umfassen mittlerweile über 1700 Abdrücke.[638] Neben der Inschrift *lmlk* (dem König gehörig) sind die Abdrücke mit den Ortsnamen *ḥbrn*, *zyp*, *swkh* und *mmšt* beschriftet.

5.4.1 Die Ikonographie der *lmlk*-Stempel
5.4.1.1 Das vierflügelige Skarabäus-Symbol (Motiv 4 c)

Die vierflügeligen Symbole auf den Krugstempeln sind zuerst von Clermont-Ganneau als Darstellungen von Skarabäen mit vier Flügeln identifiziert worden.[639] Das Skarabäusmotiv ist in der palästinischen Glyptik eines der weitverbreitetesten Motive und besitzt eine ungebrochene Kontinuität seit der MBZ. Die zwei-und vierflügeligen Gestaltungsformen der EZ entsprechen der phönizisch-palästinischen glyptischen Koine und erscheinen daher entsprechend oft im phönizischen Kunsthandwerk.[640] Eine direkte *egyptian*

---

[634] Cross, Hezekiah´s Seal, 43.

[635] So auch Cross, Hezekiah´s Seal, 42; Avishur/Heltzer, Studies, 24.

[636] Avigad/Sass, Corpus, 16. Umzeichnung: Sass, Hebrew Seals, Abb. 85.

[637] Avigad/Sass, Corpus, 662 (Umzeichnung des Verfassers). Zur Lesung vgl. Avishur/Heltzer, Studies, 68. Ein weiteres Siegel mit diesem Motiv wird von Avigad/Sass, Corpus, 1205 als Fälschung angesprochen.

[638] Eine aktualisierte Aufstellung bietet Vaughn, Theology, 185ff. Vgl. auch Barkay/Vaughn, lmlk, Table 1.

[639] Clermont-Gannaeu, Note, 204.

[640] Hierzu ausführlich Schmitt, Skarabäusmotiv.

connection ist daher für die zwei-bis vierflügeligen Skarabäen der EZ II B-C nicht anzunehmen.[641]

Die in der Art ihrer Ausführung unterschiedlichen Abdrücke wurden von Diringer in zwei Klassen unterteilt: 1.) *naturalistic scarab type* und 2.) *stylized scarab type*.[642] Diringers Klasse 1 umfaßt diejenigen Abdrücke, bei denen Kopf, Prothorax und Elytra deutlich voneinander abgesetzt sind (Abb. 154a),[643] wohingegen Klasse 2 nur den Umriß eines vierflügeligen Skarabäus erkennen läßt (Abb. 154b).[644] Welten modifizierte Diringers Klassifikation mit der Hinzufügung eines Übergangstyps, dessen Segmente nur teilweise unterschieden sind (Abb. 154c).[645] Überdies nimmt Welten eine Korrektur in der Terminologie vor, indem er den „naturalistischen" Typ als „ausgeführte" und den „stilisierten" als „umrißhafte Darstellung" charakterisiert, da der Begriff „naturalistisch" bei den ohnehin schon stilisierten Darstellungen eine nicht vorhandene Naturnähe impliziere.[646]

Die Art der Stilisierung der Elytra in der Form zweier ovaler Flügeldecken bei dem ausgeführten Typ entspricht der auch sonst üblichen plastischeren Ausführung des Skarabäus auf syro-palästinischen Siegeln und ist auch bei dem umrißhaften Typ als gezackte Linie oder doppelte Ausbuchtung beibehalten. Kopf und Prothorax sind bei Typ 1 in der Regel halbkugel-oder trapezförmig ausgeführt. Bei Typ 2 und einigen Exemplaren des Übergangstypus ist vom Kopf nur ein trapezförmiger Umriß zu erkennen. Die trapezförmige Zusammenziehung von Kopf und Clypeus und die starke Vergrößerung dieser beiden Segmente ist bei anderen zeitgenössischen Darstellungen nicht zu finden, die entweder den Kopf (Abb. 155)[647] oder den Clypeus (Abb. 156)[648] einigermaßen deutlich und in natürlichen Proportionen abbilden. Insgesamt folgt der Skarabäus auf den *lmlk*-Stempeln, was Flügelstellung und Körpersegmentierung betrifft, im wesentlichen den Skarabäusdarstellungen auf Siegeln und anderen Objekten des Kunsthandwerks. Der augenfälligste Unterschied ist jedoch die flüchtige, ja

---

[641] Keel/Uehlinger, GGG, § 162, machen jedoch eine stärker ägyptische Komponente geltend, obwohl auch sie zugeben, das Motiv sei stilistisch in syro-phönizischer Tradition zu sehen.

[642] Diringer, Jar Handle Stamps, Nr. 4, 76f.

[643] Welten, Königs-Stempel, 36, H I A1.

[644] Welten, Königs-Stempel, 36, H I B 1.

[645] Welten, Königs-Stempel, 36, H I A 2.

[646] Welten, Königs-Stempel, S. 11.

[647] Tufnell, L III, Pl. 45,167; Galling , Bildsiegel, T.6, 56 (=Schmitt, Skarabäusmotiv, Nr. 290)

[648] Galling, Bildsiegel, T. 5,6 (=Schmitt, Skarabäusmotiv, Nr. 308)

grobe Ausführung, die in keinem Verhältnis zu der ansonsten sehr hohen Gravurqualität steht. Die Inschriften sind zwar in der Regel sehr deutlich ausgeführt, doch nicht so sauber zentriert und eher willkürlich über dem Skarabäus-Symbol angebracht. Die grobe Ausführung der *lmlk*-Stempel ist durch ihre Funktion im rein wirtschaftlich/militärischen Bereich zu erklären, der Distribution von Steuern oder Vorräten der Garnisonen oder einfach der Aufbewahrung von Vorräten. Die Stempel dienten nicht der Siegelung von Dokumenten und Urkunden, sondern wurden auf recht grobe Vorratskrüge aufgedrückt, die, in Massenware hergestellt, nur in einem beschränkten Rahmen benutzt wurden und deshalb keines künstlerisch hochwertigen Siegels bedurften. Die Gestaltung des Siegels korrespondiert also mit Verwendungszweck und Abdruckmedium. Lapp und nach ihm Aharoni haben versucht, die Abdrücke auf eine bestimmte Anzahl von Stempeln zurückzuführen.[649] Nach Welten dürften die Krughenkelabdrücke der Typen 1-3 von ca. 21-22 Siegeln stammen.

Tushingham hat die *lmlk*-Stempel des Skarabäus-Typs mit dem Stempelabdruck Abb. 120[650] aus der Gegend von Samaria in Verbindung gebracht:[651] Die Verwendung des Skarabäus auf den judäischen *lmlk*-Stempeln versucht er dadurch zu erklären, daß König Josia, um seinen Machtanspruch auch über das Nordreich auszudrücken, das vergessene Königssymbol wieder aufnahm und gleichzeitig das eigene Siegel, die Flügelsonne, weiter benutzte. Die flüchtige Ausführung wird durch den Mangel an Vorlagen erklärt.[652] Eine grundsätzliche Kritik an dieser Deutung gab schon kurz darauf Millard:[653] Er bemerkt, daß der Großteil von Tushinghams Erkenntnissen auf ungewissen Deduktionen und Vermutungen beruht. So sei es keinesfalls evident, in den Abdrücken aus Samaria Siegel von Beamten zu sehen.[654] Als ikonographisches Gegenargument führt Millard an, daß das Symbol des geflügelten Skarabäus auf Grund seines Vorkommens auf vielen Privatsiegeln keine speziellen Assoziationen mit dem Königtum habe: „... *no especial royal association rests in the winged scarab, to our knowledge.*"[655] In der Tat ist die Wiedereinführung vergessener Symbole des Staates Israel im Lande Juda

---

[649] Lapp, Royal Seals, 11ff.; Aharoni, Land, 407; ders., RR 1, 51ff. Welten, Art. Siegel, 304 zählt (ohne Angabe seiner Quelle) ca. 30 Stempel.

[650] Schmitt , Skarabäusmotiv, Nr. 304.

[651] Vgl.Tushingham , Royal Israelite Seal I, II. Die Deutung Tushinghams wird auch von Avishur/Heltzer, Studies, 22, übernommen.

[652] Vgl. Tushingham, Royal Israelite Seal, 23ff.

[653] Millard, Royal Seal, 5ff.

[654] Vgl. Crowfoot/Kenyon/Sukenik, Samaria-Sebaste I, 108. Hier ist von einem Haus, nicht jedoch von einer Schreibstube die Rede.

[655] Millard, Royal Seal, 6.

aufgrund der schmalen Befundlage kaum evident zu machen. M.E. ist eher zu
vermuten, daß das Motiv aufgrund seiner solaren Konnotationen auf den
Reichsgott - und nicht unmittelbar auf den König - bezogen werden konnte[656]
und daher sowohl auf Privatsiegeln wie auf offiziellen Stempeln Verwendung
fand. Die Tatsache, daß König Hiskia selbst und *mnšh bn hmlk* das
zweiflügelige Skarabäussymbol (Abb. 151-152) sowie *šbnyhw bn hmlk* die
vierflügelige Variante (Abb. 153) benutzte, spricht jedoch wiederum stark für
die Annahme, daß der Skarabäus als solares Symbol des Reichsgottes mit dem
Königtum verbunden war. Die parallele Nutzung des unmißverständlichen
Flügelsonnensymbols legt im Falle der *lmlk*-Stempel mit Skarabäus und des
Hiskia-Siegels daher eine rein solare Deutung des Symbols nahe, auch wenn
dieses in der phönizisch geprägten Bildtradition - ähnlich den vierflügeligen
Uräen - eher als geflügelte Schutzmacht zu verstehen ist.

5.4.1.2 Das Flügelsonnen-Symbol (Motiv 4 a)

Klasse III der Königsstempel umfaßt Abdrücke mit einem zweiflügeligen
Symbol, das nach der übereinstimmenden Meinung der neueren Forschung als
Flügelsonne gedeutet wird.[657]   Auch hier kann eine umrißhafte und eine
ausgeführte Darstellung unterschieden werden (Abb. 157-158[658]). Strittig ist
jedoch die Frage der Herleitung des Motivs auf den *lmlk*-Stempeln. Die
Flügelsonne ist ein seit der SBZ in Palästina, Syrien und den angrenzenden
Gebieten weit verbreitetes Motiv und zweifelsohne primär durch die
ägyptische Glyptik vermittelt. Doch die nach oben gebogenen Schwingen und
der Schwanz weisen eindeutig auf Vorbilder in der neuassyrischen Großkunst
und insbesondere der Glyptik (Abb. 159-165).[659] Die auf den ersten Blick
seltsam anmutende „Spiegelung"[660] des Schwanzes auf der Oberseite findet
sich in der neuassyrischen Glyptik und Plastik als Krönung der Scheibe
zwischen den Flügeln durch Voluten (Abb. 166).[661] Bei den ausgeführten
Flügelsonnenstempeln sind diese Voluten durch senkrechte Kerben zu einem
fast schwanzförmigen oberen Abschluß umstilisiert worden. Die judäische
Rezeption kann daher als starke Vereinfachung des ursprünglichen Elements
erklärt werden bzw. als direkte Entlehnung der stilisierten Flügelsonne auf

---

[656] So auch Arneth, Sonne, 136f.

[657] Vgl. hierzu Welten, Königs-Stempel, 16ff.

[658] Welten, Königs-Stempel, 40, Z II B 2; S II A 1.

[659] Herbordt, Neuassyrische Glyptik, T. 10, 24-27; 31-33.

[660] Welten, Königs-Stempel, 30, hält das Kopfstück für eine unverstandene
„Spiegelung" des Schwanzes.

[661] Vgl. auch Frankfort, Cylinder Seals, Pl. XXXIII, b, g,h.; Pl. XXXIV, i;Pl. XXV,
h, l (neuassyrisch); Pl. XXXVI, d (neubabylonisch). Pritchard , ANEP, Nr. 355, 453,
534.

den Abb. 159-164. Dieselbe Anpassung an die assyrische Form der Flügelsonne läßt sich in der phönizischen und aramäischen Glyptik und der syrischen Reliefplastik (Abb. 8) beobachten.[662] Somit ist davon auszugehen, daß die Flügelsonne der *lmlk*-Stempel unmittelbar auf assyrische Vorbilder zurückgeht. Diese Ableitung kann als Geste der Loyalität gegenüber den Assyrern interpretiert werden.

Problematisch erscheint Weltens These, die sich auch schon 1937 bei Galling findet, daß es sich bei den Symbolen des vierflügeligen Skarabäus und der Flügelsonne um ein königliches oder administratives Wappen handelt.[663] Das häufige Vorkommen beider Symbole auf zeitgenössischen Privatsiegeln scheint gegen diese Interpretation zu sprechen. Es ist auf den ersten Blick schwer verständlich, warum die königliche Administration ein Wappen, also ein unverwechselbares Signum, benutzte, das mit Privatstempeln verwechselt werden konnte. Die Verwendung der assyrisch inspirierten Flügelsonne ist jedoch durch eine umfassendere Tendenz zur Entlehnung von Elementen der assyrischen Herrschaftsikonographie - nicht jedoch der ägyptischen, wie Keel/Uehlinger es favorisieren[664] - zu erklären, die auch im privaten Bereich wirksam war. Die judäischen Könige übernahmen hiermit ein Symbol, das bereits fest mit dem Königtum konnotiert war. Wie bereits dargelegt, ist die königliche Konnotation des vierflügeligen Skarabäus wegen seiner weiten Verbreitung problematischer. Da jedoch beide Symbole auf den Stempeln parallel benutzt wurden und Hiskia selbst sowie Söhne des Königs Siegel mit zweiflügeligem Skarabäus führten (Abb. 151-153) wird wohl eine königliche Konnotation von den Zeitgenossen assoziiert worden sein. Dieser Befund wird von zwei ammonitischen Beamtensiegeln mit identischer Ikonographie unterstützt.[665] Eindeutigkeit, hier ist Welten[666] recht zu geben, wird jedoch erst durch die Inschrift *lmlk* erreicht. Beide Symbole fügen sich jedoch gut in die Tendenz zur Astralisierung der himmlischen Mächte ein;[667] hier insbesondere in die Tendenz zur Solarisierung des Nationalgottes und möglicherweise zur solaren Konnotierung des Königs selbst, wie sie in Ps 72, 5.17 anklingt.[668] Auf die Flügelsonne als Symbol des Nationalgottes spielt explizit Mal 3, 20 an:[669] Die Sonne der Gerechtigkeit wird aufgehen und mit ihren Flügeln Heilung bringen. Auch in Assyrien ist bereits seit dem 9. Jh. eine starke

---

[662] Vgl. Parayre, Sceaux, 31f.; 36f.

[663] Vgl. Galling, Bildsiegel, 147; Welten, Königs-Stempel, 30 und 171.

[664] Vgl. Keel/Uehlinger, GGG, §§ 162; 204.

[665] Vgl. Avigad/Sass, Corpus, 860, 865.

[666] Vgl. Welten, Königs-Stempel, 33.

[667] So auch Cross, Hezekiah´s Seal, 45.

[668] Vgl. hierzu Arneth, Sonne, insbes. 136f.

[669] So auch Arneth, Sonne, 1.

Solarisierung der Königsideologie zu beobachten, wobei dem König Epitheta wie „Sonnengott der Gesamtheit der Menschen" (^{d}šamšu kiššat niše^{meš}) beigegeben werden.[670] Auf der symbolischen Ebene adaptiert der König hier die Funktion des Šamaš als Hüter des Rechts. Analog hierzu kommunizieren die *lmlk*-Stempel die enge Beziehung des solarisierten Staatsgottes Jahwe zum König, der durch seine Salbung durch die Gottheit mit der Wahrung des Rechtes betraut wird (Ps 45, 8; 72, 1-2). Die *lmlk*-Stempel haben also auf der symbolischen Ebene eine legitimatorische Funktion. Die solarisierte Gottheit als „Sonne der Gerechtigkeit", symbolisiert durch den vierflügeligen Skarabäus oder die Flügelsonne, ist hier irdisch vertreten durch den König, der hier nicht ikonographisch, sondern epigraphisch in der Beischrift *lmlk* erscheint.

5.4.2 Datierung und Verwendungszweck der Königsstempel

Die Datierung und Verwendung der Krughenkelabdrücke ist in der Literatur lange und heftig diskutiert worden. Da es den Rahmen einer Arbeit sprengen würde, die sich in erster Linie mit der Symbolik befaßt, versuche ich mich im folgenden auf das Wesentliche zu beschränken und verweise, was die weitere Problematik betrifft, auf die Literatur bei Welten, Aharoni und Vaughn.[671]

5.4.2.1 Datierung

Diringer datiert auf Grund epigraphischer Argumente (vor oder nach der Siloa-Inschrift) den ausgeführten Typ 1 in das 8. Jh. und den umrißhaften in das 7. Typ 3 wird unter Hinweis auf die religiösen Reformen Josias in die Zeit des ausgehenden 7. Jh. datiert.[672] Die auf dem Tell ed-Duwēr gefundenen Abdrücke der Typen 1 und 2 waren bis zur Zerstörung der Stadt im Jahre 701 im Gebrauch, während Typ 3 bis 587 nachweisbar ist.[673] Welten datiert die Typen 1 und 2 nach parallelen Funden in Tell en-Naṣbe, Rāmāt-Rāḥēl und den Zerstörungsschichten von Tell ed-Duwēr und Arad in die beiden letzten Jahrzehnte des 8. Jh. Typ 3 wird von Welten dem Ende des 7. und dem beginnenden 6. Jahrhundert zugewiesen.[674] Weltens Datierung der Typen 1 und 2 dürfte aufgrund der klaren Fundlage zwar zutreffen, doch haben die

---

[670] Vgl. Podella, Lichtkleid, 151ff. Vgl. auch Keel/Uehlinger, GGG, §162.

[671] Vgl. Welten, Königs-Stempel, 103ff. (Datierung) und 118ff. (Funktion); Aharoni, Land, 404f.; 1962, 51ff. Vaughn, Theology, 93ff.Vgl. auch Pritchard, Hebrew Stamps, 18ff.

[672] Diringer, Jar Handle Stamps, 84ff.

[673] Zusammenfassung der Diskussion bei: Welten, Königs-Stempel, 103f.; vgl. auch Aharoni, RR 1, 1962, 53f.; Lapp, Royal Seals, 18.

[674] Welten, Königs-Stempel, 102f.

Grabungen Ussishkins auf dem Tell ed-Duwēr ergeben, daß Flügelsonne und Skarabäus parallel benutzt wurden.[675]

Die größte Wahrscheinlichkeit hat die Deutung Aharonis für sich, der die neueren Funde vom Tell ed-Duwēr mit einbezieht: Die Stempel mit Skarabäussymbol wurden von Hiskia wenige Jahre vor Sanheribs Invasion eingeführt, die Flügelsonne jedoch erst kurz vor 701, was ihre geringere Anzahl erklärt.[676] Die Datierung Aharonis korrespondiert mit dem übrigen vorhandenen Material, insbesondere den Bullen aus Samaria, das mehrheitlich dem 8. Jh. angehört. Bezieht man die weniger häufig belegten Stücke des 7.Jh. mit ein, so scheint das ausgehende 8. und das beginnende 7. Jh. die Blütezeit des Motivs gewesen zu sein.   Für die weitere Präsenz der *lmlk-jars* macht Mazar deren Weitergebrauch noch im 7. Jh. geltend.[677]

5.4.2.2 Die Funktion der Königsstempel

Noch kontroverser als die Frage der Datierung gestaltete sich die Diskussion um das Problem der Funktion der Königsstempel. Ich möchte mich hier auf die profiliertesten Positionen der neueren Diskussion beschränken; die ältere Diskussion ist eingehend von Welten besprochen worden.[678]

Welten schließt sich der erstmals von Galling vorgetragenen Kronguttheorie an, die besagt, daß die Orte *hbrn, zyp, swkw,* und *mmšt* königliche Ländereien darstellen:[679] *„Es ist wohl anzunehmen, daß es innerhalb der Fluren dieser Orte größere, in königlichem Besitz sich befindende Ländereien gab, deren Erträge teilweise in diesen gestempelten Krügen zur weiteren Verwendung freigegeben wurden.“*[680] Im weiteren deutet Welten die Krugstempel im Zusammenhang mit der judäischen Militärpolitik: Die vier Krongüter dienten der Versorgung der judäischen Festungen.[681] Die zumeist in der Shephela gefundenen Skarabäus-Stempel aus der Zeit Hiskias sprechen für die vermehrte Belieferung der Festungen an der durch Sanherib bedrohten Südfront. Die Flügelsonnenstempel aus der Zeit Josias spiegeln die vermehrte Belieferung der nördlichen Festungen wieder.[682] Aharoni interpretiert die *lmlk-*

---

[675] Ussishkin, Lachish 1974, 273; ders., Lachish 1975, 168; ders.,Storage Jars, 1. Vgl. auch Mazar, Archaeology, 455.

[676] Aharoni, Land, 410; ders., RR 1 45ff.; ders., RR 2, 61ff.

[677] Vgl. Mazar, Archaeology, 447f.

[678] Welten, Königs-Stempel, 118ff.

[679] Vgl. Galling , BRL 1, 339.

[680] Vgl. Welten, Königs-Stempel, 141.

[681] Vgl. Welten, Königs-Stempel, 171.

[682] Vgl. Welten, Königs-Stempel, 167ff.

Stempel im Zusammenhang mit der von Hiskia vorgenommenen Reorganisation der Reichsverwaltung: Die Orte Hebron, Socho, Ziph und Mmšt sind als die neuen administrativen Zentren Judas („Vorratstädte") zu betrachten, in denen Steuereinkünfte zur Weiterleitung in Hauptstadt gesammelt worden seien.[683] Die weiträumige Verteilung der Krugstempel wird mit der administrativen oder privaten Wiederverwendung der Krüge begründet, nachdem sie ihre Aufgabe als Behältnisse für Naturalabgaben erfüllt haben.[684] Mazar modifiziert die Yadinsche These folgendermaßen: *„We suggest, that the jars were related to a short-term military system of food provision organized   according to the administrative divisions of the kingdom.*"[685] Die Konzentration der Funde in Lachish mit über vierhundert Abdrücken würde somit eine befriedigende Erklärung finden.

Weltens Datierung ist durch die Erkenntnis der etwa gleichzeitigen Nutzung der Typen 1-3, m.E. hinfällig. Bestehen bleibt allerdings die Möglichkeit der Versorgung von Garnisonen durch Krongüter über einen längeren Zeitraum. Aharonis These krankt daran, daß er die Textzeugnisse für Hiskias „Reform" (2 Chr 32, 27-29) zu sehr strapaziert: Eine Neugestaltung des Systems der Steuerverwaltung gibt der Text nicht her. Und ob die gestempelten Krüge der Distribution von Steuern dienten, läßt sich ebenfalls nicht nachweisen. Eine Neutronenaktivierungsanalyse ergab, daß wahrscheinlich alle mit *lmlk* gestempelten Krüge in der Shephela hergestellt worden sind.[686] Ob damit die alte These der königlichen Töpferei neues Gewicht erhält, müsste eine neue Gesamtdarstellung des Problems erweisen.

Eine alternative Interpretation der Funktion der *lmlk*-Stempel bietet Vaughn: Im Hinblick auf 2 Chr 32, 27-30 deutet der Verfasser die *lmlk*-Siegelungen im Zusammenhang mit einem „*economic buildup*" in der Zeit Hiskias. Die *lmlk-jars* dienten demnach der Vorratshaltung - und Distribution der Bevölkerung, nicht jedoch des Hofes oder des Militärs.[687] Problematisch an dieser Deutung ist jedoch zum einen die fragwürdige Historizität der entsprechenden Äußerungen im 2. Chronikbuch und zum andern erscheint es kaum evident, warum die breite Bevölkerung zur Vorratshaltung Gefäße mit offiziellen Siegelungen benutzt haben sollte, auch wenn dieser „*economic buildup*" zentral gesteuert worden sein sollte.

---

[683] Vgl. Aharoni, Land, 409f.

[684] Vgl. Aharoni, Land, 411.

[685] Mazar, Archaeology, 457.

[686] Mommsen/Perlmann/Yellin, Proveniance, 89ff.

[687] Vgl. Vaughn, Theology, insbes. 167, 172.

Zusammenfassend kann festgestellt werden, daß die *lmlk-Stempel* vom Ende des 8. bis in das erste Viertel des 7. Jh. von den judäischen Königen benutzt wurden, um militärische Versorgungsgüter zu siegeln. Schrift und Bild fungieren hierbei auf einer mehrfachen symbolischen Ebene: Der Kennzeichnung der Güter als königlicher Besitz, der Kommunikation der göttlichen Legitimation des Herrschers durch die Kombination aus Göttersymbolen und Inschrift und einer implizit legitimatorischen Ebene durch das Rekurrieren auf die assyrische Symbolik.

Abb. 151   Abb. 152   Abb. 153

Abb. 154a   Abb. 154b   Abb. 154c

Abb. 155

Abb. 156

Abb. 157

Abb. 158

Abb. 159

Abb. 160

Abb. 161

Abb. 162

Abb. 163

Abb. 164

5.4.3 Die Rosettenstempel der EZ II C (Motiv 4 b)

Die Stempel mit Flügelsonnen- und Skarabäendarstellung zur Kennzeichnung der *lmlk-jars* werden schließlich durch eine Rosette mit sechs bis sechzehn Blättern in einer einfachen Umrandung verdrängt. Die Rosettenstempel sind bis in die persische Zeit belegt.[688] Rosettenstempel der EZ II C stammen u.a. aus Lachish (Abb. 165-168), Rāmāt Rāḥēl und Tell el-Fūl.[689]

Albright hat für die Rosettenstempel hethitischen Ursprung geltend gemacht und deutet diese als solares Symbol.[690] Welten und im Anschluss daran Keel und Uehlinger haben dem aufgrund fehlender Verbindungslinien widersprochen, wobei letztere eine solare Konnotation jedoch nicht ausschließen möchten.[691] Die Interpretation im Sinne einer offiziellen Funktion ist jedoch unwidersprochen.[692] Im Hinblick auf die Übernahme der assyrischen Flügelsonne durch die judäischen Könige erscheint mir auch hier ein mesopotamischer Ursprung am wahrscheinlichsten; eine Eigenentwicklung, wie von Keel/Uehlinger angenommen,[693] ist mir hingegen aufgrund des reichen Vergleichsmaterials nicht evident: So ziert die Rosette die assyrische Königstiara seit dem 9. Jh. (Abb. 169)[694] und erscheint ferner als Schmuckelement auf von Göttern, Genien und dem König getragenen Armringen (Abb. 170).[695] Als isoliertes Motiv erscheint es auch auf neuassyrischen Stempelsiegeln (Abb. 171-179).[696] Die Rosette ist, dies zeigt insbesondere der Vergleich der Abb. 169-179 mit dem übrigen Material, eine Abwandlung des Sonnensymbols des Šamaš: Rosettenartig stilisiert erscheint es u.a. auf dem oberen Register des schwarzen Obelisken mit der Darstellung Jehus.[697] In der neubabylonischen Ikonographie wird das Symbol des Šamaš ebenso rosettenartig stilisiert.[698] Am deutlichsten läßt sich die rosettenförmige Stilisierung der geflügelten Sonnenscheibe in der syrischen Bildtradition verfolgen, die die hethitische Tradition fortsetzt, so auf den Reliefs der

---

[688] Vgl. Stern, Material Culture, 206f.

[689] Tufnell, Lachish III, Pl. 53, 1-4 (Abb.) und 344ff.; Aharoni, RR 1, 48 u. Pl. 30; RR 2, 63.

[690] Vgl. Albright in: Mendelsohn, Guilds, Anm. 51.

[691] Vgl. Welten, Königsstempel, 32f.; Keel/Uehlinger, GGG, § 204.

[692] Vgl. auch Mazar, Archaeology, 458.

[693] Vgl. Keel/Uehlinger, GGG, § 204.

[694] Hrouda, Kulturgeschichte, T. 5, 5-9; T. 6, 2-4. Abb: T. 6,3.

[695] Hrouda, Kulturgeschichte, T. 9, 16-24; 31-33, 35. Abb.: 9, 16-20.

[696] Herbordt, Neuassyrische Glyptik, T. 11, 1-9.

[697] Vgl. Börker-Klähn, Bildstelen, 152 A 1.

[698] Vgl. Börker-Klähn, Bildstelen, 264a, 263 a, 266.

Barrakib-Zeit[699] und auf aramäischen Siegeln.[700] Entscheidend jedoch ist, daß die rosettenartige Stilisierung der zentralen Sonnenscheibe der Flügelsonne in Palästina selbst auf zwei Tridacna-Muscheln mit einer Gottheit im Lotusnimbus mit darüber stehender Flügelsonne erscheint (Abb. 180-81).[701] Die von Welten, Keel und Uehlinger geltend gemachte Traditionslücke ist somit nicht vorhanden.[702] Wenn die Flügelsonne der *lmlk*-Stempel als Entlehnung aus Assyrien zu verstehen ist, kann analog hierzu die Einführung des Rosettensymbols als Anpassung an die neubabylonische Ikonographie bzw. hinsichtlich der Vermeidung spezifisch assyrischer Symbole, verstanden werden.

Abb. 165

Abb. 166

Abb. 167

Abb. 168

---

[699] Vgl. v. Luschan, Sendschirli IV, T. LIV.

[700] Vgl. Avigad/Sass, Corpus, Nr. 819.

[701] Keel/Uehlinger, GGG, 337 a u. b.

[702] Im Nachtrag zur 4. Auflage von GGG (§ 258) machen Keel/Uehlinger ebenso mesopotamischen Einfluß geltend.

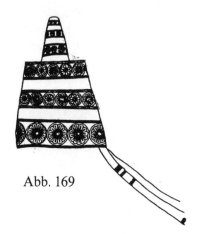

Abb. 169

Abb. 170

Abb. 171　　　Abb. 172　　　Abb. 173　　　Abb. 174

Abb. 175　　　Abb. 176　　　Abb. 177　　　Abb. 178　　　Abb. 179

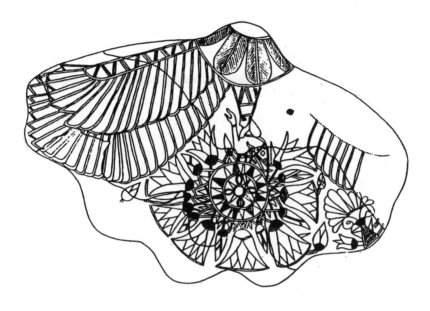

Abb. 180

Abb. 181

5.5 Sonstige Motive (Motivgruppe 6)

Von bisher unparallelisierter Ikonographie ist das Siegel der *m ʿdnh bt hmlk* (Abb. 182).[703] Das besonders sorgfältig geschnittene Siegel zeigt als Motiv im oberen Bildfeld eine Leier mit Rosettenverzierung am Resonanzkörper. Stil und Motivik erlauben nach Sass zwar berechtigte Zweifel an der Echtheit des Stückes, aber dennoch könne auch seine Authentizität nicht ausgeschlossen werden.[704] Das Motiv bezieht sich sehr wahrscheinlich auf die Tradition von David als Sänger (1 Sam 16, 14-23) und Psalmendichter. Da die Leier als Emblem auf Münzen erst für den Bar-Kochba-Aufstand und als Symbol für David (bzw. für seine Dynastie) in der jüdischen Ikonographie der nachchristlichen Zeit erst im 3. Jh. erscheint,[705] ist eine Entscheidung über die Authentizität des Stückes m.E. nicht evident zu machen, solange gesicherte zeitgenössische Parallelen fehlen.

Abb. 182

---

[703] Avigad/Sass, Corpus, 30. Vgl. dazu auch Sass, Hebrew Seals, 242. Umzeichnung: Weippert, HdA, Abb. 4.77, 8.

[704] Vgl. Sass, Hebrew Seals, 242.

[705] Leier auf den Münzen der Bar-Kochba Zeit: Meshorer, Coins, Pl. XXII, 172, 177; Pl. XXIV, 185-188, Pl. XXVII, 209. Darstellungen Davids mit der Leier in der Synagoge von Dura-Europos: Kraeling, Dura-Europos 8.1, Pl. LXXIV und der Synagoge von Gaza (byzantinische Zeit): Levine, Ancient Synagogues, Pl. III.

5.6. Monumentale Herrschaftsrepräsentation der EZ II C in Juda
5.6.1 Regionale Zentren

Die EZ II C in Juda ist insgesamt durch die Zerstörungen Sanheribs geprägt: In der Shephela ging die bebaute Fläche der Städte um 70 %, im judäischen Bergland um 30 % zurück, die Bevölkerung schrumpfte von ca. 120.000 auf ca. 65.000.[706]

Nach der Zerstörung des Palast-Forts in Lachish Stratum IV wurde die Anlage in Stratum III nahezu auf denselben Grundmauern wiedererrichtet. Das bisherige Palastpodium A/B wurde um ca. 3 m auf durchgehender Länge um Abschnitt C erweitert (Abb. 136). Der südliche Hallenkomplex wurde auf vier Hallen vergrößert. Nach der Zerstörung 701 wurde die Palastanlage in Stratum II nicht wiederaufgebaut. Tor- und Befestigungsanlagen dieser Schicht sind erheblich schwächer als in Stratum III; darüberhinaus waren vermutlich größere Flächen der Stadt nicht mehr bebaut.[707]

Die archäologisch kaum greifbare Zitadelle aus Stratum V B in Rāmāt Rāḥēl wird in Stratum V A aus dem Ende des 7./beginnenden 6. Jh. massiv ausgebaut:[708] Der innere Zitadellenkomplex in Str. V A besteht aus einer Umfriedung von 50 x 70 m, die im Norden, Osten und Süden als Kasemattenmauer in *ashlar-masonry* ausgeführt ist und im Norden auch die Außenmauer bildet (Abb. 183).[709] Im Westen scheint die Zitadelle durch eine 13 m breite Bastion geschützt zu sein. Der Eingang erfolgte durch die Ostseite durch zwei Tore, deren nördliches erheblich größer ist und den Haupteingang gebildet haben dürfte. Die inneren Strukturen bestehen aus dem großen Gebäude 758, das direkt an die Bastion anschließt und mit dieser einen Komplex von 35 x 50 m Größe bildet[710] und einem Gebäude von 25 x 25 m.[711] Die Eingangsbereiche und Fensterbalustraden waren mit proto-äolischen Kapitellen verziert, die Dächer von gestuften Zinnen bekrönt. Auffällig ist, dies haben auch Herzog und Weippert festgestellt, die Ähnlichkeit des *casemate compound* mit der Monumentalarchitektur Israels in der Omridenzeit.[712] Ob sich die Könige des Südreiches auf *know-how* aus dem Nordreich stützen konnten (Herzog), ist hinsichtlich der bereits früher

---

[706] Vgl. Finkelstein, Manasseh, insbes. 176.

[707] Vgl. Ussishkin, Tel Lachish 1978-1983, 147ff.; ders. Art. Lachish, 907ff.

[708] Neuerdings gibt es Anzeichen für eine Besiedlung im städtischen Maßstab. Vgl. Finkelstein, Manasseh, 174.

[709] Vgl. Aharoni, RR 2, 49ff. u. Pl. 6.

[710] Vgl. Aharoni, RR 2, 50f.

[711] Vgl. Aharoni, RR 1, 36ff.; RR 2, 50f.

[712] So Herzog, Archaeology, 250; Weippert, HdA, 598.

beobachteten Parallelitäten eher unwahrscheinlich. Auffällig ist jedoch die Architektur des 25 x 25 m messenden Gebäudes um den Hof 468: Der Grundriß entspricht in seiner Anlage den assyrischen Hofhäusern, wie sie aus Megiddo Str. III bekannt sind.[713] Der mesopotamische Einfluß wird somit in der Phase der stärker werdenden assyrischen Dominanz auch in der Herrschaftsarchitektur greifbar. Die Zitadelle von Rāmāt Rāḥēl ist in ihrer Gesamtanlage eine Kombination der aus Samaria und Jezreel bekannten traditionellen *casemate compounds* und dem assyrischen Hofhaus.

5.6.2 Festungsbauten

Die Absicherung des judäischen Reststaates geschah in der EZ II C durch ein (größtenteils wohl schon bestehendes) System von kleineren Signalposten und rechteckigen Festungen.[714] Die Anzahl der näher erforschten Anlagen ist zwar eher gering, jedoch zeigt sich in Kadesh Barnea, Arad und Ḥorvat ʿUza an der Südflanke Judas ein durchaus distinktives Bild. Einen Überblick über die hier besprochenen Festungs- und Palastbauten der EZ II C in Juda bietet Karte 3.[715]

In Kadesh Barnea wird die vermutlich in der Mitte des 7. Jahrhunderts zerstörte Festung auf dem alten Grundriß wiederaufgebaut, der bisher massive Wall wird jedoch nun durch eine Kasemattenmauer ersetzt (Abb. 184).[716] Um diese zu stützen, ist die bisherige Erdrampe erhöht worden. Die Zerstörung von Kadesh Barnea erfolgte vermutlich im Zuge der babylonischen Eroberung im Jahre 586. Ähnlich ist der Befund in Arad, wo die Zitadelle - auf leicht verkleinertem Grundriß - im 6. Jh. in Form einer Kasemattenmauer mit vorspringen Türmen erneuert wird.[717] Ein weiterer Festungsneubau des 7. Jh. ist die Festung von Ḥorvat ʿUzā (Ḥirbet Ġazze), 8 km südöstlich von Arad mit einer Massivmauer von 1,5 m Stärke, insgesamt 10 Türmen und einer Größe von 51 x 42 m (Abb. 185).[718]

Der archäologische Befund der zweiten Phase der EZ II C zeigt zum einen ein deutliches Nachlassen der Kräfte in der Zeit der Auseinandersetzung mit den Assyrern und eine Verlagerung des Einsatzes noch vorhandener Ressourcen in die Nähe der Hauptstadt. Sowohl der Wiederaufbau von Lachish nach der assyrischen Eroberung als auch die zweite Festung von Kadesh Barnea zeigen, daß der vorher waltende Aufwand im Standard der Architektur nicht mehr zu

---

[713] Lamon/Shipton, Megiddo I, Fig. 71 u. 89. Vgl. Reich, Palaces, 316.

[714] Vgl. hierzu Weippert, HdA, 615ff. u. Abb. 4.64.

[715] Zu den judäischen Festungen vgl. die Karte bei Weippert, HdA, Abb. 4.6.4.

[716] Meshel, Kadesh Barnea, 846.

[717] Vgl. Vgl. Aharoni, Art. Arad, 82ff.

[718] Vgl. Beit Arieh, Art. ʿUza, Ḥorvat; Weippert, HdA, 616.

halten war. Die wirtschaftliche und demographische Ausblutung Judas hat
somit auch Spuren in der offiziellen Architektur hinterlassen. Für den Ausbau
der inneren und äußeren Zitadelle in Rāmāt Rāḥēl, nur wenige km südöstlich
der Hauptstadt, ist hingegen beträchtlicher Aufwand verwandt worden, wie
insbesondere die besonders fein gearbeiteten Volutenkapitelle der
Fensterbalustraden zeigen.[719] Es kann daher vermutet werden, daß Rāmāt
Rāḥēl den letzten Königen Judas als Ausweichresidenz im Falle einer
Bedrohung Jerusalems gedient haben könnte. Der Palast in Rāmāt Rāḥēl ist
das letzte Beispiel monumentaler Herrschaftsrepräsentation in Juda vor dem
endgültigen Ende eigenstaatlicher Existenz.

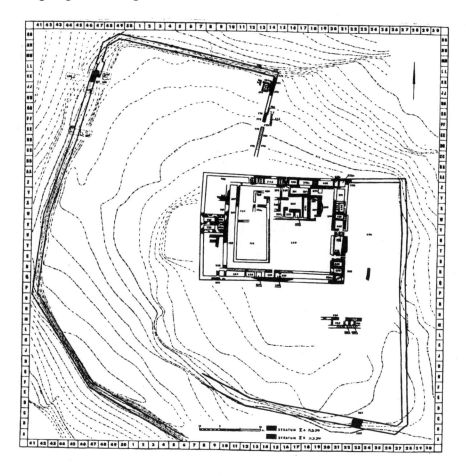

Abb. 183

---

[719] So auch Aharoni, RR 2, 119ff.; M. Aharoni, Art. Ramat Rahel, 1263.

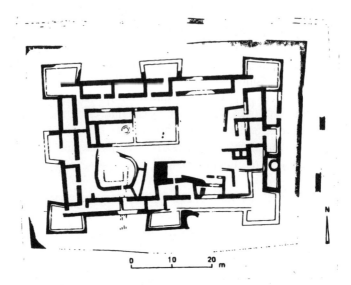

Abb. 184

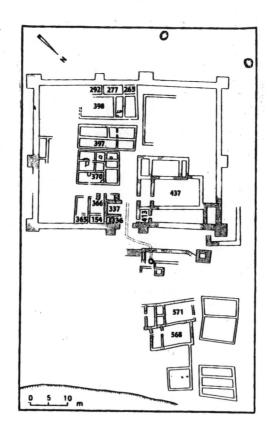

Abb. 185

5.7 Zusammenfassend zur EZ II C

Obwohl die Materiallage für Juda aufgrund seiner geringen Größe quantitativ relativ schmal ist, sind die Befunde jedoch durchaus aussagekräftig: Die bereits in der EZ II B faßbare Tendenz zur Entlehnung von Motiven aus der assyrischen Herrschaftsikonographie bzw. die Tendenz zur Assyrisierung von Motiven und Symbolen der phönizisch-palästinischen Koine bzw. einer aramäisch inspirierten Bildtradition verstärkt sich in der EZ II C deutlich. Die Motivgruppe 1a: thronender König zeigt die Dominanz der assyrisierenden Tendenzen. Als direkte Entlehnung ist auch die Szene in Motiv 1e: König mit Würdenträger zu werten. Im Zuge der Assyrisierung erscheinen auch neue Motive wie die befestigte Stadt mit Schwerbewaffneten und der kämpferische Hahn, beides Symbole, die militärische Stärke und Dominanz symbolisieren. Auch die Symbole die in den Bereich der göttlichen Legitimierung des Herrschers gehören, wie die Flügelsonne, folgen dieser Tendenz zur Anpassung an assyrische Vorbilder. Bezeichnenderweise vermeiden die späten judäischen Stempel auf den *lmlk*-Pithoi die assyrische Ikonographie und verwenden stattdessen das unverfänglichere Rosettensymbol. Neben der assyrisierenden Tendenz steht jedoch auch die Tradition der phönizischen Koine, wie das Siegel des Hiskia und die *lmlk*-Stempel mit vierflügeligen Skarabäus zeigen. Die Tendenz zur Astralisierung der himmlischen Mächte, ausgedrückt in Symbolen unterschiedlicher Herkunft, ist damit auch in der offiziellen Ikonographie greifbar. Im Unterschied zum ikonographischen Befund zeigt die judäische Herrschaftsarchitektur der EZ II C eine Fortsetzung der (mit Einschränkungen) bereits in der EZ II A wirksamen und der EZ II B zur Entfaltung gekommenen Tendenzen. Trotz der katastrophalen Folgen der Sanherib-Invasion scheinen die Ressourcen doch hinreichend gewesen zu sein, um eine aufwendige Palastanlage in Rāmāt Rāḥēl neu zu begründen. Mesopotamischer Einfluß auf die Herrschaftsarchitektur ist in der Adaption des Hofhauses in Kombination mit der Architektur der *casemate compounds* in Rāmāt Rāḥēl greifbar.

Kapitel 6
Zusammenfassung: Das Symbolsystem der
Herrschaftsrepräsentation im eisenzeitlichen Palästina

6.1 Synchrone Perspektive

In der Einleitung konnten anhand des literarischen Befundes folgende Elemente der israelitisch/judäischen Herrschaftsideologie erhoben werden:

a.) Legitimierung des Herrschers durch die Gottheit:
- Der König ist Sohn und Geschöpf Gottes, als solcher ist er zwar göttlicher Natur, jedoch nicht im Sinne einer Identität
- Er ist der Repräsentant des Nationalgottes gegenüber dem Volk, gleichzeitig aber auch Repräsentant des Volkes gegenüber dem Nationalgott

b.) Sicherung der kosmischen Ordnung, Dominanz über die Feinde:
- Der König ist als Hirte des Volkes unumschränkter Lenker der staatlichen Geschicke
- Das Hirten-Herrscheramt impliziert die Verantwortung des Königs für die staatliche und kosmische Ordnung und betont die militärische Macht des Königs gegenüber den Feinden
- sowie die Verantwortung für Recht und Gerechtigkeit und den Schutz der Untertanen

c.) Sicherung der Prosperität
- Der König ist kultischer Heilsmittler und als solcher Garant der Fruchtbarkeit
- Die Prosperität steht im Zusammenhang mit der Erfüllung der königlichen Pflichten gegenüber Jahwe

Fast alle unter a.) -c.) subsumierten Funktionen des Königtums finden auch ihren Ausdruck in der bildhaften Herrschaftsrepräsentation:

a.) Auf die göttliche Legitimation des Herrschers rekurrieren insbesondere die judäischen *lmlk*-Stempel der EZ II C, die den König in direkte Verbindung mit den durch Flügelsonne und (möglicherweise auch durch den vierflügeligen Skarabäus) repräsentierten Nationalgott Jahwe setzen. Das Symbol der Gottheit legitimiert hier den epigraphisch anwesenden König. Im Unterschied zur assyrischen und syrisch-aramäischen Herrschaftsrepräsentation insbesondere in der Großkunst sind als offiziell zu wertende Darstellungen des Königs vor den Göttersymbolen jedoch nicht belegt. Der göttliche Schutz für den König findet im Corpus der Samaria-Elfenbeine seinen Ausdruck ebenso nicht unmittelbar durch Symbole, die mit Sicherheit den Nationalgott repräsentieren, sondern durch Genien und Mischwesen, die das Übel von der Sphäre des Palastes fernhalten.

b.) Der Aspekt der Sicherung der kosmischen Ordnung und der Dominanz über die Feinde ist ikonographisch am besten belegt. Es ist jedoch auffallend, daß die entsprechenden Überwindungsmetaphern in der Elfenbeinkunst sich zwar mittelbar auf den König beziehen, dieser jedoch unmittelbar nicht dargestellt wird. Es dominieren Motive, die diese Funktion des Königtums in die überweltliche Sphäre transzendieren, wie die Darstellungen von Genien und Mischwesen auf den Samaria-Elfenbeinen, die Feinde unterwerfen. Die Darstellungen des thronenden Königs aus Samaria und Rāmāt Rāḥēl können, vorausgesetzt die Darstellungen zeigen den König tatsächlich bei einem Ritual, im Sinne der Aufrechterhaltung der kosmischen Ordnung durch das rituelle Handeln des Herrschers verstanden werden. Die militärische Dominanz über die Feinde realisieren die Darstellungen der Fortführung der Feinde, wobei die dominante Figur durch die Beifügung der Inschrift *lmlk* mit dem König selbst identifiziert werden kann. Dies korrespondiert mit dem literarischen Befund, wenn der König in Ps 2, 9 als derjenige gepriesen wird, der mit eiserner Keule die Feinde wie Tonkrüge zerschlägt. Überhaupt ist die Betonung der militärischen Dominanz, wiederum mittelbar symbolisiert durch die Streitwagen in Israel und die Pferde und Festungsdarstellung in Juda, ein wichtiges Element der bildhaften Herrschaftsrepräsentation in der gesamten EZ II. Auf die hohe symbolische Bedeutung der Streitwagenwaffe rekurriert u.a. 1 Kön 10, 26 mit der Angabe, Salomo habe 1400 Wagen und 12.000 Mann Streitwagenkämpfer besessen. Auf die notwendigen Qualitäten des Königs, wie übergroße Stärke und Tapferkeit rekurrieren Motive wie der Löwe (als Königstier im allgemeinen und als Symboltier der judäischen Dynastie im besonderen) und der kämpferische Hahn. Die Verantwortung des Herrschers als Hirte seines Volkes realisieren die Darstellungen des Herrschers mit Stab. Der König als Lenker der staatlichen Geschicke und Inhaber der staatlichen Autorität findet in diesem Motiv ebenso Ausdruck, wie in der Darstellung der Amtslegitimation des Stadtkommandeurs. Architektonisch gewinnt die Verantwortung des Herrschers für Staat und Volk Ausdruck in der Umwallung der Städte und der Festungsarchitektur. Die Architektur ist auch primäres Medium der Kommunikation des Herrschaftsanspruches gegenüber den Untertanen und der militärischen Macht und Verteidigungsbereitschaft gegenüber äußeren Feinden. Daß die Herrscher Israels und Judas sich auch zur eigenen Verherrlichung ein monumentales Gedächtnis zu schaffen suchten, zeigt insbesondere die ausgeprägte Bautätigkeit der Omriden. Im Falle der Omriden steht weiter zu vermuten, daß mit der Übernahme der Rechteckform assyrischer Residenzen der Anspruch auf Herrschaft über die vier Weltgegenden und das Konzept des Palastes als Symbol der kosmischen

Ordnung verbunden ist. Vorauszusetzen ist dies wahrscheinlich auch für Salomo, dessen Bauunternehmungen in 1 Kön 6-7; 9,10ff. ein monumentales literarisches Gedächtnis hinterlassen haben. Die in Mesopotamien in der Herrschaftsikonographie so wichtige Thematik des Königs als Tempelbauer hingegen findet in der israelitisch-judäischen Herrschaftsikonographie keinen Niederschlag. Die Funktion des Königs in der Einrichtung und Erhaltung der Kulte reflektieren lediglich die Texte.

c.) Die dritte wesentliche Funktion des Königtums, die Sicherung der Fruchtbarkeit und Prosperität des Landes findet sowohl ihren Ausdruck in den Gattungen der Kleinkunst, wie auch in der Architektur. Die Motive der anthropomorphen Genien am Heiligen Baum, des thronenden Königs im Zusammenhang mit floralen Motiven, des thronenden Königs mit segnendem Gestus als Kennzeichen seines Heilswaltens, die Volutenkapitelle auf Elfenbeinarbeiten, Siegeln und in der Palastarchitektur realisieren bildhaft die Fruchtbarkeit spendende und sichernde Funktion des Königs, die auf der literarischen Ebene insbesondere von Ps 72 aber auch in den Schilderung der Prosperität des Staates in der Zeit Salomos in 1 Kön 10, 14-29 reflektiert wird.

Die literarisch bezeugte Herrschaftsideologie und die archäologisch erhobenen Elemente der Herrschaftsrepräsentation können somit als Bestandteile eines in sich konsistenten und elaborierten Symbolsystems verstanden werden, das sich gleichsam auf der Ebene der literarischen, der ikonographischen und der architektonischen Hinterlassenschaft objektiviert hat. Der Charakter und die Elemente dieses Symbolsystems zeigen klar, daß die Staaten Israel und Juda zum kulturellen Raum Syriens gehört haben. Gemeinsam ist diesem Kulturraum auch, daß seine Symbolsysteme spätestens seit Beginn des 8. Jh. mehr und mehr vom assyrischen überlagert werden. Dies ist zum einen mit der kulturellen und militärischen Überlegenheit der Assyrer zu erklären, andererseits konnten Elemente des assyrischen Symbolsystems aufgrund seiner engen Verwandtschaft problemlos adaptiert werden.

6.2 Diachrone Perspektive

Innerhalb der synchronen Perspektive lieferte die Zusammenschau der bildhaften Herrschaftsrepräsentation mit der textlichen Evidenz ein durchaus konsistentes Bild eines elaborierten Symbolsystems von Herrschaft. Aus diesen Befunden ein diachrones Bild zu entwickeln, fällt jedoch aus mehreren Gründen schwer: Zum einen sind viele der atl. Texte, die sich auf das Königtum beziehen in ihrer Datierung unsicher oder bieten eine - je nach theologischer Ausrichtung der Texte - tendenziös gefärbte Auffassungen vom Königtum oder bestimmten Ereignissen in der Retrospektive. Zum anderen läßt die ikonographische Befundlage, insbesondere das schwer datierbare glyptische Material, es in vielen Fällen nicht zu, stringent Entwicklungen nachzuvollziehen: Die überwiegend erst in der zweiten Hälfte der EZ II B anhand des glyptischen Materials nachweisbare Herrschaftssymbolik zeigt bereits ein elaboriertes Symbolsystem, dessen Entwicklung von den wenigen Belegen der EZ II A ausgehend, noch nicht im Einzelnen nachgezeichnet werden kann. Diachrone Perspektiven können für den Zeitraum der EZ II A bis zur EZ II B nur vom architektonischen Befund aus erhoben werden. Für die Phase der EZ II B bis zur EZ II C fällt eine Nachzeichnung von Entwicklungslinien aufgrund der besseren Materiallage in der Glyptik und übrigen Kleinkunst ein wenig leichter. Trotz der genannten Schwierigkeiten lassen sich einige Tendenzen nachzeichnen:

6.2.1 SBZ II B - EZ I

Die kanaanäische Herrschaftsikonographie der ausgehenden SBZ II und beginnenden EZ I zeigt ein ausgeprägtes Symbolsystem, das sich im wesentlichen aus syro-phönizischen und ägyptischen Elementen zusammensetzt. Aus der ägyptischen Herrschaftsikonographie speisen sich insbesondere die Motive der militärischen Dominanz, wohingegen der Bereich der Sicherung der Prosperität, symbolisiert durch die Kult- und Hofszenen, sich in Megiddo aus der syrischen Tradition speist, in der südlichen Küstenebene jedoch eher ägyptischer Symbolik in lokaler Adaption verpflichtet ist. Ungeklärt bleibt jedoch bislang, warum das elaborierte Symbolsystem der kanaanäisch-phönizischen Elfenbeinkunst der SBZ keinen sichtbaren Einfluß auf die Glyptik hatte, die vom ägyptischen Symbolsystem dominiert bleibt. Auffällig ist auch, daß das phönizisch-kanaanäische Symbolsystem in der Transitionsphase der EZ I verschwindet, um schließlich wenig verändert in der EZ II B (insbesondere auf den Samaria-Elfenbeinen) wieder zu erscheinen.

6.2.2 EZ II A

Da die Entstehung von Strukturen, die herrschaftlicher Repräsentation bedürfen, in der EZ II A noch im Fluß sind, fehlt in dieser Phase eine elaborierte Herrschaftsikonographie. Die wenigen vorhandenen Belege verweisen auf enge Beziehungen zum syrischen Kulturraum. Herrschaftsrepräsentation wird, die maximalistische Lösung für die zweite Hälfte der EZ II A vorausgesetzt, jedoch in der Herrschaftsarchitektur und ihrer Dekoration deutlich: Die Entwicklung administrativer Zentren zeigt die strukturierende und nach innen und außen repräsentative Funktion der Architektur an. Klare Verbindungen zum syrisch-phönizischen Kulturraum zeigt die Rezeption des *bit-hilani*-Palasttyps und die florale Symbolik der Volutenkapitelle.

6.2.3 EZ II B

Die EZ II B ist dadurch gekennzeichnet, daß sich in dieser Phase in Israel und Juda ein elaboriertes Symbolsystem in relativ kurzer Zeit entwickelt hat bzw. wichtige Komponenten eines solchen aus dem Norden importiert wurden. Tatsächlich zeigen bestimmte Motive der Glyptik, wie die Streitwagendarstellungen starken aramäischen Einfluß. Die syrischen Stilmerkmale sind jedoch bereits überlagert durch die Dominanz assyrischer Stilelemente und Motive. Neben dem syrisch-aramäischen und assyrischen Einfluß steht die ebenso breit wirksame phönizische Ikonographie mit ihrer ägyptisierenden Motivik in Israel wie in Juda.[720] Intensive Kontakte in dieser Zeit sind nicht nur zwischen Israel und Phönizien, sondern auch zwischen Israel und Aram-Damaskus (wenn auch wechselvoller) vorauszusetzen. Die bereits in der EZ II A beginnende Tendenz zu monumentaler Repräsentation von Herrschaft findet insbesondere in den omridischen Residenzen in Samaria und Jezreel Ausdruck, in Juda insbesondere in Lachish. Die Entstehung von administrativen Zentren mit mehr als der Hälfte der Stadtfläche in offizieller Nutzung markiert die Tendenz zur Strukturierung der Gesellschaft und die enorme Bedeutung der militärisch-administrativen Eliten. Da die judäische Ikonographie keine wesentlichen Unterschiede zur israelitischen zeigt, partizipierte auch Juda an diesem kulturellen Kontinuum. Generell gilt auch für beide Staaten, daß der wachsende Einfluß der Assyrer die schon wirksamen Tendenzen zu einer Militarisierung der Herrschaftsikonographie verstärkt. Als originär israelitisch/judäische Elemente der Herrschaftsikonographie darf das Volutenkapitell betrachtet werden, das den Aspekt der Prosperität kommuniziert und in der Umwelt Israels der EZ II B als isoliertes Motiv in der Glyptik nicht belegt ist.

6.2.4 EZ II C

Kennzeichen für die Herrschaftsikonographie der EZ II C ist ihre Orientierung an assyrischen Vorbildern. Die judäischen Könige adaptieren in der zweiten Hälfte des 7. Jh. das Symbol der assyrischen Flügelsonne auf offiziellen Siegelungen. Diese Adaption und die parallele Nutzung des Skarabäus-Motivs zeigen die Tendenz zur Astralisierung des Nationalgottes. Diese Tendenz und die generelle Orientierung an den mesopotamischen Oberherren setzt sich unter babylonischer Herrschaft fort, wenn das assyrische Flügelsonnenmotiv von den letzten Königen Judas durch das unverfänglichere Rosettensymbol ersetzt wird. Die Übernahme assyrischer Bildmotive ist deutlich bei denjenigen Artefakten, die den König unmittelbar darstellen, wie den Malereien aus Rāmāt Rāḥēl und den Stempelabdrücken des *sr hyr*. Die

---

[720] So auch Sass, Hebrew Seals, 245.

Betonung militärischer Stärke zeigt sich in der EZ II C in der Darstellung des
kämpferischen Hahns, der, obwohl stilistisch assyrisierend, als
Herrschaftssymbol eine Eigenentwicklung zu sein scheint. Analog zur Glyptik
und Kleinkunst zeigt auch die Palastanlage in Rāmāt Rāḥēl durch die Adaption
des assyrischen Hofhauses den übermächtigen Einfluß der mesopotamischen
Kultur auf Palästina in der EZ II C.

Diachrone und synchrone Perspektive zeigen in der EZ II somit ein
konsistentes Symbolsystem, daß die wesentlichen drei Funktionen des
altorientalischen Königtums a.) Legitimation durch die Gottheit, b.) Sicherung
der kosmischen Ordnung und militärischen Dominanz, c.) Sicherung der
Prosperität repräsentiert. Obwohl das israelitisch-judäische Symbolsystem in
bestimmten Motivgruppen durchaus eigenen Ausdruck für Herrschaft
gefunden hat, zeigen Texte und Ikonographie, daß die Herrschaftsrepräsentation Israels und Judas konzeptuell dem syro-phönizischen
Kulturraum zugehörig ist und darüber hinaus enge Verwandtschaft zur
mesopotamischen (assyrischen) Konzeption von Herrschaft zeigt, die
schließlich auch die lokale syro-palästinische Herrschaftsrepräsentation
ikonographisch und wohl auch ideologisch überlagert.

Verzeichnis der benutzten Literatur

Abou-Assaf, A.,
Untersuchungen zur ammonitischen Rundbildkunst, in: UF 12 (1980), 7-102

Aharoni, Y.,
Excavations at Ramat Rahel-Seasons 1959 and 1960, Universita' di Roma-Centro di Studi Semitici, Serie Archeologica 2, Rom 1962

Aharoni, Y.,
Excavations at Ramat Rahel-Seasons 1961-1962 Universita' di Roma-Centro di Studi Semitici,Serie Archeologica 6, Rom 1964

Aharoni, Y.,
Lachish V: Investigations at Lachish. The Sanctuary and the Residency, Tel Aviv 1975

Aharoni, Y.,
Art. Ramat Rahel, in: NEAEHL, 1261- 1267

Aharoni, Y.
Das Land der Bibel, Neukirchen-Vluyn 1984

Aharoni, M.,
Art. Arad: The Israelite Citadels, in: NEAEHL 82-87

Ahituv, S. / Oren, E. D. (Hrsg.),
The Origin of Early Israel - Current Debate: Biblical, Historical and Archaeological Perspectives, Beer-Sheba XII, Beer-Sheva 1998

Ahlström, G.W.,
Royal Administration and National Religion in Ancient Palestine, Studies in the History of the Ancient Near East I, Leiden 1982

Akurgal, E. / Hirmer, M.,
Die Kunst der Hethiter, München 1976

Albertz, R.,
Religionsgeschichte Israels in alttestamentlicher Zeit, Bd. 1-2, GAT 8, 1-2, Göttingen 1992

Albright, W.F.,
Excavations at Tell Beth Mirsim III: The Iron Age, AASOR 21-22, New Haven 1941-43

Albright, W.F.,
Excavations and Results of Tell-el-Ful (Gibeah of Saul), in AASOR 4 (1924)

Albright, W.F.,
Archäologie im Heiligen Land, Einsiedeln/Zürich/Köln 1962

Albright, W.F.,
Art. Beit Mirsim, Tell, in: NEAEHL, 177-180

Alt, A.,
Das Königtum in den Reichen Israel und Juda, in: ders., Kleine Schriften zur Geschichte des Volkes Israel Bd. 2, München 1953, 116-134

Amiran, R.,

   The Lion Statue and the Libation Tray from Tell Beit Mirsim, in: BASOR
   222 (1976), 29-40

Arav, R. / Bernett, M.,

   The bīt ḫilāni at Bethsaida: Its Place in Aramaean/Neo-Hittite and
   Israelite Palace-Architecture in the Iron Age II, in: IEJ 50 (2000) 47-81

Arneth, M.,

   „Sonne der Gerechtigkeit" : Studien zur Solarisierung der Jahwe-Religion
   im Lichte von Psalm 72, BZAR 1, Wiesbaden 2000.

Assmann, J.,

   Stein und Zeit: Das „monumentale Gedächtnis" der altägyptischen Kultur,
   in: ders. / Hölcher, T. (Hrsg.), Kultur und Gedächtnis, Frankfurt am Main
   1988, 87-114

Assmann, J.,

   Maʻat: Gerechtigkeit und Unsterblichkeit im Alten Ägypten, München
   1990

Assmann, J.,

   Ägypten: Eine Sinngeschichte, Darmstadt 1996

Assmann, J.,

   Herrschaft und Heil: Politische Theologie in Altägypten, Israel und
   Europa, München / Wien 2000

Auffarth, Chr.,

   Art. Königtum, sakrales, in: Cancik, H. / Gladigow, B. / Kohl, K.-H.
   (Hrsg.), Handbuch religionswissenschaftlicher Grundbegriffe III, Stuttgart
   / Berlin / Köln 1993, 386-389

Aufrecht, W. E.,

   A Corpus of Ammonite Inscriptions (CAI), Ancient Near Eastern Texts &
   Studies 4, Lewiston / Queenston / Lampeter 1989

Avigad, N.,

   Art. Samaria (City), in: NEAEHL, 1300-1310

Avishur, Y. / Heltzer, M.,

   Studies on the Royal Administration: In Ancient Israel in the Light of
   Epigraphic Sources, Jerusalem 2000

Avigad, N. / Sass, B.,

   Corpus of West Semitic Stamp Seals, Jerusalem 1997

Barkay, G.,

   „The Prancing Horse" - An Official Seal Impression from Judah of the
   8th. Century B.C.E., in: TA 19 (1992), 124-129

Barkay, G.,

   The Iron Age II-III, in: Ben-Tor (ed.), Archaeology, 302-373

Barkay, G. / Vaughn, A.G.,

   An Official Seal Impression from Lachish Reconsidered, in: TA 22 (1995),
   94-97

Barkay, G. / Vaughn, A.G.,
    LMLK and Official Seal Impressions from Tel Lachish, in: TA 23 (1996),
    61-74
Barnett, R.D.,
    A Catalogue of the Nimrud Ivories with other Examples of Ancient Near
    Eastern Ivories in the British Museum, London 1975, 2nd. ed.
Barnett, R.D.,
    Ancient Ivories in the Middle East, QEDEM 14, Jerusalem 1982
Barta, W.,
    Art. Königsdogma, in: LdÄ III, 485-494
Basmachi, F.
    Treasures of the Iraq Museum, Bagdad 1976
Beck, P.,
    The Drawings of Ḥorvat Teiman (Kuntillet 'Ajrud), in: TA 9 (1982), 3-68
Beck, P.,
    On the Identification of the Figure of the Cult Stand from the ‚City of
    David', in: EI 20 (1989), 199*
Ben-Tor, A. (ed.),
    The Archaeology of Ancient Israel, New Haven/London 1992
Biran, A.,
    Tel Dan (Notes and News) in: IEJ 27 (1977), 242-246
Biran, A.,
    Biblical Dan, Jerusalem 1994
Bliss, F. J. / Macalister, R.S.A.,
    Excavations in Palestine During the Years 1898-1900, London 1902
Blumenthal, E.,
    Art. Königsideologie, in: LdÄ III, 526-531
Boerker-Klähn, J.,
    Altvorderasiatische Bildstelen und vergleichbare Felsreliefs, BAF 4,
    Mainz 1982
Bordreuil, P.,
    A Note on the Seal of Peqah the Armor-Bearer, Future King of Israel, in:
    BA 46 (1986), 54-55
Bordreuil, P.,
    Le repértoire iconographique des sceaux araméens inscrits et son
    èvolution, in: Sass/Uehlinger, Studies, 74-100
Brentjes, B.,
    Alte Siegelkunst des vorderen Orients, Leipzig 1983
Buchholz, H.-G.,
    Ugarit, Zypern und Ägäis: Kulturbeziehungen im zweiten Jahrtausend v.
    Chr., AOAT 261, Münster 1999
Carter, H. / Mace, A.C.,
    Tut-Ench-Amun: Ein ägyptisches Königsgrab, Leipzig 1924[2]

Clermont-Ganneau, C.,
    Note on the Inscribed Jar-Handle and Weight Found at Tell Zakarîa, in:
    PEQ Qst 31 (1899), 204-209
Coche-Zivie, Chr. M.,
    Art. Sphinx, in: LdÄ V, 1140-1147
Cohen, R.,
    The Iron Age Fortresses in the Central Negev, in: BASOR 236 (1980), 61-
    78
Cohen, R.,
    Art. Kadesh Barnea-The Israelite Fortress, in: NEAEHL, 843-847
Cohen, R.,
    Middle Bronze Age I and Iron Age II Sites in the Negev Hills, in:
    NEAEHL, 1123-1133
Collon, D.,
    First Impressions: Cylinder Seals in the Ancient Near East, London 1988
Crowfoot, J.W. / Kenyon, K.M. / Sukenik, E.L.,
    The Buildings of Samaria, Samaria-Sebaste I, London 1942
Crowfoot, J.W / Crowfoot, G.M.,
    Early Ivories from Samaria, Samaria-Sebaste II, London 1938
Crowfoot J.W. / Crowfoot, G.M. / Kenyon, K.M.,
    The Objects from Samaria, Samaria Sebaste III, London 1957
Crowfoot Payne, J.,
    Tomb 100: The Decorated Tomb at Hierankonpolis, in: JEA 48 (1962), 3-
    18.
Cross, F.M.,
    King Hezekiah´s Seal bears a Phoenician Imagery, in: BAR March/April
    1999, 42-45
Culican, W.,
    The Iconography of some Phoenician Seals and Seal Impressions, in:
    AJBA 1 (1968), S. 50-103
Davies, G.I.,
    Solomonic Stables at Megiddo after all?, in: PEQ 120 (1988), 130-141
Davies, Ph. R.,
    In Search of „Ancient Israel", JSOT Supplement 148, Sheffield 1992
de Mertzenfeld, C. Decambs,
    Inventaire Commenté des Ivoires Phéniciens et Apparantés Découverts
    dans le Proche-Orient, Paris 1954
Deutsch, R. / Heltzer, M.,
    Forty New Ancient West Semitic Inscriptions, Tel Aviv 1994
Deutsch, R. / Heltzer, M.,
    West Semitic Epigraphic News of the 1st. Millenium BCE, Tel Aviv 1999
Deutsch, R. / Heltzer, M.,
    Windows to the Past, Tel Aviv 1997

Deutsch, R.,
  Messages from the Past: Hebrew Bullae from the Time of Isaiah through the Destruction of the First Tempele, Tel Aviv 1999

Dever, W.G.,
  Art. Gezer, in: NEAEHL, 496-506

Dietrich, W.,
  Die frühe Königszeit in Israel: 10. Jh. v. Chr., BE 3, Stuttgart u.a. 1997

Diringer, D.,
  The Royal Jar-Handle-Stamps, in: BA 12 (1949) , 70-86

Donner, H.,
  Geschichte des Volkes Israel und seiner Nachbarn in Grundzügen Bd.I und II, ATD Ergänzungsreihe 4/1 und 4/2, Göttingen 1984 / 86

Dothan, M. / Porat, Y.
  Ashdod IV, Atiqot 15, Jerusalem 1982

Dothan, T.,
  The Arrival of the Sea Peoples: Cultural Diversity in Early Iron Age Canaan, in: Gitin, S., / Dever, W.G. (ed.), Recent Excavytions in Israel: Studies in Iron Age Archaeology, AASOR 49, Winona Lake 1989, 1-14

Dorneman, R.H.,
  The Archaeology of Transjordan in the Bronze and Iron Ages, Milwaukee 1983

Engnell, I.,
  Studies in Divine Kingship in the Ancient Near East, Oxford 1967[2]

Eschweiler, P.,
  Bildzauber im Alten Ägypten: Die Verwendung von Bildern und Gegenständen in magischen Handlungen nach den Texten des Mittleren und Neuen Reichs, OBO 137, Freiburg (Schweiz)/ Göttingen 1994

Fales, F.M. (Hrsg.)
  Assyrian Royal Inscriptions: New Horizons in Literary, Ideological, and Historical Analysis, Orientis

Finkelstein, I.,
  The Archaeology of the Israelite Settlement, Jerusalem 1988

Finkelstein, I.,
  The Emergence of the Monarchy in Israel: The Environmental and Socio-Economic Aspects, in: JSOT 44 (1989), 43-74

Finkelstein, I.,
  Environmental Archaeology and Social History, in: Biram / Aviram, Biblical Archaeology Today 1990, 56-66

Finkelstein, I.,
  The Archaeology of the Days of Manasseh, in: Coogan, M.D. / Exum, J. C. / Stager, L.I. (ed.), Scripture and Other Artifacts, Essays on the Bible and Archaeology in Honor of Philip. J. King, Lousville 1994, 168-187

Finkelstein, I.,

   Living on the Fringe: The Archaeology and History of the Negev, Sinai
   and Neighbouring Regions in the Bronze and Iron Ages, Monographs in
   Mediterranean Archaeology, Sheffield 1995

Finkelstein, I.,

   The Archaeology of the United Monarchy: an Alternative View, in:
   LEVANT XXVIII (1996), 177-187

Finkelstein, I.,

   The Rise of Early Israel: Archaeology and Long-Term History, in: Ahituv
   / Oren, Origin, 7-39

Finkelstein, I.,

   Omride Architecture, in: ZDPV 116 (2000), 114-138

Flanagan, J.W.,

   Chiefs in Israel, in: JSOT 20 (1981), 47-73

Flanagan, J.W.,

   David's Social Drama: A Hologram of Israel's Early Iron Age, JSOT
   Supplement 73, SWBAS 7, Sheffield 1988

Frankfort, H.,

   Cylinder Seals: A Documentary Essay on the Art and Religion of the
   Ancient Near East, London 1939

Frankfort, H.,

   Kingship and the Gods: A Study of Ancient Near Eastern Religion as the
   Integration of Society and Nature, Chicago 1948

Frankfort, H.,

   The Art and Architecture of the Ancient Orient, Harmondsworth u.a. 1979[4]

Frazer, J.G.,

   Der Goldene Zweig: Das Geheimnis von Glauben und Sitten der Völker,
   Nachdruck der Ausgabe von 1922, re 481, Reinbek 1989

Frick, F.S.,

   The Formation of the State in Ancient Israel: A Survey of Models and
   Theories, The Social World of Biblical Antiquity Series 4, Sheffield /
   Decatur / Bradford- on-Avon 1985

Frick, F.S.,

   Social Science Methods and Theories of Significance for the Study of the
   Israelite Monarchy: A Critical Review Essay, in: Gottwald, N.K. (Ed.),
   Social Scientific Criticism of the Hebrew Bible and its Social World: The
   Israelite Monarchy, Semeia 37, Sheffield 1986, 9-52

Fritz, V.,

   Kinneret: Excavations at Tell el `Oreimeh (Tel Kinrot) 1982-1985 Seasons,
   in: TA 20 (1993), 187-215

Fritz, V. / Kempinski, A.,

   Ergebnisse der Ausgrabungen auf der ḥirbet el-mšāš (Tēl Māśōś) 1972-
   1975, ADPV 6, 1-3, Wiesbaden 1983

Fritz, V.,
Einführung in die biblische Archäologie, Darmstadt 1985

Fritz, V.,
Die Stadt im Alten Israel, Beck's Archäologische Bibliothek, München 1990

Fritz, V.,
Monarchy and Re-urbanisation, in: ders. / Davies, Ph.R. (ed.), The Origins of the Ancient Israelite States, JSOT Suppl. 228, Sheffield 1996, 187-195

Galling, K.,
Biblisches Reallexikon, Handbuch zum Alten Testament, Erste Reihe Bd.l, Tübingen 1937

Galling, K.,
Beschriftete Bildsiegel des ersten Jahrtausends v.Chr. vornehmlich aus Syrien und Palästina, in: ZDPV 64 (1941), 121-202

Galling, K.,
Die Kopfzier der Philister von Medinet Habu, in: Ugaritica VI, 249 - 265

Galling, K. (Hrsg.),
Biblisches Reallexikon²., Handbuch zum Alten Testament, Erste Reihe Bd. 1, Tübingen 1977

Geertz, C.,
Dichte Beschreibung: Beiträge zum Verstehen kultureller Systeme, Frankfurt am Main 1987

Gese, H.,
Die Religionen Altyriens, in: ders. / Höfner, M. / Rudolf, K., Die Religionen Altsyriens, Altarabiens und der Mandäer, RdM 10,2, Stuttgart u.a. 1970, 1-232

Geva, S.,
The Painted Sherd of Ramat Rahel, in: IEJ 31 (1981), 186-189

Gitin, S. / Dothan, T. / Naveh, J.,
A Royal Dedicatory Inscription from Ekron, in; IEJ 47 (1997), 1-16

Giveon, R.,
The Impact of Egypt in Canaan, OBO 21, Freiburg (Schweiz) / Göttingen 1978

Giveon, R.,
Scarabs from Recent Ecavations in Jsrael, OBO 83, Freiburg (Schweiz) / Göttingen 1988

Gladigow, B.,
Kraft, Macht, Herrschaft. Zur Religionsgeschichte politischer Begriffe, in: ders. (Hrsg.), Staat und Religion, Düsseldorf 1981, 7-22

Goff, B.,
Symbols of Ancient Egypt in the Late Period, Religion and Society 13,Utrecht / Leiden 1980

Grabbe, L. (ed.),
Can a History of Israel Be Written?, JSOT Suppl. 245, Sheffield 1997

Gubel, E.,

    The Iconography of Inscribed Phoenician Glyptic, in: Sass, B. /Uehlinger, Chr., Studies in the Iconography of West Semitic Inscribed Seals: Proceedings of an Symposium Held in Fribourg on April 17-20, 1991, OBO 125, Freiburg (Schweiz)/Göttingen 1993, 101-129

Hadley, J.M.,

    Kuntillet ʿAjrud: Religious Centre or Desert Way Station, in: PEQ 125 (1993), 115-123

Haider, P.W. / Hutter, M. / Kreuzer, S. (Hrsg.),

    Religionsgeschichte Syriens: Von der Frühzeit bis zur Gegenwart, Stuttgart / Berlin / Köln 1996

Halpern, B.,

    The Constitution of the Monarchy in Israel, Harvard Semitic Monographs 25, Ann Arbor 1981

Hasel, M.G.,

    Domination and Resistance: Egyptian Military Activity in the Southern Levant, ca. 1300-1185 B.C., Probleme der Ägyptologie 11, Leiden / Boston / Köln 1998

Helck, W.,

    Die Beziehungen Ägyptens zu Vorderasien im 3. und 2. Jahrtausend v. Chr,. Ägyptologische Abhandlungen 5, Wiesbaden 1971[2]

Helck, W.,

    Die Beziehungen Ägyptens und Vorderasiens zur Ägäis bis ins 7. Jahrhundert v. Chr. EdF 120, Darmstadt 1979

Herbordt, S.,

    Neuassyrische Glyptik des 8.-7.Jh. v. Chr.: unter besonderer Berücksichtigung der Siegelungen auf Tafeln und Tonverschlüssen, SAAS 1, Helsinki 1992

Herzog, Z. / Aharoni, M. / Rainey, A.F. / Moshkovitz, S.,

    The Israelite Fortress at Arad, in BASOR 254 (1984), 1-34

Herzog, Z.,

    Das Stadttor in Israel und in den Nachbarländern, Mainz 1998

Herzog, Z.,

    Administrative Structures in the Iron Age, in: Kempinski / Reich (eds.), Architecture, 223-230

Herzog, Z.,

    Settlement and Fortification Planning in the Iron Age, in: Kempinski / Reich (eds.), Architecture, 231-274

Herzog, Z.,

    Archaeology of the City: Urban Planning in Ancient Israel and its Social Implications, Jerusalem 1997

Higginbotham, C. R.,
    Egyptianization and Elite Emulation in Ramesside Palestine: Governance
    and Accomodation on the Imperial Periphery, Culture and History of the
    Ancient Near East Vol. 2, Leiden / Boston / Köln 2000
Hornung, E. / Staehelin, E. (Hrsg.),
    Skarabäen aus Basler Sammlungen, Agyptische Denkmäler der Schweiz
    Bd.1, Mainz 1976
Hrouda, B.,
    Die Kulturgeschichte des assyrischen Flachbildes, Saarbrücker Beiträge
    zur Altertumskunde 2, Bonn 1965
Hübner, U.,
    Das ikonographische Repertoire der ammonitischen Siegel und seine
    Entwicklung, in: Sass / Uehlinger, Studies, 130-160
Jaeger, B.,
    Essai de Classification et Datation des Scarabées Menkheperre, OBOSA
    2, Freiburg (Schweiz) / Göttingen 1982
Jamieson-Drake, D.W.,
    Scribes and Schools in Monarchic Judah: A Socio-Archeological
    Approach, JSOT Supplement Series 109, Sheffield 1991
Johnson, A. R.,
    Sacral Kingship in Ancient Israel, Cardiff 1967[2]
Kaplony, P.,
    Art. Zepter, in: LdÄ IV, 1373-1389
Keel, O.,
    Wirkmächtige Siegeszeichen im Alten Testament: Ikonographische
    Studien zu Jos 8, 18-26; Ex 17, 8-13; 2 Kön 13, 14-19 und 1 Kön 22, 11,
    OBO 5, Freiburg (Schweiz) / Göttingen 1974
Keel, O.,
    Jahwe-Visionen und Siegelkunst, SBS 84/85, Stuttgart 1977
Keel, O.,
    Der Bogen als Herrschaftssymbol, in: ZDPV 93 (1977), 141-177
Keel, O. / Winter, U.,
    Vögel als Boten, OBO 14, Freiburg (Schweiz) /Göttingen 1977
Keel, O.,
    Das Böcklein in der Milch seiner Mutter und Verwandtes,
    OBO 33, Freiburg-Schweiz / Göttingen 1980
Keel, O. / Schroer, S.,
    Studien zu den Stempelsiegeln aus Palästina/Israel Bd.1, OBO 67,
    Freiburg (Schweiz) / Göttingen 1985
Keel, O. / Keel-Leu, H. / Schroer, S.,
    Studien zu den Stempelsiegeln aus Palästina/Israel Bd. II, OBO 88,
    Freiburg (Schweiz) / Göttingen 1989

Keel, O.,

Tell Keisan-La Glyptique, in: Briend, J. / Humbert, J.B. (Hrsg.), Tell Keisan (1971-1976),OBOSA 1, Freiburg (Schweiz) u.a. 1980, 257-295

Keel, O.,

Die Welt der altorientalischen Bildsymbolik und das Alte Testament, Darmstadt 1984[3]

Keel., O.,

Der Bogen als Herrschaftssymbol. Einige unveröffentlichte Skarabäen aus Ägypten und Israel zum Thema „Jagd und Krieg", in: Keel / Shuval / Uehlinger, Studien III, 27-65

Keel-Leu, H.,

Vorderasiatische Stempelsiegel: Die Sammlung des Biblischen Instituts der Universität Freiburg Schweiz, OBO 110, Freiburg (Schweiz) / Göttingen 1991

Keel, O.,

Das Recht der Bilder gesehen zu werden: Drei Fallstudien zur Methode der Interpretation altorientalischer Bilder, OBO 122 Freiburg (Schweiz) / Göttingen 1992

Keel, O.,

Früheisenzeitliche Glyptik in Palästina/Israel, in: ders. / Shuval, M. / Uehlinger, Chr. (Hrsg.), Studien zu den Stempelsiegeln aus Palästina/Israel III: Die frühe Eisenzeit. Ein Workshop, OBO 100, Freiburg (Schweiz) / Göttingen 1990, 331-421

Keel, O.,

Corpus der Stempelsiegel-Amulette aus Palästina/Israel: Von den Anfängen bis zur Perserzeit, OBOSA 10, Freiburg (Schweiz) / Göttingen 1995

Keel, O.,

Corpus der Stempelsiegel-Amulette aus Palästina/Israel, Katalog Bd. 1, OBOSA 13, Freiburg (Schweiz) / Göttingen 1997

Keel, O. /Uehlinger, Chr.,

Götter, Göttinnen und Gottessymbole: neue Erkenntnisse zur Religionsgeschichte Kanaans und Israels aufgrund bisher unerschlossener ikonographischer Quellen, QD 134, Freiburg u.a. 1999[4]

Kempinski, A. / Reich, J. (eds.),

The Architecture of Ancient Israel: From the Prehistoric to the Persian Periods, Jerusalem 1992

Kenyon, K.M.,

Royal Cities of the Old Testament, New York 1971

Kittel, R.,

Die Psalmen, KAT XIII, Leipzig 1929[6]

Klengel, H.,

Syria: 3000 to 300 B.C.: A Handbook of Political History, Berlin 1992

Köhler, E.C.,
   Besondere Formen und Dekorationen, in: Dreyer, G. u.a, Umm el-Qaab, in: MDAIK 54 (1989), 110-115

Kolbe, D.,
   Die Reliefprogramme religiös-mythologischen Charakters in neuassyrischen Palästen, 1981

Kottsieper, I.,
   „und mein Vater zog hinauf ...". Aspekte des älteren aramäischen Verbalsystems und seiner Entwicklung, in: Nebes, N. (Hrsg.), Tempus und Aspekt in den Semitischen Sprachen: Jenaer Kolloquium zur semitischen Sprachwissenschaft, Wiesbaden 1999

Kottsieper, I.,
   Die Inschrift vom Tel Dan und die politischen Beziehungen zwischen Aram-Damaskus und Israel in der 2. Hälfte des 1. Jahrtausends vor Christus, in: Dietrich, M. / ders., (Hrsg.), „Und Moses schrieb dieses Lied auf ..." FS O. Loretz, AOAT 250, Münster 1998, 475-500

Kottsieper, I.,
   Eine Tempelbauinschrift aus Ekron, erscheint demnächst in: TUAT Ergänzungsband

Kraeling, C. H.,
   Excavations at Dura-Europos, Final Report VIII, Part 1: The Synagogue, New Haven / London / Oxford 1956

A. Kuschke,
   Art. Palast, in: BRL², 242-247

Lamon, R.S. / Shipton, G.M.,
   Megiddo I, Seasons of 1925-34, OIP XLII, Chicago 1939

Lanczkowski, G.,
   Art. Königtum I., in: TRE XIX, 323-327

Lang, A.,
   Magic and Religion, London / New York / Bombay 1901

Lapp, P.W.,
   Late Royal Seals from Judah, in: BASOR 158 (1960), 11-22

Lapp, N.L.,
   The Third Campaign at Tell el-Ful, in: The Excavations of 1964, in: AASOR 45 (1981)

Lapp, N.L.,
   Art. Fûl, Tell el-, in NEAEHL, 445-448

La Regalità Sacra - The Sacral Kingship: Contributions to the Central Theme of the VIIIth. International Congress for the History of Religions (Rome, April 1955), Studies in the History of Religion IV, Leiden 1959

Lemche, N.P.,
   Clio is also among the Muses, in: Grabbe, L.L. (ed.), Can a History of Israel Be Written?, JSOT Suppl. 245, Sheffield 1997, 123-155

Levine, (ed.)
   Ancient Synagogues Revealed, Jerusalem 1981
Liebowitz, H.A.,
   Military and Feast Scenes on Late Bronze Palestinian Ivories, in: IEJ 30
   (1980), 162-169
Liverani, M.,
   The Ideology of the Assyrian Empire, in: Larsen, M.T. (Ed.), Power and
   Propaganda: A Symposium on Ancient Empires, Mesopotamia 7,
   Copenhagen 1979, 297-317
Loud, G.,
   The Megidde Ivories, OIP 52, Chicago 1939
von Luschan, F.,
   Ausgrabungen in Sendschirli: Ausgeführt und Herausgegeben im Auftrage
   des Orient-Comités zu Berlin, Bd. III- IV, Berlin 1911
Macalister, R.A.S.,
   The Excavation of Gezer II-III, London 1912
Macdonald, E. / Starkey, J.L. / Harding, L.,
   Beth-Pelet II, London 1932
Magen, U.,
   Assyrische Königsdarstelllungen - Aspekte der Herrschaft, Baghdader
   Forschungen Bd. 9, Mainz 1986
Mallowan, M. E. L.,
   Nimrud and its Remains, II Vol., New York 1966
Mallowan, M. E. L.,
   The Nimrud Ivories, London 1978[2]
Mann, M.,
   Geschichte der Macht, Bd. 1: Von den Anfängen bis zur Griechischen
   Antike, Frankfurt / New York 1994
Martin, K.,
   Art. Speisetischszene, in: LdÄ V, 1128-1133
Matthiae, P.,
   The Painted Sherd from Ramat Rahel, in: Aharoni, RR 2, 85-94
Matouk, F.S.,
   Corpus du Scarabeé Egyptièn Vol.I, Beirut 1971
May, H.G.,
   Material Remains of the Megiddo Cult, OIP 26, Chicago 1935
Mazar, A.,
   Archaeology of the Land of the Bible 10.000-586 B.C.E., ABRL, New
   York u.a. 1990
Mazar, A.,
   The Iron Age I, in: Ben Tor (ed.), Archaeology, 258-301
Mazar, A.,
   Timnah (Tel Batash) I, Qedem 37, Jerusalem 1997

Mazar, E.,
  Jerusalem - The Ophel - 1986, in: ESI 5 (1986), 56-58
Mazar, E. / Mazar, B.,
  Excavations in the South of the Temple Mount: The Ophel of Biblical
  Jerusalem, Qedem 29, Jerusalem 1989
Maul, S. M.,
  Der assyrische König - Hüter der Weltordung, in: Watanabe, K. (ed.),
  Priests and Officials, 201-214
Mayer, W.,
  Politik und Kriegskunst der Assyrer, ALASPM 9, Münster 1995
McCown, C.C.,
  Tell en-Nasbeh, Vol. I: Archaeological and Historical Results, Berkeley /
  New Haven 1947
Mendelsohn, I.,
  Guilds in Ancient Palestine, in: BASOR 80 (1940), 17-21
Meshorer, Y.,
  Yewish Coins of the Second Temple Period, Tel Aviv 1967
Mettinger, T.N.D.,
  King and Messiah: The Civil and Sacral Legitimation of the Israelite
  Kings, Coniectanea Biblica, Old Testament Series 8, Lund 1976
Millard, A. R.,
  An Israelite Royal Seal?, in: BASOR 208 1972), 5-9
Millard, A.R,
  Texts and Archaeology: Weighing the Evidence the Case for King
  Solomon, in: PEQ 123 (1991), 21-27
Myśliwiec, K.,
  Royal Portraiture of the Dynasties XXI-XXX, Mainz 1988
Mittmann, S.,
  Amos 3, 12-15 und das Bett der Samarier, in: ZDPV 92 (1976), 149-167
Mommsen, H. / Perlmann, I. /Yellin, J.,
  The Proveniance of the lmlk Jars, in: IEJ 34 (1984), 89-113
Moortgat, A.,
  Tell Halaf III: Die Bildwerke, Berlin 1955
Moortgat, A.,
  Vorderasiatische Rollsiegel: Ein Beitrag zur Geschichte der
  Steinschneidekunst, Berlin 1966^2
Mowinckel, S.,
  Psalmenstudien II: Das Thronbesteigungsfest Jahwäs und der Usprung der
  Eschatologie, Nachdruck der Ausgabe von 1922, Amsterdam 1966
Mowinckel, S.,
  Oriental and Israelite Elements in Israelite Sacral Kingdom, in: The Sacral
  Kingship, 283-293
Müller, H.P.,
  Art. Chemosh, in: DDD, 186-189

Negbi, O.,
  The Continuity of the Canaanite Bronzework of the Late Bronze Age into
  the Early Iron Age, in: TA 1 (1974), 159-172
Niemann, H. M.,
  Herrschaft, Königtum und Staat: Skizzen zur sozio-kulturellen
  Entwicklung im monarchischen Israel, FAT 6, Tübingen 1993
Nofretete-Echnaton, Ausstellungskatalog Ägyptisches Museum Berlin 10.
  April-16. Juni 1976, Mainz 1976
Noort, E.,
  Die Seevölker in Palästina, Palaestina Antiqua 8, Kampen 1994
Novák, M.,
  Herrschaftsform und Stadtbaukunst: Programmatik im mesopotamischen
  Residenzstadtbau von Agade bis Surra man ra'ā, Schriften zur
  Vorderasiatischen Archäologie Bd. 7, Saarbrücken 1999
Noth, M.,
  Gott, König, Volk im Alten Testament: Eine methodologische
  Auseinandersetzung mit einer gegenwärtigen Forschungsrichtung, in:
  ders., Gesammelte Studien zum Alten Testament, Theologische Bücherei
  Bd. 6, München 1957, 188-229
Ornan, T.,
  Mesopotamian Influence on West Semitic Inscribed Seals, in: Sass /
  Uehlinger, Studies, 52-72
Orthmann, W.,
  Untersuchungen zur späthethitischen Kunst, Saarbrücker Beiträge zur
  Altertumskunde 8, Bonn 1971
Parayre, D.,
  A propos des sceaux oust-sémitiques: le rôle de l'iconographie dans
  l'attribution d'un sceau à une aire culturelle ou à un atelier, in: Sass /
  Uehlinger, Studies, 27-51
Parpola, S.,
  Sons of God: A Theology of Kingship, in: Odyssey November/December
  1999, 16-27
Parpola, S.,
  Monotheism in Ancient Assyria, in: Porter, N. (ed.), One God or Many?
  Concepts of Divinity in the Ancient World, Transactions of the Casco Bay
  Assyriological Institute Vol. 1, Bethesda, MD 2000, 165-209
Parssons, T.,
  Gesellschaften, Frankfurt am Main 1975
Peck, W. / Ross, J.,
  Ägyptische Zeichnungen aus drei Jahrtausenden, Bergisch Gladbach 1979
Petrie, W.M.F.,
  Gerar, BSAE XLVIII, London 1928
Petrie, W.M.F.,
  Beth-Pelet I, BSAE XLVIII, London 1930

Petrie, W.M.F.,
    Ancient Gaza I, BSAE LIII, London 1931
Petrie, W.M.F.,
    Ancient Gaza II, BSAE LIV, London 1932
Petrie, W.M.F.,
    Ancient Gaza III, BSAE LV, London 1933
Petrie, W.M.F.,
    Ancient Gaza IV, BSAE LVI, London 1934
Petrie, W.M.F.,
    Anthedon (Sinai), BSAE LVIII, London 1937
Petrie, W.M.F. / Mackay, E.J.H. / Murray, M.A.,
    City of Shephard Kings and Ancient Gaza V, BSAE LXIV, London 1952
Moscati, S. (Hrsg.)
    The Phoenicians, Ausstellungskatalog Palazzo Grassi,Venedig 1988
Phönizische Elfenbeine: Möbelverzierungen des 9. Jh. v. Chr., Beihefte des
    Badischen Landesmuseums Karlsruhe, Karlsruhe 1973
Pongratz-Leisten, B.,
    Herrschaftswissen in Mesopotamien: Formen der Kommunikation
    zwischen Gott und König im 2. und 1. Jahrtausend v. Chr., SAAS X,
    Helsinki 1999
Porada, E.,
    Corpus of Ancient Near Eastern Seals in North American Collections, I:
    The Collection of the Pierpont Morgan Library, Bollingen Series 14,
    Washington D.C. 1948
Poulssen, N.,
    König und Tempel im Glaubenszeugnis des Alten Testaments, SBM 3,
    Stuttgart 1967
Pritchard, J.B.,
    Hebrew Inscriptions and Stamps from Gibeon, Museum Monographs of
    the University Museum of the University of Pennsvlvania 4, Philadelphia
    1959
Pritchard, J.B. (ed.),
    Ancient Near Eastern Pictures Relating to the Old Testament (ANEP),
    Princeton 1969[2]
Pritchard, J. B. (ed.),
    Ancient Near Eastern Texts Relating to the Old Testament (ANET),
    Princeton 1969[3]
Reade, J.,
    Ideology and Propaganda in Assyrian Art, in: Larsen, M.T. (ed.) Power
    and Propaganda: A Symposium on Ancient Empires, Mesopotamia 7,
    Copenhagen 1979, 329-343
Reade, J.,
    Neo-Assyrian Monuments in their Historical Context, in: Fales,
    Inscriptions, 49-70

Reich, R.,
  Palaces and Residences in the Iron Age, in: Kempinski, A./ Reich, R. (eds.) Architecture, 202-223
Reifenberg, A.,
  Ancient Hebrew Seals, London 1950
Ringgren, H.,
  Die Religionen des Alten Orients, GAT Sonderband, Göttingen 1979
Ritner, R.K.,
  The Mechanics of Ancient Egyptian Magical Practice, Studies in Ancient Oriental Civilisation No. 54, Chicago 1993
Röllig, W.,
  Zum „Sakralen Königtum" im Alten Orient, in: Gladigow, B. (Hrsg.), Staat und Religion, Düsseldorf 1981, 114-125
Rössler-Köhler, U.,
  Art, Löwe, in: LdÄ III, Sp.1080-1090
Rowe, A.,
  A Catalogue of Egyptian Scarabs, Scaraboids, Seals and Amulets in the Palestine Archeological Museum, Kairo 1936
Sass, B. / Uehlinger, Chr.,
  Studies in the Iconography of Northwest Semitic Insribed Seals, OBO 125, Freiburg (Schweiz) / Göttingen 1993
Sass, B.,
  The Pre-Exilic Hebrew Seals: Iconism vs. Aniconism, in: Sass/Uehlinger, Studies, 194-256
Shiloh, Y.,
  The Proto-Aeolic Capital and Israelite Ashlar Masonry, QEDEM 11, Jerusalem 1979
Shiloh, Y.,
  Excavations at the City of David I: 1978-1982, QEDEM 19, Jerusalem 1984
Shiloh, Y.,
  Art. Megiddo- The Iron Age, in: NEAEHL, 1012-1023
Shuval, M.,
  A Catalogue of Early Iron Stamp Seals from Israel, in: Keel/Shuval/Uehlinger, Studien III, 67-161
Schmidt, L.,
  Art. Königtum II, in: TRE XIX, 327-333
Schmitt, R.,
  Das Skarabäusmotiv auf Stempelsiegeln aus Palästina, unveröffentlichte Magisterschrift, Hamburg 1989
Schmitt, R.,
  Zur Votivfigur eines Mesopotamischen Herrschers und zu einem Terrakottarelief aus Assur, in: Jahrbuch des Hamburger Museums für Kunst und Gewerbe 8 (1989), 7-14

Schmitt, R.,
    Philistäische Terrakottafigurinen: Archäologische, ikonographische und religionsgeschichtliche Überlegungen zu einer Sondergruppe palästinischer Kleinplastik der Eisenzeit, Diss. Groningen 1994
Schoors, A.,
    Die Königreiche Israel und Juda im 8. und 7. Jahrhundert v. Chr., BE 5, Stuttgart / Berlin / Köln 1998
Schoske, S.,
    Das Erschlagen der Feinde: Ikonographie und Stilistik der Feindvernichtung im alten Ägypten, Diss. Heidelberg 1982
Schroer, S.,
    In Israel gab es Bilder: Nachrichten von darstellender Kunst im Alten Testament, OBO 74, Freiburg (Schweiz)/Göttingen 1987
Schroer, S.,
    Der Mann im Wulstsaummantel: Ein Motiv der Mittelbronzezeit II B, in: Keel / Schroer, Studien I, 49-107
Schumacher, G.,
    Tell el-Mutesellim I: Bericht über die 1903-1905 veranstalteten Ausgrabungen, Leipzig 1908
Small, T. / Small, K.,
    A Nude Philistine Captive from Jerusalem?, in: BAR 12,2 (1986), 68-69
Soggin, J.A.,
    Das Königtum in Israel: Ursprünge, Spannungen Entwicklung, BZAW 104, Berlin 1967
Spieckermann, H.,
    Juda unter Assur in der Sargonidenzeit, FRLANT 129, Göttingen 1982
Steiner, M.,
    The Archaeology of Ancient Jerusalem, in: Currents of Research: Biblical Studies 6 (1998), 143-168
Stern, E.,
    The Material Culture of Palestine in the Persian Period, Warminster / Jerusalem 1982
Stern, E.,
    Art. Azekah, in: NEAEHL, 123-124
Strange, J.,
    The Idea of Afterlife in Ancient Israel: Some Remarks on the Iconography in Solomon's Temple, in: PEQ 117 (1985), 35-39
Tadmor, H.,
    History and Ideology in the Assyrian Royal Inscriptions, in: Fales, Inscriptions, 13-33
Thureau-Dangin, F. u.a.,
    Arslan Tash-Atlas, Paris 1931

Timm, S.,
   Das ikonographische Repertoire der moabitischen Siegel und seine
   Entwicklung: vom Maximalismus zum Minimalismus, in: Sass /
   Uehlinger, Studies, 161-193
Tropper, J.,
   Die Inschriften von Zincirli, ALASP 6, Münster 1993
Treasures of the Holy Land: Ancient Art from the Israel Museum,
   Metropolitan Museum of Art, New York 1986
Tufnell, O.,
   Studies on Scarab Seals Vol. II, With Contributions by G.T. Martin and
   W.A.Ward, Warminster 1984
Tufnell, O. / Inge, C. H. / Harding, L.,
   Lachish II - The Fosse Temple, The Wellcome-Marston Archeological
   Research Expedition to the Near East Vol.II, London / New York /
   Toronto 1940
Tufnell, O.,
   Lachish III-The Iron Age, 2 vols., The Wellcome-Marston Archeological
   Research Expedition to the Near East Vol.III, London / New York /
   Toronto 1958
Tushingham, A.D.,
   A Royal Israelite Seal and the Royal Jar Handle Stamps, in: BASOR 200
   (1971), S. 71-78; BASOR 201 (1972), S. 823-35
Tutanchamun, Ausstellungskatalog Kölnisches Stadtmuseum 21. Juni-19
   Oktober 1980, Mainz 1980
Uberti, M.L.,
   Ivory and Bone Carving, in: Moscati, Phoenicians, 404-421
Uehlinger, Chr.,
   Der Amun-Tempel Ramses' III. in *p3-Kn n*, seine südpalästinischen
   Tempelgüter und der Übergang von der Ägypter- zur Philisterherrschaft:
   ein Hinweis auf einige wenig beachtete Skarabäen, in: Keel / Shuval /
   Uehlinger, Studien III, 3-26
Uehlinger, Chr.,
   Strong Persianisms in Glyptic Iconography of Persian Period Palestine, in:
   Becking, B. / Korpel, M.C.A. (eds.), The Crisis of Israelite Religion:
   Transformations of Religious Tradition in Exilic and Post-Exilic Times,
   Leiden / Boston / Köln 1999, 134-182
Ussishkin, D.,
   On the Original Position of Two Proto-Ionic Capitals at Megiddo, in: IEJ
   20 (1970) 213-215
Usshishkin, D.,
   King Solomon's Palaces, in BA 36,3 (1973), 78-105
Ussishkin, D.,
   Lachish (Notes and News), in: IEJ 24 (1974), 273; IEJ 25 (1975), 168

Ussishkin, D.,
  Royal Judean Storage Jars and Private Seal Impressions, in: BASOR 223
  (1976), S. 1-13
Ussishkin, D.,
  Excavations at Tel Lachish 1978-1983: Second Preliminary Report, in: TA
  10 (1983), 97-175 (= TA Reprint Series No. 6)
Ussishkin, D.,
  Art. Lachish, in: NEAEHL, 897-911
Ussishkin, D. / Woodhead, J.,
  Excavations at Tel Jezreel 1992-1993, in: Levant 26 (1994), 1-48
Ussishkin, D. / Woodhead, J.,
  Excavations at Tel Jezreel 1994-1996, in: TA 24 (1997), 6-72
Van der Leeuw, G.,
  Phänomenologie der Religion, Tübingen 1977[4]
Vaughn, A.G.,
  Theology, History, and Archaeology in the Chronicler Account of
  Hezekiah, Archaeology and Biblical Studies 4, Atlanta 1999
Watanabe, K.,
  Seals of Neo-Assyrian Officials, in: ders. (ed.), Priests and Officials, 313-
  366
Watanabe, K. (ed.),
  Priests and Officials in the Ancient Near East: Papers of the Second
  Colloquium on the Ancient Near East - The City and its Life held at the
  Middle Eastern Culture Center in Japan (Mitakka, Tokyo) March 22-24,
  1996, Heidelberg 1999
Waters, J.W.,
  The Political Development and Significance of the Shepherd-King Symbol
  in the Ancient Near East and in the Old Testament, Ph.D. Boston 1970
Watzinger,C.,
  Tell et Mutesellim II: Die Funde, Leipzig 1929
Weber, M.,
  Wirtschaft und Gesellschaft: Grundriss der verstehenden Soziologie, Bd.
  I, Tübingen 1956[4]
Weippert, H.,
  Art. Pferd und Streitwagen, in: BRL[2], 250-255.
Weippert, H.,
  Palästina in vorhellenistischer Zeit, Handbuch der Archäologie,
  Vorderasien II. Bd.1, München 1988
Welten, P.,
  Die Königs-Stempel, Abhandlungen des Deutschen Palästina-Vereins,
  Wiesbaden 1969
Welten, P.,
  Art. Mischwesen, in: BRL[2], 223-227

Welten, P.,
   Art. Siegel und Stempel, in: BRL², 299-307
Westenholz, J.G.,
   The King, the Emperor, and the Empire: Continuity and Discontinuity of
   Royal Representation in Text ans Image, in: Aro, S. / Whiting, R.M., The
   Heirs of Assyria: Proceedings of the Opening Symposium of the Assyrian
   and Babylonian Intellectual Heritage Project Held in Tvärminne, Finland,
   October 8-11, 1998, Melammu Symposia I, Helsinki 2000, 99-125
Whitelam, K. W.,
   The Just King: Monarchical Judical Authority in Ancient Israel, Sheffield
   1979
Whitelam, K.W.,
   The Symbols of Power: Aspects of Royal Propaganda in the United
   Monarchy, in: BA 49 (1986), 166-173
Whitelam, K. W.,
   Art. King and Kingship, in: ABD IV, 40-48
Wiese, A.,
   Zum Bild des Königs auf ägyptischen Siegelamuletten, OBO 96, Freiburg
   (Schweiz) / Göttingen 1990
Widengren, G.,
   The King and the Tree of Life in Ancient Near Eastern Religion (King and
   Saviour IV), Uppsala Universitets Årsskrift 1951: 4, Uppsala / Leipzig /
   Wiesbaden 1951
Widengren, G.,
   Sakrales Königtum im Alten Testament und im Judentum, Franz-
   Delitzsch-Vorlesesungen 1952, Stuttgart 1955
Wildung, D.,
   Art. Erschlagen der Feinde, in: LdÄ II, 14-17
Williamson, H.G.M.,
   Tel Jezreel and the Dynasty of Omri, in: PEQ 128 (1996), 41-51
Winter, I.J.,
   Phoenician and North Syrian Ivory Carving in Historical Context, in:
   IRAQ XXXVIII (1976), 1-22
Winter, I.J.,
   Is there a South Syrian Stile of Ivory-Carving in the Early First
   Millenium, B.C., in: IRAQ XLIII (1981), 101-130
Yadin, Y.,
   The Art of Warfare in Biblical Lands in the Light of Archaeological
   Discovery, London 1963
Yadin, Y. u.a.,
   Hazor I-IV, Jerusalem 1958-1961
Yadin, Y.,
   Megiddo of the Kings of Israel, in BA 33, 3 (1970), 66-96

Yadin,Y.,

Hazor, The Schweich Lectures of the British Academy 1970, London 1972

Yadin, Y.,

The Megiddo Stables, in EI 12 (1975), 120* (English Summary)

Yadin, Y.,

Art. Hazor, in: NEAEHL, 594-603

Yassine, K.,

The Open Court Sanctuary of the Iron Age I *Tell el-Mazār* Mound A, in: ZDPV 100 (1984), 108-121

Zwickel, W.,

Der Tempelkult in Kanaan und Israel, FAT 10, Tübingen1994

Indices

1 Ortsregister

2 Register der Sachen und Namen

3 Register der Bibelstellen

4 Register der Siegellegenden

ʾbjbʿl	103
ʾdnyplt ʿbd ʿmndb	24
bydʾl ʿbd pdʾl	24
bnyhw nʿr ḥgy	117
bʿlyšʿ mlk b[n ʿm]n	Fn 138
gʾlyhw bn hmlk	118
hgbh	Fn 495
ḥzqyhw ʾhz hmlk	171ff.
ḥnn	103
ḥlṣyhw bn hmlk	129
yhwʾhz bn hmlk	169
yʾznyhw ʿbd hmlk	169
ykm[yhw] ṣ[...]	100
ywzn b[n ...] ʿd	100
mzrj	103
mʿdnh bt hmlk	186
(l)mlk	27, 28, 36, 37, 1110ff., 171ff., 193
mnšh bn hmlk (moab.)	24
mnšh bn hmlk	171, 174
mtn b[n] plṭy[hw]	117
nyhwʾ 127	Fn 495
nryhw bn hmlk	117
sr hyr	166ff., 197
(l)sr	28, 110f.
ʿrb 127	Fn 496
ʿšyhw ʿbd hmlk	127
ʿzryhw bn pdyhw	117
pdyhw bn hmlk	117
pqh	111f.
qwsgbr(y)	24
šbnyhw bn hmlk	171, 174
šbnyhw ʿbd ʿzyw	100ff.
šmʿ ʿbd yrbʿm	121ff.

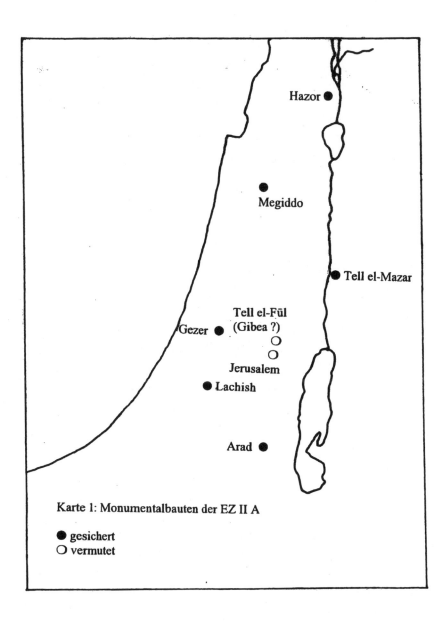

Karte 1: Monumentalbauten der EZ II A

● gesichert
○ vermutet

Karte 1: Monumentalbauten und Festungen der EZ II A

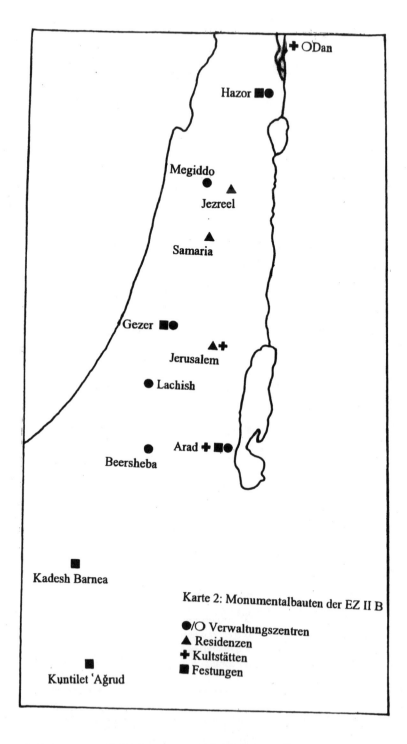

Karte 2: Monumentalbauten der EZ II B

●/○ Verwaltungszentren
▲ Residenzen
✚ Kultstätten
■ Festungen

Karte 2: Monumentalbauten und Festungen der EZ II B

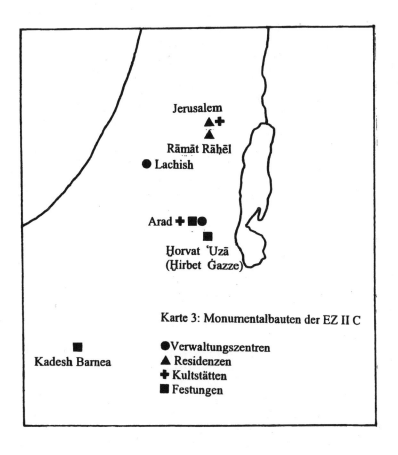

Karte 3: Monumentalbauten der EZ II C

●Verwaltungszentren
▲ Residenzen
✚ Kultstätten
■ Festungen

Karte 3: Monumentalbauten und Festungen der EZ II C

Ugarit-Verlag Münster

Ricarda-Huch-Straße 6, D-48161 Münster

Lieferbare Bände der Serien AOAT, AVO und FARG:

Alter Orient und Altes Testament (AOAT)
Herausgeber: Manfried DIETRICH - Oswald LORETZ

Bd. 43 Nils P. HEEßEL, *Babylonisch-assyrische Diagnostik*. 2000 (ISBN 3-927120-86-3), XII + 471 S. + 2 Abb., DM 192,--; ÖS 1.402,--; SFr 170,--.

Bd. 245 Francesco POMPONIO - Paolo XELLA, *Les dieux d'Ebla. Étude analytique des divinités éblaïtes à l'époque des archives royales du IIIe millénaire.* 1997 (ISBN 3-927120-46-4), VII + 551 S., DM 116,--; ÖS 847,--; SFr 103,--.

Bd. 246 Annette ZGOLL, *Der Rechtsfall der En-ḥedu-Ana im Lied nin-me-šara*, 1997 (ISBN 3-927120-50-2), XII + 632 S., DM 134,--; ÖS 978,--; SFr 120,--.

Bd. 248 *Religion und Gesellschaft. Studien zu ihrer Wechselbeziehung in den Kulturen des Antiken Vorderen Orients. Veröffentlichungen des Arbeitskreises zur Erforschung der Religions- und Kulturgeschichte des Antiken Vorderen Orients (AZERKAVO), Band 1.* 1997 (ISBN 3-927120-54-5), VIII + 220 S., DM 86,--; ÖS 628,--; SFr 78,--.

Bd. 249 Karin REITER, *Die Metalle im Alten Orient unter besonderer Berücksichtigung altbabylonischer Quellen.* 1997 (ISBN 3-927120-49-9), XLVII + 471 + 160 S. + 1 Taf., DM 142,--; ÖS 1.037,--; SFr 125,--.

Bd. 250 Manfried DIETRICH - Ingo KOTTSIEPER, Hrsg., *"Und Mose schrieb dieses Lied auf". Studien zum Alten Testament und zum Alten Orient. Festschrift Oswald Loretz.* 1998 (ISBN 3-927120-60-X), xviii + 955 S., DM 222,--; ÖS 1.621,--; SF 197,--

Bd. 251 Thomas R. KÄMMERER, *Šimâ milka. Induktion und Reception der mittelbabylonischen Dichtung von Ugarit, Emār und Tell el-'Amārna.* 1998 (ISBN 3-927120-47-2), XXI + 360 S., DM 118,--; ÖS 861,--; SFr 105,--.

Bd. 252 Joachim MARZAHN - Hans NEUMANN, Hrsg., *Assyriologica et Semitica. Festschrift für Joachim OELSNER anläßlich seines 65. Geburtstages am 18. Februar 1997.* 2000 (ISBN 3-927120-62-6), xii + 635 S. + Abb., DM 196,--; ÖS 1.432,--; SFr. 174,--.

Bd. 253 Manfried DIETRICH - Oswald LORETZ, Hrsg., *dubsar anta-men. Studien zur Altorientalistik. Festschrift für W.H.Ph. Römer.* 1998 (ISBN 3-927120-63-4), xviii + 512 S., DM 142,--; ÖS 1.035,--; SF 126,--.

Bd. 254 Michael JURSA, *Der Tempelzehnt in Babylonien vom siebenten bis zum dritten Jahrhundert v.Chr.* 1998 (ISBN 3-927120-59-6), VIII + 146 S., DM 82,--; ÖS 599,--; SFr 74,50.

Bd. 255 Thomas R. KÄMMERER - Dirk SCHWIDERSKI, *Deutsch-Akkadisches Wörterbuch.* 1998 (ISBN 3-927120-66-9), XVIII + 589 S., DM 156,--; ÖS 1.139,--; SFr 138,--.

Bd. 256 Hanspeter SCHAUDIG, *Die Inschriften Nabonids von Babylon und Kyros des Großen.* 2001 (ISBN 3-927120-75-8)(i.V.)

Bd. 257 Thomas RICHTER, *Untersuchungen zu den lokalen Panthea Süd- und Mittelbabyloniens in altbabylonischer Zeit.* 1999 (ISBN 3-927120-64-2), XXII + 518 S., DM 167,--; ÖS 1.037,--; SFr 149,--.

Bd. 258 Sally A.L. BUTLER, *Mesopotamian Conceptions of Dreams and Dream Rituals.* 1998 (ISBN 3-927120-65-0), XXXIX + 474 S. + 20 Pl., DM 148,--; ÖS 1.080,--; SFr 131,--.

Bd. 259 Ralf ROTHENBUSCH, *Die kasuistische Rechtssammlung im Bundesbuch und ihr literarischer Kontext im Licht altorientalischer Parallelen.* 2000 (ISBN 3-927120-67-7), IV + 681 S., DM 186,--; ÖS 1.358,--; SFr 168,--

Bd. 260 Tamar ZEWI, *A Syntactical Study of Verbal Forms Affixed by -n(n) Endings in Classical Arabic, Biblical Hebrew, El-Amarna Akkadian and Ugaritic.* 1999 (ISBN 3-927120-71-5), VI + 211 S., DM 94,--; ÖS 686,--; SFr 85,50.

Bd. 261 Hans-Günter BUCHHOLZ, *Ugarit, Zypern und Ägäis - Kulturbeziehungen im zweiten Jahrtausend v.Chr.* 1999 (ISBN 3-927120-38-3), XIII + 812 S., 116 Tafeln, DM 214,--; ÖS 1.562,--; SFr 191,50.

Bd. 262 Willem H.Ph. RÖMER, *Die Sumerologie. Einführung in die Forschung und Bibliographie in Auswahl* (zweite, erweiterte Auflage). 1999 (ISBN 3-927120-72-3), XII + 250 S., DM 120,--; ÖS 876,--; SFr 106,50.

Bd. 263 Robert ROLLINGER, *Frühformen historischen Denkens. Geschichtsdenken, Ideologie und Propaganda im alten Mesopotamien am Übergang von der Ur-III zur Isin-Larsa Zeit* (ISBN 3-927120-76-6)(i.V.)

Bd. 264 Michael P. STRECK, *Die Bildersprache der akkadischen Epik.* 1999 (ISBN 3-927120-77-4), 258 S., DM 120,--; ÖS 876,--; SFr 106,50.

Bd. 265 Betina I. FAIST, *Der Fernhandel des assyrischen Reichs zwischen dem 14. und 11. Jahrhundert v. Chr.,* 2001 (ISBN 3-927120-79-0), XXII + 322 S. + 5 Tf., DM 141,--; ÖS 1.029,--; SFr. 125,--.

Bd. 266 Oskar KAELIN, *Ein assyrisches Bildexperiment nach ägyptischem Vorbild. Zu Planung und Ausführung der „Schlacht am Ulai".* 1999 (ISBN 3-927120-80-4), 150 S., Abb., 5 Beilagen, DM 96,--; ÖS 701,--; SFr. 87,--.

Bd. 267 Barbara BÖCK, Eva CANCIK-KIRSCHBAUM, Thomas RICHTER, Hrsg., *Munuscula Mesopotamica. Festschrift für Johannes RENGER.* 1999 (ISBN 3-927120-81-2), XXIX + 704 S., Abb., DM 244,--; ÖS 1.752,--; SFr. 219,--.

Bd. 268 Yushu GONG, *Die Namen der Keilschriftzeichen.* 2000 (ISBN 3-927120-83-9), VIII + 228 S., DM 88,--; ÖS 642,--; SFr 80,--.

Bd. 269/1 Manfried DIETRICH - Oswald LORETZ, *Studien zu den ugaritischen Texten I: Mythos und Ritual in KTU 1.12, 1.24, 1.96, 1.100 und 1.114.* 2000 (ISBN 3-927120-84-7), XIV + 554 S., DM 176,--; ÖS 1.285,--; SFr. 158,--.

Bd. 270 Andreas SCHÜLE, *Die Syntax der althebräischen Inschriften. Ein Beitrag zur historischen Grammatik des Hebräischen.* 2000 (ISBN 3-927120-85-5), IV + 294 S., DM 124,--; ÖS 905,--; SFr. 112,--.

Bd. 271/1 Michael P. STRECK, *Das amurritische Onomastikon der altbabylonischen Zeit I: Die Amurriter, die onomastische Forschung, Orthographie und Phonologie, Nominalmorphologie.* 2000 (ISBN 3-927120-87-1), 414 S., DM 148,--; ÖS 1.080,--; SFr 131,--.

Bd. 272 Reinhard DITTMANN - Barthel HROUDA - Ulrike LÖW - Paolo MATTHIAE - Ruth MAYER-OPIFICIUS - Sabine THÜRWÄCHTER, Hrsg., *Variatio Delectat - Iran und der Westen. Gedenkschrift für Peter CALMEYER.* 2001 (ISBN 3-927120-89-8), XVIII + 768 S. + 2 Faltb., DM 224,--; ÖS 1.635,--; SFr. 200,--.

Bd. 273 Josef TROPPER, *Ugaritische Grammatik.* 2000 (ISBN 3-927120-90-1), XXII + 1056 S., DM 196,--; ÖS 1.431,--; SFr. 174,--.

Bd. 274 *Festschrift für B. Kienast.* 2001 (ISBN 3-927120-91-X)(i.V.)

Bd. 275 Petra GESCHE, *Schulunterricht in Babylonien im ersten Jahrtausend v.Chr.* 2001 (ISBN 3-927120-93-6), xxxiv + 820 S. + xiv Tf., DM 220,--; ÖS 1.606,-; SFr. 195,--.

Bd. 276 Willem H.Ph. RÖMER, *Hymnen und Klagelieder in sumerischer Sprache.* 2001 (ISBN 3-927120-94-4), xi + 275 S., DM 130,--; ÖS 949,--; SFr. 117,50.

Bd. 277 Corinna FRIEDL, *Polygynie in Mesopotamien und Israel. Sozialgeschichtliche Analyse polygamer Beziehungen anhand rechtlicher Texte aus dem 2. und 1. Jahrtausend v.Chr.* 2000 (ISBN 3-927120-95-2), 325 S., DM 130,--; ÖS 949,--; SFr 117,50.

Bd. 278/1 Alexander MILITAREV - Leonid KOGAN, *Semitic Etymological Dictionary. Vol. I: Anatomy of Man and Animals.* 2000 (ISBN 3-927120-90-1), cliv + 425 S., DM 166,--; ÖS 1.212,--; SFr. 147,--.

Bd. 279 Kai A. METZLER, *Tempora in altbabylonischen literarischen Texten.* 2001 (ISBN 3-934628-03-6)(i.D.)

Bd. 280 Beat HUWYLER - Hans-Peter MATHYS - Beat WEBER, Hrsg., *Prophetie und Psalmen. Festschrift für Klaus SEYBOLD zum 65. Geburtstag.* 2001 (ISBN 3-934628-01-X), xi + 315 S., 10 Abb., DM 138,--; ÖS 1.007,--; SFr. 122,--.

Bd. 281 Oswald LORETZ - Kai METZLER - Hanspeter SCHAUDIG, Hrsg., *Ex Oriente Lux. Festschrift für Manfried DIETRICH zu seinem 65. Geburtstag am 6.11.2000.* 2001 (ISBN 3-927120-99-5)(i.D.)

Bd. 282 Frank T. ZEEB, *Die Palastwirtschaft in Altsyrien nach den spätaltbabylonischen Getreidelieferlisten aus Alalaḫ (Schicht VII).* 2001 (ISBN 3-934628-05-2), XIII + 757 S. (i.D.)

Bd. 283 Rüdiger SCHMITT, *Bildhafte Herrschaftsrepräsentation im eisenzeitlichen Israel.* 2001 (ISBN 3-934628-06-0), VIII + 231 S. (i.D.)

Altertumskunde des Vorderen Orients (AVO)

Herausgeber: *Manfried DIETRICH - Reinhard DITTMANN - Oswald LORETZ*

Bd. 1 Nadja CHOLIDIS, *Möbel in Ton.* 1992 (ISBN 3-927120-10-3), XII + 323 S. + 46 Taf., DM 119,--; ÖS 869,--; SFr 105,--.

Bd. 2 Ellen REHM, *Der Schmuck der Achämeniden.* 1992 (ISBN 3-927120-11-1), X + 358 S. + 107 Taf., DM 125,--; ÖS 913,--; SFr 111,--.

Bd. 3 Maria KRAFELD-DAUGHERTY, *Wohnen im Alten Orient.* 1994 (ISBN 3-927120-16-2), x + 404 S. + 41 Taf., DM 146,--; ÖS 1.066,--; SFr 129,50.

Bd. 4 Manfried DIETRICH - Oswald LORETZ, Hrsg., *Festschrift für* Ruth Mayer-Opificius. 1994 (ISBN 3-927120-18-9), xviii + 356 S. + 256 Abb., DM 116,--; ÖS 847,--; SFr 103,--.

Bd. 5 Gunnar LEHMANN, *Untersuchungen zur späten Eisenzeit in Syrien und Libanon. Stratigraphie und Keramikformen zwischen ca. 720 bis 300 v.Chr.* 1996 (ISBN 3-927120-33-2), x + 548 S. + 3 Karten + 113 Tf., DM 212,--; ÖS 1.550,--; SFr 188,--

Bd. 6 Ulrike LÖW, *Figürlich verzierte Metallgefäße aus Nord- und Nordwestiran - eine stilkritische Untersuchung.* 1998 (ISBN 3-927120-34-0), xxxvii + 663 S. + 107 Taf., DM 256,--; ÖS 1.869,--; SFr 228,--.

Bd. 7 Ursula MAGEN - Mahmoud RASHAD, Hrsg., *Vom Halys zum Euphrat.* Thomas Beran *zu Ehren.* 1996 (ISBN 3-927120-41-3), XI + 311 S., 123 Abb., DM 139,--; ÖS 1.015,--; SFr 123,--.

Bd. 8 Eşref ABAY, *Die Keramik der Frühbronzezeit in Anatolien mit »syrischen Affinitäten«.* 1997 (ISBN 3-927120-58-8), XIV + 461 S., 271 Abb.-Taf., DM 228,--; ÖS 1.664,--; SFr 202,--.

Bd. 9 Jürgen SCHREIBER, *Die Siedlungsarchitektur auf der Halbinsel Oman vom 3. bis zur Mitte des 1. Jahrtausends v.Chr.* 1998 (ISBN 3-927120-61-8), XII + 253 S., DM 104,--; ÖS 759,--; SFr 92,50.

Bd. 10 *Iron Age Pottery in Northern Mesopotamia, Northern Syria and South-Eastern Anatolia.* Ed. Arnulf HAUSLEITER and Andrzej REICHE. 1999 (ISBN 3-927120-78-2), XII + 491 S., DM 230,--; ÖS 1.679,--; SFr 206,50.

Forschungen zur Anthropologie und Religionsgeschichte
(FARG)
Herausgeber: *Manfried* DIETRICH - *Oswald* LORETZ

Bd. 27 Jehad ABOUD, *Die Rolle des Königs und seiner Familie nach den Texten von Ugarit.* 1994 (ISBN 3-927120-20-0), XI + 217 S., DM 38,50; ÖS 283,--; SFr 36,--.

Bd. 28 Azad HAMOTO, *Der Affe in der altorientalischen Kunst.* 1995 (ISBN 3-927120-30-8), XII + 147 S. + 25 Tf. mit 155 Abb.; DM 49,--; ÖS 358,--; SFr 45,50.

Bd. 29 *Engel und Dämonen. Theologische, anthropologische und religionsgeschichtliche Aspekte des Guten und Bösen.* Hrsg. von Gregor AHN - Manfried DIETRICH, 1996 (ISBN 3-927120-31-6), XV + 190 S., DM 36,--; ÖS 263,--; SFr 33,--.

Bd. 30 Matthias B. LAUER, *"Nachhaltige Entwicklung" und Religion. Gesellschaftsvisionen unter Religionsverdacht und die Frage der religiösen Bedingungen ökologischen Handelns.* 1996 (ISBN 3-927120-48-0), VIII + 207 S.; DM 36,--; ÖS 263,--; SFr 33,--.

Bd. 31 Stephan AHN, *Søren Kierkegaards Ontologie der Bewusstseinssphären. Versuch einer multidisziplinären Gegenstandsuntersuchung.* 1997 (ISBN 3-927120-51-0), XXI + 289 S., DM 46,--; ÖS 336,--; SFr 42,50.

Bd. 32 Mechtilde BOLAND, *Die Wind-Atem-Lehre in den älteren Upaniṣaden.* 1997 (ISBN 3-927120-52-9), XIX + 157 S., DM 36,--; ÖS 263,--; SFr 33,--.

Bd. 33 *Religionen in einer sich ändernden Welt. Akten des Dritten Gemeinsamen Symposiums der THEOLOGISCHEN FAKULTÄT DER UNIVERSITÄT TARTU und der DEUTSCHEN RELIGIONSGESCHICHTLICHEN STUDIENGESELLSCHAFT am 14. und 15. November 1997.* Hrsg. von Manfried DIETRICH, 1999 (ISBN 3-927120-69-3), X + 163 S., 12 Abb., DM 33,--; ÖS 241,--; SFr 30,50.

Bd. 34 *Endzeiterwartungen und Endzeitvorstellungen in den verschiedenen Religionen. Akten des Vierten Gemeinsamen Symposiums der THEOLOGISCHEN FAKULTÄT DER UNIVERSITÄT TARTU und der DEUTSCHEN RELIGIONSGESCHICHTLICHEN STUDIENGE-SELLSCHAFT am 5. und 6. November 1999.* Hrsg. von Manfried DIETRICH, 2001 (ISBN 3-927120-92-8)(i.D.)

Bd. 35 Maria Grazia LANCELLOTTI, *The Naassenes. A Gnostic Identity Among Judaism, Christianity, Classical and Ancient Near Eastern Traditions.* 2000 (ISBN 3-927120-97-9), XII + 416 S., DM 72,--; ÖS 526,--; SFr. 65.50.

Bei einem Abonnement der Serien liegen die angegebenen Preise um ca. 15% tiefer.

Auslieferung - Distribution:
BDK Bücherdienst GmbH
Kölner Straße 248
D-51149 Köln

Distributor to North America:
Eisenbrauns, Inc.
Publishers and Booksellers, POB 275
Winona Lake, Ind. 46590, U.S.A.